SOB PRESSÃO

CARL HONORÉ

SOB PRESSÃO

Tradução de
JOSÉ GRADEL

EDITORA RECORD
RIO DE JANEIRO • SÃO PAULO
2009

CIP-BRASIL. CATALOGAÇÃO-NA-FONTE
SINDICATO NACIONAL DOS EDITORES DE LIVROS, RJ

H748s Honoré, Carl, 1967-
Sob pressão / Carl Honoré; tradução de José Gradel. – Rio de Janeiro: Record, 2009.

Tradução de: Under pressure
ISBN 978-85-01-08251-0

1. Responsabilidade dos pais – Aspectos psicológicos. 2. Crianças – Formação. 3. Educação de crianças. I. Título.

CDD: 649.1
CDU: 649.1

09-2516

Título original em inglês
UNDER PRESSURE

Impresso no Brasil

ISBN 978-85-01-08251-0

PEDIDOS PELO REEMBOLSO POSTAL
Caixa Postal 23.052
Rio de Janeiro, RJ – 20922-970

Aquele grandioso espaço de catedral que foi a infância.

Virginia Woolf

Queria fazer tudo para meus filhos: tirar cada obstáculo de seu caminho, lutar cada batalha e receber cada golpe.

John O'Farrell, no livro *Coisa de louco*

A meus pais

SUMÁRIO

AGRADECIMENTOS

Eu não poderia ter escrito este livro sem a ajuda de muitas pessoas.

Meu agente, Patrick Walsh, pavimentou o caminho com suas costumeiras verve e visão. Meus editores, Gideon Weil, da HarperOne São Francisco, e Michael Schellenberg, da Knopf Canadá, formaram uma perfeita equipe de acompanhamento: pacientes, esclarecidos, empenhados, meticulosos e sempre de prontidão com palavras de encorajamento. Ian Marshall, meu editor na Orion, do Reino Unido, foi uma presença que prestou apoio durante todo o processo de criação desse livro.

Para fazer um livro realmente internacional, contei com a colaboração de pessoas de todos os cantos do mundo que me ajudaram com pesquisas e entrevistas. Minha gratidão se estende a Chin-Hwa Lee, Steven Wong, Raymond Cheung, Maki Tanabe, Steve Trautlein, Sachie Kanda e Anna Fleischer. Ao longo do trajeto, dialoguei com centenas de famílias, professores e médicos e sou grato a todos eles por compartilharem comigo suas histórias e visões. Apenas alguns são mencionados nestas páginas, mas cada entrevista contribuiu para dar forma ao livro. Também estou grato aos especialistas que, pacientemente, me explicaram seu trabalho. Agradecimentos especiais vão para Cathy Bache, Danny e Beth Bernstein, Jasmin Blunck, Mike Brody, Vincent Carpentier, Bill Doherty, Dadid Eberhard, Arar Han, Kathy Hirsh-Pasek, Maurice Holt, Julie Lam, Levin, Márcia Marra, Annamaria Mucchi, Claudia Giudici e todos do Reggio Children, Lena Nyberg, Tommi Paavola, Genevieve Pan, Denise Pope, Rachel Nixsieman, Vivian Numaguchi, Alejandra Rabuini, Gisela Rao, Uwe Schott, Heather Tansem, Eileen e Edward Tracy.

Também gostaria de agradecer a meus pais, e especialmente à minha mãe, pelo tanto que me ajudaram na finalização do livro. Como sempre, meus mais profundos agradecimentos vão para minha mulher, Miranda France, por conta de sua paciência, da sua habilidade com as palavras e do seu jeito especial de ver o lado engraçado das coisas. E por ser tão boa mãe para nossos filhos.

INTRODUÇÃO

COMO SE GERENCIA A INFÂNCIA

Por mais tranquilamente que você tente atuar como juiz, a educação dos filhos às vezes produzirá comportamentos bizarros, e não estou falando das crianças.

BILL COSBY

EM UM AFLUENTE BAIRRO DE LONDRES, NUMA ESCOLA PRIMÁRIA construída há mais de um século, um encontro bem moderno entre pais e professores. Minha mulher e eu fomos lá para uma entrevista sobre nosso filho de 7 anos. Alguns pais estão sentados em cadeiras plásticas fora da sala de aula, contemplando o chão ou olhando de relance seus relógios. Alguns caminham de lá para cá no corredor, teclando nervosamente seus celulares.

Os cadernos de exercícios do segundo ano estão empilhados como pequenos montes de neve sobre uma mesa. Damos uma olhada neles, achando graça de grafias excêntricas, admirando desenhos suaves e maravilhando-nos com a complexidade da aritmética. Os triunfos e fracassos de nosso filho revelam-se a cada página e se parecem com os nossos. Celebro cada estrela dourada no caderno de exercícios de meu filho com um aplauso silencioso.

Finalmente, Mrs. Pendle, a professora, nos convida para entrar na sala de aula. Nosso filho parece estar progredindo, e temos grandes expectativas com a entrevista. Quando nos sentamos diante de uma mesa baixa, Mrs. Pendle pronuncia seu veredicto: nosso filho é muito bom em leitura e redação, sua matemática é sólida, em ciências poderia estar melhor; ele se comporta bem e é um prazer tê-lo como aluno.

Trata-se de um relatório muito bom, mas de alguma forma não é suficientemente bom. "Ela não mencionou o vocabulário impressionante do menino", diz minha mulher enquanto saímos da sala de aula. "Nem explicou por que ele não está no grupo mais adiantado em todas as matérias", acrescento eu.

Nosso tom é jocoso — estamos imitando, de gozação, os pais ansiosos sobre os quais a gente lê nos jornais —, mas existe um limite para a ironia. Nós também pensamos um pouco assim.

Depois que minha mulher foi para casa para liberar a moça que estava tomando conta do nosso filho, fui falar com a professora de artes. "O seu filho realmente se destaca", entusiasma-se ela. "Sempre aparece com uma visão diferente das coisas." Isso se parece mais com ele, penso comigo mesmo. Um dos trabalhos dele está afixado na parede da sala de artes como modelo para os outros alunos. É um esboço da figura de um mago, feito no estilo do ilustrador e cartunista inglês Quentin Blake, que ilustrou os livros de Roald Dahl.

Abaixo do retrato, nosso filho desenhou a cabeça do velho mago de diferentes ângulos. A professora tira o desenho da parede para mostrá-lo a mim. "É surpreendente que um menino de 7 anos apresente por iniciativa própria um trabalho que já faz uso de perspectiva", diz ela. "Ele é mesmo um pequeno artista bastante talentoso."

E lá vem a palavra mágica, as nove letras que são música para os ouvidos de qualquer pai ou mãe. *Talentoso*. Caminhei de volta para casa mapeando a ascensão de meu filho aos cumes do mundo artístico internacional. Sua primeira exposição será em Londres ou Nova York? Ele vai precisar de um agente? Estaremos criando o próximo Picasso? De repente, todas aquelas visitas à Galeria Tate, todos aqueles domingos arrastando crianças dos quadros de Turner aos de Ticiano valeram a pena. Meu filho é um artista.

Minha mulher ficou encantada com as novidades, inclusive porque o pai de um colega de classe do nosso filho estava na sala quando a professora proferiu seu panegírico. Depois de uma ceia tardia, comecei a esquadrinhar revistas de educação e a navegar na internet, procurando o rumo certo para incentivar o dom do menino. O anúncio que atraiu meu olhar prometia: "Liberte o gênio do seu filho!" Minha mulher se pergunta se não estou indo longe demais, mas o que ela diz não passa agora de ruído para mim.

Na manhã seguinte, indo para a escola, levanto a ideia de inscrevê-lo em um curso de arte. Mas meu filho nem quer saber disso. "Não quero ir para uma aula onde o professor vai me dizer o que eu devo fazer — só quero desenhar", diz ele com firmeza. "Por que os adultos têm que tomar conta de tudo?"

A pergunta me fez parar no meio da rua. Meu filho adora desenhar. Pode passar horas debruçado sobre uma folha de papel, inventando formas de vida alienígenas ou desenhando o jogador de futebol Wayne Rooney driblando. Ele desenha bem, e isso o faz feliz. Mas, de algum modo, é como se isso não bastasse. Parte de mim quer domar essa felicidade, afiar e polir seu talento para transformar sua arte em uma realização.

É claro que não sou o primeiro pai ansioso para guiar o filho até o topo. Isso vem com a noção de território. Há 2 mil anos, um professor chamado Lucius Orbilius Pupillus identificou pais ansiosos como um risco ocupacional nas salas de aula da antiga Roma. Quando o jovem Mozart ajudou a colocar na moda as crianças prodígio no século XVIII, muitos europeus puseram seus próprios filhos na estufa com a esperança de criar uma *Wunderkind*, uma criança prodígio. Hoje, no entanto, a pressão para extrair o máximo de nossas crianças parece mais radical. Queremos que tenham o melhor de tudo e que sejam as melhores em tudo. Queremos que sejam artistas, acadêmicos e atletas — e que deslizem pela vida sem privações, dores ou fracassos.

Em sua forma mais extrema, essa marca registrada de educação de crianças tem nomes diferentes em todo o mundo. Educação de helicóptero — porque Mamãe e Papai estão sempre pairando acima da cabeça dos filhos. Hipereducação. Os escandinavos fazem piadas sobre os "pais varredores" que vão freneticamente varrendo o gelo à frente de seus filhos. No Japão, "mães educativas" devotam todos os segundos em que não estão dormindo a monitorar suas crianças por meio do sistema escolar.

Mas os pais não são os únicos a alisar, empurrar e vigiar. Todos, do Estado à indústria da publicidade, têm planos para a infância. Na Inglaterra, uma força-tarefa de parlamentares recentemente alertou para o número excessivo de crianças que sonham em crescer para serem princesas de contos de fada ou astros de futebol. A solução que encontraram: orientação profissional para crianças de 5 anos.

Onde quer que se olhe hoje em dia, a mensagem é a mesma: a infância é demasiado preciosa para ser deixada às crianças, e as crianças são demasiado preciosas para serem deixadas sozinhas. Toda essa intromissão está forjando um novo tipo de infância. No passado, a Criança Trabalhadora labutava nos campos e, depois, nas fábricas da Revolução Industrial. O século XX testemunhou a ascensão da Criança Sem Limites. Agora ingressamos na era da Criança Gerenciada.

Antes de avançarmos, sejamos claros sobre uma coisa: nem todas as crianças são criadas iguais. Não encontramos muitas crianças submetidas a gerenciamento de projeto nos campos de refugiados do Sudão ou nas favelas da América Latina. Mesmo no mundo desenvolvido, milhões de jovens, especialmente nas famílias mais pobres, têm mais probabilidades de padecer da falta do que do excesso de cuidados dos pais. Sejamos honestos: a maioria dos pais-helicópteros é proveniente da classe média. Mas isso não significa que esse traço cultural afete apenas os prósperos. Quando se trata de mudança social, a classe média frequentemente dá o tom, e, com o passar do tempo, suas falhas e fraquezas sobem e descem a escada social — ou pelo menos fazem com que todos os outros se sintam culpados por não conseguirem acompanhar a marcha.

É só olhar ao redor e fica claro que as crianças já são alvo de mais ansiedade e intervenção dos adultos do que em qualquer outra época da história. Uma amiga grávida de Nova York manda e-mails para dizer que passa uma hora todas as noites bombardeando na própria barriga *WombSong Serenades*, músicas feitas para serem ouvidas pelos fetos, na esperança de estimular o cérebro de seu filho que ainda não nasceu. Do outro lado do mundo, pais ambiciosos estão inscrevendo seus filhos em um programa de "MBA precoce" em Xangai. Todos os domingos de manhã, os alunos aprendem o valor da formação de equipes, a virtude da resolução de problemas e a importância de serem assertivos. Alguns deles mal deixaram de usar fraldas.

Muitas crianças mantêm atualmente uma agenda que faria um CEO ficar doente. As crianças são levadas da ioga de bebês para a aeróbica de bebês e para as lições de linguagem de sinais para bebês. Em Corte Madera, na Califórnia, Gail Penner comprou um Palm Pilot como presente de aniversário para seu filho John, a fim de ajudá-lo a rastrear suas atividades extracurriculares: piano, beisebol, espanhol, basquetebol, futebol, tênis, natação e caratê. "Ele anda tão ocupado que precisa aprender a gerenciar o tempo dele", diz a mãe. John acabou de fazer dez anos.

Mesmo quando as crianças têm tempo livre, ficamos demasiado temerosos para deixá-las longe de nossas vistas. A distância média de casa em que as crianças inglesas estão autorizadas a circular sozinhas diminuiu quase 90% desde os anos 1970. Meu filho, como mais de dois terços de seus colegas, jamais foi ao parque sozinho.

A tecnologia ajuda a vigiar as crianças como nunca antes. Aparelhos de GPS colocados em seus casacos e nas mochilas escolares os transformam em pequenos pontos vermelhos em nossas telas de computador, em casa ou no trabalho. Os celulares cada vez mais se tornam aparelhos de rastreamento: se uma criança se afasta da "zona segura" designada, Mamãe e Papai recebem imediatamente uma mensagem de texto. Centros de atendimento e creches estão instalando câmeras de televisão para que os pais possam ver filmes em tempo real de seus bebês de qualquer parte do mundo. Nem mesmo os acampamentos de verão estão protegidos dos olhos intrometidos dos pais do século XXI; fotos e vídeos são enviados de florestas e de lagos distantes para e-mails ou colocados na internet. "As pessoas ficavam felizes deixando seus filhos conosco por uma semana ou duas, sem nada receber deles fora um cartão-postal ou uma chamada telefônica", diz um veterano conselheiro de acampamento no Colorado. "Agora, os pais ficam enlouquecidos se o filho não aparece todos os dias no site do acampamento na internet. Ou se aparece, mas não está sorrindo."

Essa é a primeira geração a estrelar sua própria versão do filme *Show de Truman*. O show começa com uma imagem de ultrassom e avança para escutar, às escondidas, o coração no útero. O ator Tom Cruise estava tão desesperado por monitorar sua filha antes de nascer que comprou uma máquina de ultrassom, apesar dos avisos dos médicos de que sua utilização de forma amadora poderia ferir o feto. Depois do nascimento, cada momento é capturado digitalmente e em Dolby. Como os *paparazzi*, os pais modernos estão sempre se movendo furtivamente, o dedo na máquina fotográfica, à espreita daquela foto perfeita — ou procurando criá-la. Eu próprio me surpreendi gritando ordens da cadeira do diretor: "Faça essa cara só mais uma vez mais para a câmera." Ou: "Todos parem de brincar por um segundo e olhem para mim com um grande sorriso."

O microgerenciamento não para quando acaba o período escolar. Muitos ingleses agora planejam cada detalhe do "ano de espera" de seus filhos antes da universidade. Na China, os pais têm em média uma semana de folga no trabalho para mandar seus filhos para a faculdade, e muitos deles se mudam nesse período para acomodações provisórias no *campus*. As universidades norte-americanas estão designando pessoal de tempo integral para enfrentar o dilúvio de ligações e e-mails de Mamães e Papais que querem ajudar os filhos a escolher cursos, provar a comida do restaurante universitário, corrigir os trabalhos escolares e até mesmo controlar os colegas de quarto do filho. O cordão umbilical permanece intacto até depois da formatura. Para recrutar estudantes universitários, companhias de primeira linha, tais como a Merryl Lynch, começaram a enviar "pacotes para pais" ou a abrir dias de visitação para que Mamãe e Papai possam avaliar seus escritórios. "Nossos candidatos e nossos estagiários consultam cada vez mais seus pais quando tomam decisões sobre suas carreiras", diz Dan Black, diretor de recrutamento nos *campi* para a empresa Ernst & Young.

Os empregadores até mesmo surpreendem pais que seguem de perto as entrevistas de trabalho de seus filhos. Recentemente, um candidato apareceu em uma firma líder de consultoria, em Nova York, com a mãe a tiracolo.

— A Mamãe perguntou tudo sobre salários, perspectivas de promoção e pacotes de férias — disse um dos entrevistadores. — Era como se ela simplesmente não pudesse se conter.

Nos dias de hoje, nada é bom o suficiente para nossos filhos. Estou assombrado com todas as coisas que meus filhos têm. Como isso aconteceu? Não somos uma família viciada em compras, mas seus quartos estão submersos por um rio de brinquedos — e lá estão apenas os que ainda não doamos para feiras de caridade. O que acontecerá quando eles descobrirem a tecnologia da informação? Acabarão como Julio Duarte Cruz, que, como outros adolescentes por todo o mundo, volta correndo da escola para casa só para passar o tempo com seus aparelhos? "Meu quarto é meu mundo virtual particular", conta-me ele, via e-mail, de Sevilha, na Espanha. "E meus pais gostam disso porque sabem exatamente onde estou."

Seja qual for o padrão de comparação, estamos criando a geração mais conectada, mimada e monitorada da história. Isso é uma coisa tão ruim? Depois de milhares de anos de tentativas e erros, talvez tenhamos finalmente encontrado a receita mágica para criar filhos. Talvez todo aquele microgerenciamento tenha valido a pena. Talvez estejamos educando as crianças mais inteligentes, saudáveis e alegres que o mundo já viu.

Relatos sobre a morte da infância certamente são exagerados. Existem muitas vantagens em crescer no mundo desenvolvido do começo do século XXI: é menos provável que você sofra desnutrição, abandono, violência ou morte do que em qualquer outro momento da história. Você está rodeado de confortos materiais impensáveis até mesmo na geração anterior. Legiões de acadêmicos, políticos e empresas estão lutando para encontrar novas formas de nutrir, alimentar, vestir, escolarizar e divertir você. Seus direitos estão protegidos por leis internacionais. Você é o centro do universo de seus pais.

No entanto, a infância hoje parece bem distante do "ninho de contentamento" imaginado por Lewis Carroll. E a paternidade também não é um passeio pelo parque. De muitas formas, a maneira moderna de tratar as crianças está tendo resultado oposto ao esperado.

Comecemos com a saúde. Enjaulados como frangos de granja, fazendo pouco exercício e com uma dieta altamente calórica, as crianças estão ficando perigosamente gordas. Nos Estados Unidos, os fabricantes estão aumentando as cadeiras de segurança dos carros para acomodar os gorduchos bebês ianques. Aproximadamente um quinto das crianças norte-americanas está acima do peso, e o resto do mundo segue o exemplo. A Associação Internacional para o Estudo da Obesidade estima que 38% dos jovens com menos de 18 anos na Europa e 50% deles nas Américas do Norte e do Sul serão obesos em 2010. Os quilos extras já estão condenando crianças a doenças do coração, diabetes tipo 2, aterosclerose e outras moléstias antes restritas aos adultos.

As crianças atléticas também sofrem. Treinamento excessivo está consumindo os jovens. Danos como ruptura de ligamentos, antes observados apenas em atletas universitários e profissionais, agora são frequentes nas escolas secundárias e cada vez mais comuns entre crianças de 9 e 10 anos.

E onde o corpo for, a mente o acompanha. Depressão, autoagressão e distúrbios alimentares são hoje bastante comuns entre crianças de todo o mundo, como os casos de doenças causadas pelo estresse: dor de estômago, dor de cabeça e fadiga crônica. Mesmo descontando os diagnósticos exagerados, os números são alarmantes: as Nações Unidas alertam que uma em cada cinco crianças já sofre de algum distúrbio psicológico, e a Organização Mundial da Saúde estima que, por volta de 2020, a doença mental será uma das cinco maiores causas de morte ou incapacidade entre os jovens. Na Inglaterra, um adolescente tenta cometer suicídio a cada 28 minutos. Antes de terminar com tudo, os adolescentes japoneses se retiram para seus quartos e se recusam a sair por semanas, meses ou até mesmo anos. Especialistas estimam que mais de 400 mil adolescentes do Japão sejam agora *hikikomori*, eremitas de tempo integral. Na década passada, a razão mais comum para visitar o orientador psicológico do campus eram os problemas com namorado ou namorada, hoje, é a ansiedade. O professor de neurobiologia Steven Hyman, ex-diretor do Instituto Nacional de Saúde Mental dos Estados Unidos e alto funcionário da Universidade de Harvard, afirma que a saúde mental dos estudantes universitários dos Estados Unidos atualmente atinge níveis tão perigosos que "está interferindo na missão essencial da universidade".

Muito desse mal-estar é causado por uma cultura que deixa todos ansiosos por terem fama, fortuna e beleza física de uma celebridade de primeira categoria. No entanto, a carga cai mais pesadamente sobre as crianças que estão no alto da escala social, onde a pressão por competir é mais intensa. Pesquisas em todo o mundo sugerem que a depressão e a ansiedade infantis — assim como o abuso de substâncias, a autoagressão e o suicídio que frequentemente vêm com elas — agora são mais comuns não nos guetos urbanos, mas nos apartamentos inteligentes do centro e nos subúrbios arborizados, onde a classe média ambiciosa gerencia o projeto de vida de seus filhos. No livro *The Price of Privilege,* Madeline Levine, psicóloga clínica com consultório em uma área elegante de São Francisco, relata que crianças que vivem em lares com uma renda anual entre 120 mil e 160 mil dólares têm três vezes mais chances de ficarem deprimidas ou ansiosas que seus pares menos abastados. Uma pesquisa recente descobriu que aproximadamente 40% das meninas de 15 anos de famílias inglesas em boa situação econômica sofrem algum tipo de distúrbio psicológico que as coloca em risco de adquirir uma doença mental. Na Bretanha francesa, as taxas de ansiedade e suicídio subiram *pari passu* com as notas crescentes nos exames difíceis de *baccalauréat* e com o maior acesso à educação superior. Os *hikikomori* japoneses são quase sempre de famílias de classe média.

Para manter o ritmo, ou apenas para se sentir bem, nunca as crianças — mais de 6 milhões somente nos Estados Unidos — tomaram tantos medicamentos para alterar sua conduta e seu estado de ânimo. Até mesmo crianças pequenas estão engolindo antidepressivos com o leite que tomam antes de dormir. Em todo o mundo, as receitas de Ritalina, Concerta, Attenade e outras drogas criadas para domar a hiperatividade nas crianças têm triplicado desde 1993. Especialistas temem que muitas famílias estejam usando medicamentos psicotrópicos como ferramentas na educação dos filhos. Um médico de um subúrbio elegante de Nova York agora pergunta a cada pai que o procura pedindo uma receita de Ritalina: "Você quer isso para tornar a vida mais fácil para seu filho ou para você?" Subjacente a essa alta repentina de ingestão de pílulas, há uma ironia ácida: uma geração de adultos que usou drogas para soltar-se e libertar a mente agora as está usando para controlar seus próprios filhos com rédea curta.

O impulso de alavancar nossas crianças assumiu um aspecto de Frankenstein. Inspirados por uma pesquisa que mostrava que pessoas altas tendem a ser mais bem-sucedidas, alguns pais estão pagando para injetar hormônios de crescimento em seus filhos normais e saudáveis. Cada centímetro extra de altura custa aproximadamente 25 mil libras. Outros preferem cirurgias plásticas para criar a imagem perfeita. Hoje em dia, os cirurgiões plásticos têm que estar alertas para detectar pacientes adolescentes que são pressionados por seus pais para fazer aquele acerto no nariz ou para colocar pinos nas orelhas. Um médico de São Paulo, no Brasil, conta como certa vez uma menina de 16 anos começou a chorar em sua mesa de operações, pouco antes de a anestesia ser administrada. "Ela soluçava e perguntava por que seus pais não aceitavam seu rosto como ele era; nós a mandamos direto para casa", disse ele. "A mãe ficou furiosa."

A tragédia é que todo esse microgerenciamento, todos esses mimos, estufas e medicamentos não conseguiram produzir uma nova raça de crianças alfa. Professores em todo o mundo relatam que os alunos agora acham difícil até mesmo sentarem-se quietos e concentrar-se. Empregadores se queixam de que muitos novos recrutas são menos flexíveis, menos capazes de trabalhar em equipe e menos ávidos por aprender.

Crianças microgerenciadas podem acabar tendo que lutar para manter-se sobre seus próprios pés. Orientadores acadêmicos falam de estudantes universitários que lhes passam seus celulares no meio de uma entrevista e dizem: "Por que você não resolve isso com minha mãe?" Muitas crianças de classe média escolhem viver na casa dos pais até bem depois dos 20 anos, e não necessariamente por causa do pagamento da universidade ou do aumento dos preços de moradia: muitas simplesmente não toleram deixar para trás um lugar onde são o centro do universo. Um pai que conheço, em Oxford, está assombrado com sua filha de 24 anos, que detém um brilhante currículo e retornou para seu velho quarto. "Ela até quer que eu a leve ao cinema", conta ele. "É como se ela tivesse 12 anos outra vez."

Os japoneses referem-se aos jovens de 20 anos ou mais que ficam na casa dos pais como "solteiros parasitas".

Criadas em um pedestal, as crianças chegam a esperar que o mundo caia a seus pés — e ficam zangadas quando isso não acontece. É uma coincidência que *Supernanny*, *Brat Camp* e outros programas de televisão que mostram como domar crianças indisciplinadas estejam na moda em todo o mundo? Posteriormente, os chiliques infantis podem dar lugar ao narcisismo. Uma pesquisa de 2006 sobre personalidade descobriu sinais de "narcisismo elevado" em aproximadamente dois terços dos 16 mil estudantes universitários norte-americanos entrevistados, um salto de 30% desde 1982. O *Wall Street Journal* recentemente relatou que, em vez de comprar flores ou chocolates para o Dia das Mães, muitos norte-americanos de 20 e poucos anos preferem conceder-se um pouco de automelhoria, fazendo dietas, consertando os dentes, cortando os cabelos, limpando seus apartamentos ou entrando em sites de encontros. Por quê? Porque a melhor maneira de fazer feliz uma mãe do século XXI é melhorar seus filhos.

Criadas com uma definição de sucesso que não é sua, com o fracasso tido na conta de uma não opção, as crianças também podem terminar com horizontes estreitos. Numa época em que a economia global clama por pessoas que assumam riscos, estamos ensinando nossas crianças a apostar no seguro, a seguir a trilha indicada por outros. É claro que os jovens ainda se rebelam, mas onde estão os protestos nos campi que abalaram o sistema político e reinventaram a cultura popular nos anos 1960 e 1970? Muitos estudantes parecem mais interessados em aprimorar seus currículos do que em carregar faixas. Os professores descrevem uma nova geração de abelhas operárias, mestras em jogar segundo as regras, mas desprovidas de um brilho pessoal. "Não existe um fogo real neles, não há contornos ásperos, nenhuma paixão ardente por arriscar-se ou desafiar o *status quo*", diz um professor da Ivy League. "Muitos jovens falam como se estivessem lendo um roteiro."

William Blake assim resumiu a infância:

> *To see a world in a grain of sand,*
> *And a heaven in a wildflower,*
> *Hold infinity in the palm of your hand,*
> *And eternity in an hour.*[1]

---

[1] Ver um mundo em um grão de areia, /e um céu em uma flor silvestre, / Agarrar o infinito na palma da mão, /E a eternidade em uma hora. (*N. do T.*)

Hoje, muitas crianças estão ocupadas demais correndo para a aula de violino ou para o Kumon para agarrar o infinito na palma das mãos. E essa flor silvestre parece um tanto assustadora — e se ela tiver espinhos ou seu pólen causar alguma reação alérgica? Quando os adultos sequestram a infância, as crianças perdem a noção do que dá textura e significado à vida humana — as pequenas aventuras, os passeios secretos, os reveses e os contratempos, a gloriosa anarquia, os momentos de solidão e até mesmo de tédio. A mensagem que fica gravada nos muito jovens é que o que mais importa não é encontrar seu próprio caminho, mas colocar o troféu correto em cima do console da lareira. Como resultado disso, a infância moderna parece estranhamente agradável, cheia de ação, realização e consumo, mas de alguma forma vazia e falsa. Falta a liberdade das crianças serem elas mesmas — e elas sabem disso. "Eu me sinto como um projeto, no qual meus pais sempre estão trabalhando", diz Susan Wong, de 14 anos, de Vancouver, no Canadá. "Eles até falam de mim na terceira pessoa na minha frente."

Todos nós sofremos quando as crianças se transformam em projetos. Em vez de unir as famílias, muito empenho e correria pode terminar por separá-las. Perguntem a Connie Martinez, uma mãe de Los Angeles. Em uma recente ida ao cinema, seu filho de 5 anos sugeriu sentar-se na poltrona atrás da dela. "Ele disse que seria como estarmos juntos no carro", explicou ela. "Passamos tanto tempo no carro, indo para as atividades dele, que ele se sente mais seguro olhando para a minha nuca. Eu fiquei horrorizada."

Crianças embrulhadas em plástico bolha drenam a vida dos espaços públicos. No meu velho bairro em Edmonton, no Canadá, as ruas que no passado ecoavam com os barulhos dos garotos que jogavam hóquei de rua, basquete nos pátios ou apenas corriam entre os jatos de água dos irrigadores de jardim, agora estão assustadoramente silenciosas. Em vez disso, as crianças estão estacionadas dentro de casa, em frente dos PlayStations, ou indo de carro para seus próximos compromissos. Uma obsessão com nossas próprias crianças também pode nos tornar menos comprometidos com o bem-estar dos filhos de outras pessoas. Mesmo em países famosos por sua solidariedade social, um aspecto de "eu-primeiro" introduziu-se nas pracinhas. "Mais e mais ouço os pais falarem sobre 'meu filho isso, meu filho aquilo'", diz uma professora de Gotemburgo, na Suécia. "O filho deles é o Messias, e não parecem ligar para as outras crianças."

Por todos os lados, os pais estão atacando violentamente qualquer um que se meta no caminho dos filhos. Uma mulher de 33 anos recentemente derrubou e chutou uma juíza em um jogo de basquete para jovens em Cedar Rapids, no estado norte-americano de Iowa. Ela estava furiosa porque seu filho fora punido várias vezes. A juíza da partida estava grávida de cinco meses. Em Toronto, um casal ameaçou processar uma líder de bandeirantes quando ela lhes pediu que parassem de se preocupar obsessivamente com quantos distintivos sua filha de 8 anos estava ganhando. Em uma prestigiosa escola primária de Paris, uma mãe recentemente imprensou o diretor contra uma parede depois que ele se recusou a admitir seu filho, uma vez que o aniversário dele caía muito tarde no ano. "Se eu soubesse disso, teria induzido o parto para tê-lo um mês antes", gritou ela. Outros pais estão procurando vantagens no caminho oposto. Estimulados por estudos que mostram que a criança mais velha da turma tem mais probabilidades de se desenvolver a longo prazo, pais nos Estados Unidos, Inglaterra e outros países estão colocando seus filhos no "banco de reservas", ou conservando-os em casa durante um ano para que comecem o jardim de infância com um grupo mais novo.

Esse pânico borbulhante, essa sensação de que só uma criança alfa tem chance, pode ter um efeito bem ruim em níveis mais baixos da escala social. Pais da classe operária começam a perguntar-se se não deveriam vender o carro ou diminuir as compras de supermercado para contratar um professor particular. Uma pesquisa recente nos Estados Unidos descobriu que muitas crianças de famílias latinas de baixa renda nem se deram ao trabalho de candidatar-se à faculdade pública local porque pensaram que as taxas escolares e os requisitos de notas fossem semelhantes aos das escolas da Ivy League. Três quartos disseram que teriam se candidatado se soubessem que não era assim.

O mesmo pânico também prejudica as decisões em lares de melhor situação financeira. Lá no fundo, a maioria de nós sabe que hipergerenciar as crianças é um absurdo. O problema é que é muito fácil ser contagiado pelo frenesi.

Com todos tão confusos, com tanto em jogo, não é de admirar que, em todo o mundo, encontremos pais queixando-se da carga de criar filhos, ou que seriados de TV e sites da internet, que mostram o lado negro de ser pai (e especialmente mãe), tenham proliferado nos últimos anos. É lógico que criar crianças sempre foi um trabalho difícil. Mas hoje, com expectativas tão altas, a carga é suficiente para desconcertar totalmente as pessoas. As taxas de nascimento baixaram na maior parte do mundo industrial, e os que não têm filhos até mesmo falam que estão "livres de crianças", como se elas fossem uma detestável forma de herpes. Uma manchete de uma revista da Itália, país famoso pelo amor aos *bambini*, diz tudo: "As crianças valem a pena?"

A resposta, claro, é sim — e por isso precisamos melhorar. Este livro não é uma viagem nostálgica ou uma tentativa de fazer o relógio andar para trás. Duvido que já tenha havido uma Idade de Ouro para as crianças — toda geração comete erros. No entanto, agora desponta uma possibilidade de mudança. Pelo mundo, o frenesi que rodeia as crianças está sendo revisto. A mídia se eriça com advertências e protestos de *mea culpa*. A colunista da *Newsweek* Anna Quindlen, mãe de três filhos, falou em nome de muitos quando se desculpou ante a turma de formandos de 2004. "Vocês foram lançados a um ritmo de atividade máxima", escreveu ela. "Devem estar exaustos." Cem cientistas ingleses e outros intelectuais assinaram uma carta aberta, em 2006, pedindo uma campanha para salvar a infância dos efeitos tóxicos da vida moderna. Algumas semanas mais tarde, a Academia Norte-Americana de Pediatria alertou contra o açoite do excesso de horários e da ênfase demasiada no trabalho escolar. Através de toda a Ásia, líderes políticos falaram sobre a necessidade de aliviar a carga sobre os jovens. Chen Shui-bian, o presidente de Taiwan, escreveu sobre sua esperança de que as crianças venham a ter "menos provas, mochilas mais leves e mais horas de sono". *Confessions of a Slacker Mom* e outros livros que põem em questão a competição dos pais estão sendo muito vendidos.

As palavras geram ações. Governos, até mesmo no rígido Extremo Oriente, começaram a abrir mais espaço para a criatividade, a brincadeira e o descanso em seus sistemas escolares. Por toda parte, as famílias estão lutando para afrouxar a influência que a propaganda comercial tem sobre seus filhos. Ligas esportivas juvenis estão sendo reformadas para permitir que as crianças joguem sem deixar que os adultos estraguem a brincadeira. Em toda a América do Norte, cidades inteiras agora têm dias em que não há deveres de casa e atividades extracurriculares.

Os jovens também estão demonstrando que querem que os adultos recuem. Quando a Inglaterra realizou sua primeira conferência anual sobre meninos e meninas de vanguarda em 2006, o tema foi "poder dos alunos", e os delegados pediram menos provas e que não fossem colocados em estufas. Destacadas instituições acadêmicas estão começando a demonstrar o mesmo. Não faz muito tempo, Marilee Jones, ex-decana de admissões do Massachusetts Institute of Tecnology, notou que o campus do MIT tinha perdido algo do seu brilho criativo. Percebeu que o processo de admissão estava afastando os indomáveis, tipos como Bill Gates, os rebeldes que perseguem uma ideia por ela mesma e não para agradar aos pais ou a potenciais empregadores. "O garoto que se empenha em ter um telescópio em seu quarto para satisfazer sua própria curiosidade — e não para levá-lo a uma feira de ciências a fim de ganhar um prêmio — esse garoto é o verdadeiro cientista e observador", diz Marilee Jones. "Prefiro sempre esse tipo de garoto."

Depois de quase três décadas no MIT, Marilee foi recentemente forçada a pedir demissão, quando descobriram que, muitos anos atrás, ela havia falsificado seu próprio currículo — e não há pior pecado para um decano de admissões. Apesar de cair em desgraça, ela ajudou a alimentar a grande onda contrária à ideia de que a infância deve ser uma disputa insensata para conseguir entrar em uma faculdade renomada. Nos últimos tempos de sua atuação como decana, Marilee reescreveu o formulário de inscrição do MIT, diminuindo pela metade o espaço destinado a atividades extracurriculares e incluindo mais perguntas sobre o que realmente fazia bater mais forte o coração do candidato. Da mesma forma, Marilee atravessou os Estados Unidos, falando para auditórios repletos de professores, orientadores educacionais de escolas secundárias e de famílias. Encontrei-me com ela em uma conferência na Vale do Silício, um reduto da overdose de pais. Ela foi direto ao ponto: "Estamos criando uma geração inteira de crianças para nos agradar, nos fazer alegres e orgulhosos, para serem o que queremos que sejam", disse ela aos 350 presentes. "Eu sei disso porque fiz a mesma coisa com minha própria filha, por anos a fio, e como resultado quase a perdi."

Sua receita era bem subversiva: as crianças se desenvolvem quando têm o tempo e o espaço para respirar, para ficar à toa e para se aborrecer algumas vezes, para relaxar, assumir riscos e cometer erros, sonhar e ter prazer com suas próprias coisas, e até mesmo para fracassar. Se quisermos restaurar a alegria não só da infância, mas também dos pais, chegou a hora de os adultos se retirarem um pouco e permitirem que as crianças sejam elas mesmas. "Esse é o princípio de uma revolução", concluiu Marilee Jones. E o auditório irrompeu em aplausos.

Encontrar uma nova receita para a infância na era da informação não será fácil. O primeiro passo é fazer um intervalo coletivo, o que significa afastar-se do engano e do pânico o suficiente para ver que muitas crianças estão passando por um mau pedaço. Depois vai ser preciso enfrentar algumas questões difíceis: quando é correto forçar as crianças e quando devemos recuar? De quanta liberdade elas precisam? De quanta tecnologia? Que riscos devemos permitir que corram?

Certamente existem riscos em escrever um livro como este. Um deles é que qualquer apelo para sermos menos ansiosos com respeito às crianças pode terminar fazendo com que todos se sintam mais ansiosos. Outro é a armadilha conservadora. Cada geração se preocupou com sua juventude, algumas vezes em termos apocalípticos, e sei que estou alcançando a idade na qual as palavras "quando eu era jovem..." podem sair facilmente. Mas vale a pena correr o risco.

Este livro não é mais um manual para pais — já existem muitos. Os leitores não encontrarão um quadro com dicas ou um provérbio popular no final de cada capítulo. Minha meta é encontrar uma forma de suavizar a ansiedade com respeito às crianças. Isso acarreta necessariamente repensar o que significa ser uma criança e o que significa ser um adulto — e encontrar um modo de reconciliar criança e adulto no século XXI.

Nossa investigação nos levará por todo o mundo. Nas próximas páginas, visitaremos salas de aula da Finlândia e da Califórnia, da Itália e de Hong Kong. Passaremos por uma creche ao ar livre, onde crianças de 3 anos vivem experiências perigosas em uma floresta escocesa. Visitaremos uma cidade dos Estados Unidos que, uma vez por ano, abandona o excesso monótono de horários; depois iremos a uma clínica de esportes em Nova York que tem o propósito de reinventar o basquetebol juvenil para crianças. Iremos a uma feira de brinquedos em Londres e vamos conhecer uma experiência com brinquedos em Buenos Aires. A cada passo, é claro, ouviremos os especialistas, mas também ouviremos aqueles que estão engajados mais intensamente nesta batalha para redefinir a infância no século XXI: os próprios pais e filhos. Muitas das pessoas que aparecem nos próximos capítulos contarão suas histórias num quarto bagunçado, na mesa da cozinha ou por e-mail.

Este livro também é uma jornada pessoal. Como pai de duas crianças em Londres, estou na linha de frente. Como a maioria dos pais, quero que meus filhos sejam felizes, saudáveis e bem-sucedidos. Mas também quero que a tarefa de criá-los se pareça menos com *Missão impossível*. Quero colocar fim no desejo de assumir o comando.

Afinal, o que realmente quero é que meus filhos recordem de sua infância com alegria, que se lembrem de ter visto o mundo em um grão de areia. Quero que tenham uma infância digna do nome.

I

SÃO OS ADULTOS, SEU IDIOTA

On these magic shores, children at play are forever beaching their coracles. We too have been there. We can still hear the sound of the surf, though we shall land no more.[2]

J.M. Barrie, *Peter Pan*

Em uma tarde de verão, na época do fim das provas, as antigas faculdades de Oxford são um parque para a juventude dourada. O sol aquece os edifícios de pedra enquanto uma brisa acaricia a hera que pende dos beirais. No Magdalen College, estudantes de todo o mundo descansam nos gramados perfeitos como um campo de golfe, lendo jornais, falando em celulares, ouvindo iPods. Começa um jogo de croqué, e os risos ecoam pelo velho pátio. Este é um retrato da nova

[2] Nessas praias mágicas, as crianças que brincam estão para sempre puxando seus barcos para a praia. Nós também já estivemos lá. Ainda podemos ouvir o barulho das ondas, mas não iremos mais à terra. (*N. do T.*)

elite descansando. Para parafrasear Cecil Rhodes, patrono do programa de bolsas de estudo Rhodes, esses jovens ganharam o primeiro prêmio na loteria da vida.

Ou não? George Rousseau, codiretor do Centre for the History of Childhood, da Universidade Oxford, não está tão certo disso. Encontrei-me com ele no velho salão de fumar do Magdalen College. Pinturas desbotadas de cenas rurais estão penduradas nas paredes. Professores conversam diante de xícaras de chá e café, sob um teto de vigas. De nossas poltronas de couro gasto, podemos ver os estudantes caminhando pelo pátio lá embaixo. Rousseau, que passou 35 anos ensinando em faculdades de elite dos dois lados do Atlântico, começa dizendo-me que as crianças do século XXI estão passando por um mau pedaço.

"Sinto pena de muitos jovens de hoje, particularmente dos que têm famílias afluentes. Eles não sofrem a ameaça de morte ou doença que as gerações antigas enfrentaram e têm muitas vantagens, mas também são mimados, pressionados e vítimas da superproteção até o ponto de sufocarem. Ficam sem nenhum sentido de liberdade.

"Para que isso mude, primeiro devemos entender como a infância evoluiu até sua forma atual. Essa não é uma tarefa fácil", diz ele. "Generalizações são difíceis de fazer, porque as vidas das crianças variam bastante, não só através do tempo, mas também através das classes sociais e das culturas. A história da infância como disciplina acadêmica só decolou nos anos 1960, e mesmo agora nosso conhecimento das relações adulto-criança na era pré-moderna permanece improvisado. O resultado é muita especulação e adivinhação."

Um mito comum é que a infância não existiu no passado. Essa ideia chegou ao saber convencional nos anos 1960, quando Philippe Ariès, um historiador francês, argumentou que as crianças na Europa medieval eram tratadas como adultos em miniatura, a partir do momento em que eram desmamadas — usando as mesmas roupas, desfrutando as mesmas diversões, fazendo os mesmos trabalhos que todo mundo.

Ariès estava certo no sentido de que o passado distante era um lugar muito adulto, mas sua afirmação de que nossos antecessores não tinham concepção da infância e, portanto, nunca trataram as crianças diferenciadamente é muito exagerada. Dois mil anos antes do Net Nanny, programa que controla os sites visitados pelas crianças, Platão insistia em que a sociedade deveria monitorar o que seus jovens viam, ouviam e liam. Até mesmo o *Regra beneditina*, o principal guia monástico da Europa medieval, estipulava que os monges meninos deveriam receber comida extra e ter mais horas de sono, além de tempo para brincar. "Ariès apareceu com uma narrativa importante para sua época, mas ela estava parcialmente equivocada, ou pelo menos incompleta", afirma Rousseau.

Outra interpretação incorreta é que, forçados pela alta taxa de mortalidade infantil, os pais dos tempos antigos evitavam criar um vínculo emocional com seus filhos, tratando-os como empregados descartáveis. As famílias frequentemente davam o nome de uma criança morta a outro filho. No primeiro século depois de Cristo, o filósofo romano Sêneca recomendava mutilar as crianças para fazer delas melhores mendigos. Não muito depois, um ginecologista grego chamado Soranus publicou um livro com um título impiedosamente darwiniano: *How to Recognize the Newborn That is Worth Rearing* [Como reconhecer o recém-nascido que valha a pena criar]. Matar ou abandonar bebês indesejados era surpreendentemente comum no Ocidente antes do século XIX. Até os anos 1860, um terço de todas as crianças nascidas em Milão era abandonada nas portas das casas dos mais ricos ou deixada em hospitais criados para lidar com a avalanche de crianças. Muitas evidências sugerem que os castigos corporais, o abandono e o abuso sexual de crianças eram endêmicos em muitas culturas. Lloyd de Mause, psicoterapeuta e historiador norte-americano, concluiu em 1974 que "a história da infância é um pesadelo do qual apenas começamos a despertar".

Mas existe um outro lado nessa história. Mesmo que a vida no passado fosse dura, os pais de outrora não necessariamente viam seus filhos como bens indignos de sentimentos. As mães que abandonavam os bebês frequentemente os deixavam com chaves, broches e outros objetos, na esperança de se encontrarem um dia, mesmo que no céu. Através dos tempos, diários e cartas revelam o amor e a ternura dos pais aparecendo quando a vida não valia nada. Escutem a Gregório de Tours, lamentando o resultado de uma escassez de alimentos no século VI na França: "Perdemos nossos pequenos, que nos eram tão queridos, a quem acariciávamos em nosso colo, com quem brincávamos em nossos braços, a quem alimentávamos com tanto cuidado amoroso. Enquanto escrevo, seco minhas lágrimas."

E, no entanto, muita coisa mudou. Mesmo que nossos ancestrais não fossem estranhos ao amor paterno ou à ideia de infância, mesmo que sentissem um instinto similar para mimar, controlar e polir os jovens, a maioria deles não era obsessiva com as crianças. "Esse constante cuidado, monitoramento e pressão sobre os jovens é uma característica do mundo moderno", diz Rousseau.

A mudança começou depois da Idade Média, quando apareceram as novas formas de pensamento. Os puritanos declararam que todas as crianças nasciam com a marca do pecado original e que somente uma vigorosa intervenção adulta poderia salvar suas almas. O filósofo John Locke, cujos pontos de vista tinham enorme peso em toda a Europa, aumentou a pressão ao publicar em 1693 um livro chamado *Alguns pensamentos acerca da educação*, no qual argumenta que uma criança chega ao mundo como uma tábula rasa, uma ardósia em branco, esperando para ser preenchida (pelos adultos, é claro).

Mais tarde, Jean-Jacques Rousseau, um dos filósofos que inspiraram o movimento romântico que viria a dominar a Europa a partir do final do século XVIII, pediu aos adultos que se afastassem. Ele defendia que a infância — "suas brincadeiras, seus prazeres, seu instinto amigável" — deveria ser cuidada, mais do que explorada como meio para um fim; que as crianças nasciam puras, espontâneas e alegres e, portanto, deveriam aprender e criar em seu próprio ritmo. Iluminados por esse ideal romântico, artistas como Joshua Reynolds e Thomas Gainsborough começaram a pintar as crianças como pequenos anjos brincando, enquanto escritores como William Wordsworth e Johan Wolfgang Goethe exaltavam a criança como uma criatura quase divina, que possuía um vínculo especial com a natureza.

Até hoje nos debatemos entre a visão de Locke e a visão romântica da infância: devemos moldar as crianças como a argila ou descansar e deixar que elas sejam crianças? De qualquer maneira, ambas as filosofias, juntamente com a crescente prosperidade, ajudaram a fazer com que as crianças fossem notadas. Essa mudança primeiramente veio para as classes alta e média, que gradualmente pavimentaram o caminho para uma mudança cultural mais ampla. Manuais de etiqueta começaram a dar conselhos sobre como educar e criar jovens no século XVII. O mercado para roupas, livros, brinquedos e jogos feitos especialmente para crianças começou logo depois. Na mesma época, os médicos começaram a indagar como as crianças poderiam beneficiar-se do cuidado médico especializado, lançando assim as fundações para que a pediatria surgisse como campo separado. E à medida que o foco sobre as crianças se intensificava, também aumentava a preocupação dos pais. No final do século XVIII, muito antes dos exames de admissão às faculdades e dos testes infantis para reconhecimento de estranhos, um pároco inglês chamado John Townsend escreveu sobre "pais curiosos e ansiosos, que sacrificaram sua comodidade, seu descanso, suas propriedades, sua saúde, tudo o que tinham, pelo conforto e prosperidade de sua descendência". No século XIX, o bem-estar da criança era um importante tema de debate entre intelectuais, reformadores, instituições de caridade e burocratas; nessa época, apareceram os primeiros movimentos pelos direitos das crianças e os Estados ditaram leis e criaram programas de bem-estar para proteger os jovens.

A revolução real, no entanto, foi a extinção do trabalho infantil, que ganhou ritmo a partir da metade do século XIX.

Na Inglaterra, por exemplo, a frequência escolar quadruplicou entre 1860 e 1900. Isso se deveu, em grande parte, à crença romântica de que colocar as crianças para trabalhar e lucrar com seu trabalho era imoral, bem como à crescente necessidade de uma força de trabalho já educada. Na medida em que o poder de rendimento de seu trabalho decaiu, o valor das crianças explodiu de outras maneiras. Elas chegaram a ser encaradas como um precioso recurso nacional. Uma médica inglesa chamada Margaret Alden alertou em 1908 que "a nação que primeiro reconheça a importância de criar e treinar cientificamente as crianças da comunidade será a nação que sobreviverá". O século XX foi chamado de "século das crianças", e a Liga das Nações declarou em 1924 que "a humanidade deve à criança o melhor que tem para dar".

A mudança nas atitudes públicas espelhou-se no lar. Os historiadores encontraram evidências de que, já no século XVII, as relações familiares vieram a assumir um tom mais carinhoso e mais sentimental. Os pais começaram a celebrar os aniversários de seus filhos e a usar termos carinhosos como "minha querida criança" em cartas e diários. Antes desprezado como procedimento de autoindulgência ou mesmo como um desafio aos desígnios de Deus, chorar pela morte de uma criança tornou-se lugar-comum no século XIX. No começo dos anos 1900, os tribunais dos Estados Unidos concediam compensação aos pais de crianças mortas em acidentes de trabalho — não pelos salários perdidos, mas pela angústia emocional.

À medida que as taxas de nascimento e morte caíram, a família também evoluiu, encolhendo, voltando-se para si mesma e progressivamente se construindo em torno das necessidades da criança. Em vez de lutar para manter um grande grupo de crianças vivas, os pais no século XX podiam concentrar-se em cuidar e desfrutar de um pequeno número delas. "Existe uma grande diferença entre dizer 'meus filhos são preciosos para mim' e 'eu tenho três filhos, mas apenas um tem probabilidade de sobreviver'", diz Rousseau, o historiador de Oxford. Estudos feitos em todo o mundo mostram que os pais de famílias menores estão mais inclinados a microgerenciar seus filhos. Eles têm mais tempo para investir em cada um deles e podem sentir que têm mais chances de fazê-lo bem. Os pais de famílias maiores também têm mais probabilidade de reconhecer que cada criança nasce com um temperamento e capacidades particulares — e que, portanto, existem limites para a modelagem de seu desenvolvimento.

O efeito nítido disso é que a família chegou a girar em torno da criança como nunca visto antes. Vejo isso na minha própria vida. Colocamos os horários de nossas crianças na porta da geladeira e adaptamos os nossos aos deles. Marcamos nossas férias e fins de semana para agradá-los. Até mesmo pensamos em mudar de casa para ficar perto da escola certa. Se as estatísticas estão corretas, logo estaremos perguntando às crianças que carro ou computador comprar para a família. É de admirar que, depois de todo esse esforço, todo esse sacrifício e autoabnegação, as realizações de nossas crianças comecem a se parecer com as nossas próprias? Ou que as crianças tenham se tornado, mais do que em qualquer outra época, uma extensão do ego dos pais, um minieu para elogiar no escritório ou nos sites da internet? Os pais sempre se gabaram das conquistas de seus filhos, mas a média das mensagens automáticas que se envia no Natal, hoje em dia, se parece com um formulário de admissão na faculdade, com um livro de bronze das conquistas acadêmicas, sociais e esportivas do Júnior. Alguns pais até mesmo falam sobre seus filhos usando a primeira pessoa do plural: "passamos no vestibular" ou "ganhamos uma bolsa de estudos para a Sorbonne". O que as crianças comem e vestem, a música que escutam, a escola que frequentam, seus cortes de cabelo, os esportes que praticam, os aparelhos que usam — tudo agora é exibido como uma medalha de honra pelos pais. De que outra maneira podemos explicar sapatinhos Baby Gucci a 140 libras o par?

À medida que a família se tornou mais centrada na criança, os pais se voltaram para seus filhos para saber mais de suas necessidades emocionais. Isso parece uma resposta natural a um mundo no qual quase a metade dos casamentos termina em divórcio e os filhos oferecem o único relacionamento com garantia de durar até que a morte nos separe. Também pode explicar por que tão frequentemente falamos sobre o que nossos filhos podem fazer por nós, mais do que o contrário. O lema do *Supernanny*, programa que vai ao ar em 45 países, diz tudo: "Como obter o máximo de nossos filhos."

As taxas descendentes de nascimento reforçaram o estatuto de filho como um bem escasso e, portanto, valioso. Espanha, França e outros países começaram a pagar "bônus de bebês" para encorajar a procriação. Entrevistas com mulheres que desejam começar uma família, com ou sem um companheiro, são agora um produto básico da mídia, assim como as histórias de casais que passam por dispendiosos tratamentos de fertilidade. "Sacrificarei qualquer coisa para ficar grávida", declara Anna, de 38 anos, à revista alemã *Bild*. "Sinto-me vazia e incompleta sem um bebê."

A fecundidade é a nova onda. Pais célebres como David Beckham e Brad Pitt exibem seus filhos como acessórios de moda, enquanto a gravidez, no passado considerada suicídio da carreira de uma artista, tornou-se o caminho mais rápido para a primeira página da *Hello!* ou da *People*, com os *paparazzi* lutando para fotografar o mais recente bebê de celebridade. Em muitos países, pesquisas sugerem que os muito ricos começaram a ter famílias maiores. As crianças agora são símbolo de status, o privilégio definitivo em uma cultura consumista. Esqueçam da esposa troféu. Esta é a era da criança troféu.

É também uma era de insegurança — e a história mostra que, quando as pessoas se sentem inseguras sobre seu futuro, depositam mais energia em seus filhos. O lançamento do Sputnik pelos soviéticos em 1957 rompeu a ilusão da superioridade ocidental e convocou mais exigências das crianças nas salas de aula. A crise de petróleo dos anos 1970 teve efeito similar. Ao aumentar o termostato competitivo dentro e fora do local de trabalho, a globalização aumentou a pressão para maximizar qualquer aspecto do potencial de nossas crianças. A ciência também teve o seu papel. A partir dos anos 1990, uma pesquisa mostrou que os bebês começam a formar complexas redes neurais no período do nascimento e, com isso, transformou cada segundo dos primeiros anos de uma criança em um momento potencial de ensinamento. Vejam esse alerta da revista *Newsweek*: "Cada canção de ninar, cada riso e cada boneco dispara um estalo nas redes neurais do bebê, deixando o terreno pronto para o que um dia poderá ser amor pelas artes, talento para o futebol ou dom para fazer amigos." Falando sobre pressão...

A mídia ajudou a promover a atmosfera de competição exacerbada. A cada vez que mais um escritor de 10 anos de idade, mais um empreendedor adolescente ou mais uma banda pop pré-adolescente chega às manchetes, o sarrafo é elevado, tornando a "média" muito menos aceitável. No passado, os prodígios eram frequentemente retratados como um pouco estranhos. Hoje eles são saudados como o padrão dourado, a prova de que todos aqueles empurrões e polimentos na verdade funcionam — e se você não fosse tão preguiçoso também poderia ter um superfilho. Os anunciantes criaram a arte de brincar sobre o medo de que nossas crianças sejam deixadas para trás. Um slogan muito popular de marketing em Taiwan é: "Não deixe seu filho perder logo na linha de partida!" A BBC envia regularmente publicidade do Muzzy, um bicho de pelúcia que vem com DVDs que prometem colocar as crianças no caminho do bilinguismo. O folheto está cheio de adolescentes sorridentes usando camisetas de Harvard ou exibindo suas bolsas de estudo da Fulbright. Toda vez que o folheto chega lá em casa sinto pânico de que meus filhos que só falam uma língua estejam fadados a vender hambúrguer no McDonald's.

Com tanta coisa em jogo, a própria criação de crianças evoluiu para um esporte competitivo. Concursos de Mamãe e Papai do Ano existem desde a Segunda Guerra Mundial, mas hoje em dia a pressão é realmente grande para que todos se tornem os melhores pais ou mães que se pode ser. Talvez o melhor pai ou a melhor mãe de todos os tempos. Isto é especialmente verdadeiro para as mulheres. Com celebridades como Catherine Zeta-Jones e Gwyneth Paltrow ditando o ritmo, a mãe do século XXI sente-se obrigada a ser tudo ao mesmo tempo: deusa doméstica, mãe amorosa, mãe futebolista, nutricionista, orientadora acadêmica, secretária pessoal, Florence Nightingale e Madre Teresa, e talvez até tenha que assegurar o sustento da família também.

É claro que a maioria de nós sabe que cumprir todas essas funções é impossível. O problema é que, em uma cultura competitiva, onde cada aspecto da infância está sob o microscópio, o instinto natural de fazer o melhor por nossos filhos transforma-se em overdose. Mesmo quando rimos dos pais superzelosos — a mãe que corrige todos os erros de ortografia do dever de casa de sua filha, o pai que repreende o treinador de futebol por não deixar seu filho jogar mais — uma parte de nós se pergunta: e se eles estiverem certos? E se estou eu falhando com meus filhos ao não educá-los com mais rigor? Abalados pela culpa e aterrorizados por estarmos fazendo a coisa errada, terminamos copiando os pais alfa do parque.

Jo Shirov conhece a sensação. Uma mulher magra e elegante de quarenta e poucos anos, Jo combina uma carreira como gerente de recursos humanos em Toronto com a educação de gêmeos de 7 anos. Durante a minha visita, o lar da família Shirov parecia uma foto tirada da revista *Elle Décor*: todas as cores neutras, pisos de madeira e almofadas no estilo étnico. Os gêmeos, Jack e Michael, estão fazendo o dever de casa na mesa da cozinha. E existe até mesmo um bolo de cenoura sendo feito no forno (com ingredientes orgânicos, é claro). Debaixo da aparência suave da educação perfeita do século XXI, no entanto, Jo está desnorteada. "Se você pensa que o mundo corporativo é competitivo, você deveria tentar ser mãe hoje em dia", diz ela. "Parece que todo mundo está julgando você e — essa é uma coisa horrível de admitir, eu sei

— algumas vezes você acaba fazendo coisas apenas para impressionar as outras mães mais do que pelo bem de seu próprio filho." Por exemplo? Ela para por um momento, abaixa a voz e acrescenta: "Coloquei os meninos em uma aula de mandarim (chinês) porque todos estavam dizendo que era muito importante, mas eles odiaram. Abandonaram o curso logo depois, mas eu levei um mês para dizer às outras mães que tínhamos desistido."

Algumas vezes, a pressão sobre os pais é mais explícita. Em uma escola particular de Taiwan, as crianças estão às voltas com livros até 18 horas por dia. Quando Hsiou-mei Wang retirou seu filho exausto dessa escola, amigos da família ficaram escandalizados. "Eles nos disseram que estar nessa escola era como ganhar na loteria e que nós éramos loucos e irresponsáveis por sair dela." O filho de Hsiou-mei Wang formou-se em uma escola menos exigente e está estudando na universidade, mas seus antigos colegas agora passam maus bocados. "Eles nos dizem que ele só teve sorte, ou que não é justo que ele tenha se saído tão bem. A pressão para fazer o que os outros pais estão fazendo é incrível."

Você pode repetir isso. Inscrever as crianças em atividades extracurriculares tem sido o barômetro do desempenho dos pais há pelo menos um século, mas hoje muitas crianças vivem com horários mais apertados do que nunca. Uma razão é o *momentum* cultural. Um amigo meu ficou espantado ao dar-se conta de que seus dois filhos pequenos estão inscritos em cinco atividades extracurriculares cada um. "Eu não sei realmente como aconteceu. Apenas me pareceu ser o que os pais fazem hoje em dia." Outra razão é que muitos de nós agora podemos proporcionar aos nossos filhos experiências

— lições de esgrima, professores particulares de matemática, escolinhas de tênis — que nunca tivemos. A ascensão do lar mantido pela renda de dois cônjuges combinada com horários de trabalho mais longos em muitas profissões trouxeram à família moderna problemas de tempo. Terceirizar a atenção às crianças em atividades extracurriculares é uma forma de recuperar o atraso. Marian Schaeffer, advogada de direitos autorais em Boston, inscreveu seus dois filhos, que estão na escola primária, em atividades desse tipo quase todos os dias da semana. "É divertido e enriquecedor para eles. Mas, para ser honesta, também é uma forma muito prática de não ter de preocupar-me com as crianças."

Manter as crianças ocupadas também ajuda a conservá-las a salvo — outra obsessão moderna. Surgida no século XVIII, a ideia de que os filhos são criaturas frágeis, que precisam de proteção, arraigou-se profundamente em nossa cultura e vem sendo amplificada incessantemente na câmara de eco da mídia. Mesmo que o sequestro ou assassinato de crianças seja raro, a cobertura 24 horas de crimes desse tipo, com notícias de última hora, montagens em câmera lenta e chorosas entrevistas coletivas transformam cada caso isolado em uma tragédia, que encaramos como nossa. Reparem no furor da mídia disparado pelo desaparecimento, em 2007, da menina de 3 anos Madeleine McCann, de seu quarto de hotel em Portugal. Não é de admirar que as pesquisas mostrem que, quanto mais notícias as pessoas consomem, mais ansiosas ficam com relação a seus próprios filhos. Outro dia ouvi no rádio uma reportagem sobre uma menina de 7 anos que tinha sido atropelada e morta por um jipe 4x4 no norte da Inglaterra. Meu primeiro pensamento foi: meus filhos podem se esquecer da ideia de irem sozinhos até a loja da esquina antes de completarem 10 anos — ou talvez 25.

À medida que o pânico sobre a segurança das crianças cresceu, aumentaram também os esforços para encurralar os jovens. No começo do século XX, fatalidades de tráfego fizeram com que o hábito de brincar na rua começasse a cair em desuso, com a correlata aparição de parques cercados. Hoje, as crianças são levadas a vastos complexos de diversão para brincar sob o olhar vigilante de pessoal treinado e de câmeras de circuito fechado.

Uma razão para esse excesso de cuidados é a ameaça de processos judiciais. Em 2006, o Clube de Natação Chesterbrook, no condado de Fairfax, na Virgínia, removeu o trampolim alto de sua piscina, não porque alguém houvesse se ferido pulando dele, mas para diminuir seu crescente custo de seguros. A maioria das piscinas na América do Norte não conta mais com trampolins pela mesma razão. Em termos culturais, simplesmente nos esquecemos de lidar com o risco. Muitos pais do século XXI tiveram infâncias livres. Quando eu tinha 10 anos, minha mãe me mandava para fora de casa pela manhã e não esperava ver-me até a hora do almoço ou do jantar. Hoje, essa atitude de *laissez-faire* é vista como negligência ao dever paternal. Um desenho animado do Baby Blues satirizou a recente aversão pelo risco, comparando a criação dos filhos no passado e no presente. Apresentava um menino pequeno cuidando de seu joelho arranhado, depois de cair de uma árvore. A mãe de outrora apenas comenta: "Acho que você aprendeu uma lição sobre subir em árvores." A mãe moderna fica em pânico: "Precisamos aprovar uma lei para tornar as árvores mais seguras!"

A tecnologia nos encoraja a levar o impulso protetor até limites orwellianos. Sally Hensen, que é consultora de seguros em Londres, chama a si mesma de Grande Mãe. Em seu computador do trabalho, ela verifica as imagens de câmera da creche em que está sua filha a cada poucos minutos e, quando o chefe não está por ali, ela deixa a imagem permanentemente aberta em uma pequena janela no canto do monitor. "Depois que comprei um podômetro, fiquei obsessiva contando meus passos. Acontece o mesmo com a câmera: como ela está lá, espero poder checar minha filha a qualquer momento do dia."

"Espero" é a palavra-chave. Nessa cultura consumista, competitiva, tudo que se liga à infância está sujeito a expectativas crescentes. Já podemos escolher doadores de esperma e de óvulos como escolhemos roupas em um catálogo de encomendas: "Eu ficarei com alto, atlético e com título de mestre — olhos azuis também seria bom." Ou ouçam Angelina Jolie, pensando em como reunir a família perfeita adotando bebês do Terceiro Mundo: "Vocês sabem, outra menina, outro menino, de que país, que raça se daria melhor com as crianças?!" Se podemos ter dentes perfeitos, uma casa perfeita e férias perfeitas, por que não um filho perfeito? Os manuais de educação dos filhos têm uma longa história, mas assumiram um tom mais prescritivo no século XIX, com uma nova geração de especialistas autoritários dando ordens sobre tempos de alimentação, treinamento das necessidades fisiológicas, técnicas de banho e padrões de sono. Hoje, a crença de que a educação dos filhos é uma qualificação a ser ensinada, praticada e aperfeiçoada sustenta um exército global de eruditos que estabelecem as leis por meio de revistas, livros, cursos, sites da internet, programas de perguntas e respostas no rádio e na televisão. À medida que seu poder de influenciar a economia diminuiu, os políticos se juntam ao coro dos indicadores sancionados pelo Estado sobre como criar nossos filhos.

Essa avalanche de conceitos, junto com shows de TV como *Little House of Horrors*, que "consertam" famílias disfuncionais em um único episódio de uma hora, reforça a ideia de que criar uma criança é como fazer um bolo ou alimentar um *tamagochi*, o animal de estimação digital: siga a receita e você terá a criança de seus sonhos. Mais velhos e bem-educados do que jamais o foram antes, os pais modernos também estão mais inclinados a aceitar um enfoque de "melhor prática" (encontrar os melhores caminhos para alcançar os objetivos) para a educação das crianças, convencidos de que o correto gerenciamento, a qualificação e os investimentos terão resultados ótimos. Isso é particularmente verdadeiro para as mulheres, que podem terminar canalizando para a maternidade a mesma energia profissional antes dirigida para suas carreiras. Se as mães que ficam em casa transformam a criação dos filhos em uma Grande Tarefa para justificar o abandono do trabalho, as que continuam trabalhando fazem o mesmo para provar que a maternidade é tão importante para elas quanto a carreira. O resultado final é a profissionalização da educação das crianças em uma escala nunca antes vista na história — e um golpe pesado na autoconfiança dos pais. Talvez por isso alguns deles agora contratem consultores para persuadir os filhos a comer vegetais ou a usar o penico, para ensinar seus filhos de 5 anos a andar de bicicleta e para levar seus adolescentes para comprar roupas. Talvez por isso, da mesma forma algumas famílias façam reuniões regulares de estilo corporativo em volta da mesa da cozinha para avaliar o desempenho e os objetivos de longo prazo.

Comparativamente, o estilo tradicional de criar filhos chega a ser visto como um estilo amador, de segunda categoria ou apenas simplesmente preguiçoso. Como pode uma luta de *catch* no quintal competir com uma clínica de beisebol dirigida por técnicos abalizados? Quando todas as festas de aniversário têm um mágico ou um maquiador profissional, não dá para se contentar com um jogo de "coloque o rabo no burro" e um pedaço de torta. E quem pode ler *Harry Potter e o cálice de fogo* tão bem como Stephen Fry? Você até pode saber que as melhores coisas da vida são gratuitas, mas quando todo mundo está gastando dinheiro para melhorar o status, a pressão para acompanhar isto pode ser difícil de resistir. Outro dia eu me peguei pensando se deveria contratar um técnico para ensinar meus filhos a usarem um bastão de críquete.

Ao mesmo tempo, existe a pressão para fazer as crianças felizes. A ideia romântica de que a infância deve ser o tempo de brincadeiras evoluiu gradualmente para a crença de que a felicidade é um direito de nascença de todas as crianças. Perguntem a qualquer pai o que ele quer para seus filhos: "que sejam felizes" comumente está entre as primeiras respostas da lista. Uma estratégia para conseguir isso é dizer às crianças, a cada instante, quão lindas, inteligentes e maravilhosas elas são. Outra é comprar-lhes coisas. Assim como faz com que nos sintamos bem ou menos culpados, gastar é também um modo fácil de evitar conflitos. Quase a metade de nós, pais, agora responde às pesquisas de opinião pública que queremos ser o melhor amigo de nossos filhos e que nada arruína mais uma amizade do que dizer "não". Em um mundo atribulado e estressante, por que gastar o precioso tempo familiar discutindo se devemos comprar um produto daqueles que ficam nas gôndolas próximas às caixas dos supermercados? É muito mais fácil e pacífico ceder. Eu sei, porque eu mesmo faço isso. Muito. Cada viagem no carro da família é cheia de paradas para comprar salgadinhos, chocolates, bebidas ou qualquer outra coisa necessária para conquistar alguma paz.

Todos esses gastos ajudam a elevar o preço da educação dos filhos. O custo estimado de criar uma criança hoje em dia chega até 150 mil libras, o que cobre roupas, moradia, comida, transporte, saúde, cuidado diário e educação — não incluídos os custos da faculdade. Calcula-se que uma mulher profissional perca quase 500 mil libras de sua renda se colocar a maternidade antes de sua carreira. Uma recente reportagem da BBC comparava ter filhos com suicídio financeiro: "Casais podem tornar-se milionários evitando a *armadilha da paternidade* (grifo meu) e investindo o dinheiro em outro lugar." Não é de admirar que, quando temos filhos, procuremos maximizar o retorno do nosso investimento.

Durante a última geração, esse anelo de tirar o máximo de nossos filhos chegou à sua conclusão definitiva: não queremos apenas fornecer a melhor infância que o dinheiro pode comprar, queremos vivê-la também. Em um mundo onde a juventude é o Santo Graal, os adultos se comportam como verdadeiros Peter Pan de nossos dias, lendo *Harry Potter*, indo ao trabalho de motoneta, escutando 50 Cent no iPod, dançando nas boates até de madrugada. Reparem em como nos vestimos. Meu pai nunca teve um casaco com capuz, jeans ou roupas de ginástica. Ele usava terno e gravata no trabalho e uma camisa de colarinho nos dias de folga. Meu filho e eu frequentemente somos indistinguíveis vestidos com nossos shorts, camisetas e calçados com sandálias. Eu até já cheguei a usar um boné de beisebol com a viseira para trás, quando tinha 30 anos. Está bem, era o começo dos meus 30 anos, mas mesmo assim... O abismo entre as gerações foi coberto pelas roupas de grife.

Essas linhas de demarcação que se tornam indistintas podem significar diversão para todos, mas também deixam aos jovens menos espaço para serem crianças. Os parques de patinação perto de minha casa em Londres estão cheios de homens de 20 e 30 anos, todos equipados com acessórios de patinação aprovados por Tony Hawk, exibindo suas acrobacias e manobras radicais. As crianças que aparecem com seus patins são mal recebidas.

Quando os adultos se apoderam do aspecto exterior da infância, a esfera de ação para a revolta se estreita. A prova histórica sugere que as crianças crescem mais saudavelmente em sociedades que lhes permitem alguns anos para experimentar e até mesmo sair dos trilhos. Mas como pode alguém rebelar-se quando Papai conhece as regras até do avesso e toca *Kaiser Chiefs* ou *Show Patrol* tão alto que a casa treme? Ou quando Mamãe tem um piercing no umbigo e frequenta aulas de *striptease*? Só há duas soluções. Procurar uma forma mais extrema de revolta, como as drogas, um distúrbio alimentar ou a autoflagelação; ou não se rebelar — o jovem se conforma, se adapta ao papel de Criança Gerenciada, torna-se mais um tijolo na parede.

Subjacente a esse esfacelamento das linhas geracionais estão a inveja e a nostalgia que sempre tornaram difícil para os adultos conservarem-se longe da infância. Convencidos de que a juventude é jogada fora pelos jovens, arregaçamos as mangas das camisas e nos dispomos a mostrar-lhes como tudo deve ser feito — ou como desejaríamos tudo ter feito em nosso tempo. Por isso, cada cultura e cada geração têm reimaginado a infância, para adaptá-la às suas próprias necessidades e preconceitos. Os espartanos exaltavam a criança guerreira. Os romanos encorajavam o valor pessoal nos jovens. Os puritanos sonhavam com filhos pios e obedientes. Os vitorianos minimizaram os riscos de suas apostas, louvando as crianças esforçadas e trabalhadoras dos bairros miseráveis, ao mesmo tempo que sentimentalizavam as inocentes crianças de classe média que ficavam em casa.

Hoje encontramo-nos diante de uma confusão de contradições. Queremos que a infância seja, a um só tempo, um ensaio de figurinos para uma idade adulta de grandes realizações e um jardim secreto cheio de alegrias e livre de perigos. Dizemos a nossas crianças que "cresçam" e depois nos enfurecemos quando o fazem. Esperamos que elas realizem nossos sonhos e, no entanto, de alguma forma permaneçam fiéis a si mesmas.

O fio comum é que, através dos tempos, as crianças nunca escolheram sua própria infância. Os adultos sempre deram as ordens. "Nunca são as crianças", diz George Rousseau, historiador de Oxford. "São sempre os adultos." Hoje em dia a infância parece mais um assunto de adultos do que nunca. A questão agora é: como podemos fazer com que a infância seja mais das crianças?

2

OS PRIMEIROS ANOS:
quando os fatos memoráveis tornam-se fardos insuportáveis

Se as coisas pudessem vir do nada, o tempo não seria essencial para o seu crescimento, para o seu amadurecimento até o seu completo vigor. Os bebês se transformariam em jovens num piscar de olhos e florestas inteiras surgiriam do chão. Ridículo! Sabemos que todas as coisas crescem, pouco a pouco, como de fato deve ser, a partir de sua natureza essencial.

LUCRÉCIO, SÉCULO I D.C.

NUMA VENTOSA TARDE DO COMEÇO DA PRIMAVERA, ENQUANTO TAIPEI se lança num novo dia de negócios, o lugar mais agitado da cidade pode ser a seção de educação de filhos da Livraria Eslite. Quando chego lá, mais de uma dezena de pessoas, a maioria mulheres, está folheando as centenas de títulos. Fora uma esporádica troca de sussurros, um silêncio nervoso reina. Educar as crianças é uma questão muito séria na capital de Taiwan.

A Eslite está bem sortida com livros de especialistas tanto ocidentais quanto asiáticos, e os títulos refletem a pressão sentida pelos pais pelo mundo para dar aos seus filhos uma vantagem nesta corrida. Um manual que tem por título *Prodigy Babies* está vendendo muito, assim como um volume bastante fino chamado *The Genius in the Crib.* Outra escolha popular é *Sixty Ways to Ensure Success for Your Gifted Child.* Em um canto, vejo uma futura mãe elegante folheando um grosso volume. Ela faz uma pausa para acariciar a capa, fechando os olhos para fazer o que parece uma oração silenciosa. E em seguida coloca o livro em sua bolsa Fendi preta e se dirige ao caixa.

Fui examinar o livro que tanto a agradou. Seu título foi calculado para colocar qualquer mãe em pânico: *Children's Success Depends 99% on the Mother!* A contracapa traz uma foto da autora coreana, que parece presunçosa, e não é de admirar: ela tem duas filhas fazendo estudos de graduação em Harvard e Yale e um filho na Harvard Business School.

A cena me fez lembrar de quando minha mulher anunciou que estava grávida de nosso primeiro filho. Quando a euforia passou, fizemos o que os pais em todo o mundo fazem quando uma criança está a caminho: fomos à livraria local e começamos a formar nossa própria biblioteca de manuais de criação de filhos. Como todos os demais, queríamos dar ao nosso bebê o melhor começo de vida.

Lembro-me de um livro em particular. Ele tinha gráficos mês a mês dos marcos de desenvolvimento para recém-nascidos: mover a cabeça de um lado para o outro, sorrir, seguir objetos com os olhos, agarrar brinquedos com as mãos, experimentar relações de causa e efeito, e mais e mais e mais. Eu acompanhava de perto aqueles gráficos. Se nosso filho ficasse atrasado no cronograma, éramos tomados pelo pânico. O que há de errado com ele? Estamos falhando como pais? Devemos consultar o médico? Da mesma forma, nada fazia meu dia ficar melhor do que encontrar meu filho com vantagem na corrida, especialmente se outro pai se dava conta disso. (Ele dava voltas sobre si mesmo na cama desde muito cedo, se vocês querem saber.)

Nossos ancestrais ficariam admirados. Ao longo da maior parte da história, o desenvolvimento das crianças nunca foi uma preocupação inadiável. Um recém-nascido era muitas vezes enviado para uma ama de leite ou simplesmente era amarrado às costas de sua mãe quando ela ia trabalhar. A morte de um bebê era considerada menos trágica do que a de um filho mais velho. Michel Eyquem de Montaigne, o grande ensaísta do Renascimento, escreveu: "Perdi dois ou três filhos ainda na infância, não sem lamentar, mas sem grande pesar." Está bem, Madame Montaigne provavelmente sofreu um pouco mais, ainda assim esse tipo de conversa hoje em dia seria suficiente para dar origem a uma investigação do Serviço Social.

Isso não quer dizer que nossos ancestrais não ficassem tentados a fazer as crianças crescerem um pouco mais rapidamente. Alguns pais da Europa medieval usavam cordas e molduras de madeira para encorajar os bebês a andarem mais cedo. Desde o final do século XVII, cirurgiões europeus tentaram apressar a chegada da fala cortando os ligamentos nas línguas das crianças. Mesmo há cem anos, a maioria dos pais estava mais preocupada com a sobrevivência do bebê do que com os obstáculos que ele venceria precocemente. À medida que a mortalidade infantil diminuiu e as expectativas se elevaram, no entanto, a ênfase deslocou-se gradualmente para que os bebês pudessem contar com uma iniciação cognitiva mais veloz.

Hoje em dia, a pressão para obter vantagens desde muito cedo é mais forte do que nunca. A ciência mostrou que um bebê é a mais poderosa máquina de aprender do mundo — até mais poderosa do que pensava a geração anterior. Valendo-se de teatro de marionetes com patos que desaparecem, os pesquisadores mostraram que os bebês podem entender a ideia de "permanência do objeto" (ou seja, que quando mamãe sai do quarto, ela não deixa de existir) já na décima semana de vida e não aos 9 meses como se acreditava antes. Um estudo de 2007 concluiu que os bebês podem distinguir idiomas simplesmente olhando o rosto de quem fala. Em uma experiência canadense, crianças de 4 meses de idade viram um vídeo de um adulto falando alternadamente inglês e francês com o som desligado. Cada vez que o locutor mudava de idioma, os bebês levantavam a cabeça e prestavam mais atenção.

Cada criança vive a experiência de um Big Bang neural que estabelece a rede de conexões sinápticas que será ordenada e podada nos anos que virão. Para aproveitar ao máximo essa fase inicial de construção do cérebro, os bebês precisam de estímulo. O mesmo também é válido para o reino animal. Em uma série de estudos bastante conhecida, ratos criados com outros ratos em uma jaula grande cheia de brinquedos desenvolveram cérebros de maior riqueza neurológica do que aqueles criados sozinhos em jaulas pequenas e vazias.

O problema é que esse tipo de pesquisa foi absorvido pela corrente cultural na forma de um ditado inflexível: quanto mais estímulo seu bebê receber e quanto antes, mais esperto será. E se você falhar em aproveitar ao máximo esse desenvolvimento neurológico inicial, a janela das oportunidades se fechará com a idade de 3 anos e a faculdade pode ser esquecida. Daí é pequeno o passo até alto-falantes manuais para barriga, que encham o útero de música "neurologicamente enriquecedora", ou para um carrinho de bebê com um iPod embutido, que permita a quem nele se deite ouvir músicas ou vocabulário da linguagem chinesa enquanto anda, transformando aquele passeio pelo parque em uma experiência multissensorial.

Se essa catarata de estímulos funciona realmente não é tão claro. A neurociência mais atual sugere que todo o enriquecimento que a criança humana precisa está embutido na experiência diária do nosso bebê médio — e que em vez de serem uma tábula rasa, esperando passivamente para ser preenchida pelos adultos, os bebês estão programados para procurar a informação necessária de modo a construir seus cérebros. Por isso a humanidade conseguiu, com sucesso, criar crianças por milhares de anos sem acessórios eletrônicos e DVDs de *Baby Einstein*. E quanto àqueles ratos mais espertos, criados em ambientes enriquecidos? Bem, antes que você corra para encher o quarto das crianças com cartões *flash* e monitores de plasma, considere o resultado menos divulgado desta pesquisa: nenhuma quantidade de enriquecimento jamais produziu ratos com cérebros melhores do que aqueles criados na natureza.

É claro que algumas crianças crescem em um ambiente familiar que as deixa menos preparadas para a escola. Um importante estudo da Universidade de Londres acompanhou 15.500 crianças, nascidas entre os anos 2000 e 2002, em um amplo espectro de cenários sociais. Quando essas crianças fizeram 3 anos, os filhos de pais universitários, que provavelmente encheram mais a casa de livros, histórias e conversas, estavam dez meses à frente, em vocabulário, daqueles que eram filhos de pais menos qualificados, e um ano à frente no reconhecimento de formas, tamanhos, cores, letras e números. Programas de enriquecimento da experiência infantil nos primeiros anos podem ajudar as crianças de lares menos privilegiados a superar esta brecha. Mas isso não significa que todo mundo precisa se inscrever em tais programas ou que insistir no estímulo pode melhorar a rede elétrica básica do cérebro. John Bruer, autor de *The Myth of the First Three Years* e presidente da fundação James S. McDonnell, que financia pesquisas científicas sobre o cérebro, nega diretamente a crença de que mais estímulos criam um cérebro melhor: "A ideia de que você pode fornecer mais sinapse estimulando mais a criança não tem base científica."

Isso não nos impede de tentar. Quando pesquisadores descobriram, nos anos 1990, que ouvir Mozart aumentava o raciocínio espacial de estudantes universitários, surgiu uma indústria inteira baseada na afirmação de que inundar o quarto das crianças com concertos de piano poderia estimular o cérebro de um bebê. Essa ideia era tão atraente que, no final dos anos 1990 e começo dos anos 2000, os hospitais do estado da Geórgia mandavam cada recém-nascido para casa com um CD intitulado *Build Your Baby's Brain Power Through the Power of Music*, com obras de Bach, Handel e Mozart. Hoje, você ainda pode comprar alguns DVDs que trombeteiam o chamado "efeito Mozart". O único problema é que o efeito Mozart é bobagem. Em 2007, o Ministério de Pesquisas alemão finalmente formou uma equipe de primeira ordem de cientistas, psicólogos, educadores e filósofos para investigar toda a pesquisa feita sobre o fenômeno. Sua conclusão: mesmo que ouvir Mozart aumente o raciocínio espacial e temporal (e nem todos os estudos mostraram isso), os efeitos não duram mais de 20 minutos. E mais, a equipe alemã não encontrou qualquer evidência de que escutar música clássica faça qualquer coisa para aprimorar o cérebro de uma criança.

Uma leitura equivocada da ciência, unida a essas crescentes expectativas, também alimentou muitas tentativas fracassadas de ensinar línguas estrangeiras a crianças. Uma pesquisa dos anos 1990, que mostrava o quanto as crianças possuem uma capacidade única para aprender qualquer língua, lançou os pais precipitadamente à compra de fitas do Instituto Berlitz na esperança de transformar seus recém-nascidos em minipoliglotas. Não funcionou. Por quê? Porque os bebês só aprendem uma língua quando ela é falada para eles, regularmente, por uma pessoa real. Em experiências mais recentes, crianças expostas apenas a

DVDs de línguas estrangeiras, fitas de áudio ou brinquedos bilíngues não absorveram nada — nem uma só palavra ou frase, nem um único som. E nem chegaram à escola com mais apetite para conjugar verbos em francês ou identificar símbolos em chinês. Conclusão: os bebês precisam de uma conexão humana, transmitida por uma pessoa — e não de um estímulo artificial — para aprender. Isso significa que aulas de idiomas estrangeiros com professores reais são a solução? Em todo o mundo, pais ambiciosos estão inscrevendo seus filhos em cursos de inglês cada vez mais cedo. Por toda a Ásia, crianças que ainda não são fluentes em sua própria língua materna passam horas debruçados sobre o ABC em inglês. Na direção oposta, pais ocidentais estão procurando babás que falem chinês e professores de mandarim para seus filhos. Meu vizinho leva sua filha de 2 anos para aulas de mandarim todo sábado pela manhã. "O chinês é o futuro. Quanto mais cedo ela começar, melhor."

Mais uma vez, isso depende. As pesquisas mostram que, para tornarem-se bilíngues, as crianças precisam ser expostas a uma língua estrangeira pelo menos 30% das horas que passam acordadas. Isso significa ter aulas de imersão apropriadas ou gastar uma grande parte do dia falando outra língua com os pais, a babá ou com outras crianças. Ou seja, não basta forçar uma aula de chinês entre a ginástica e a ida às compras de sábado pela manhã. "A verdade é que não existe uma forma fácil de aprender uma língua — é preciso vivê-la, estudá-la, lê-la, comê-la e respirá-la", diz Ellen Bialystock, especialista em bilinguismo da Universidade York, no Canadá. "Devemos sempre proporcionar a uma criança a experiência idiomática mais rica que pudermos, mas ela tem que fazer sentido em casa, não pode ser imposta, não pode ser apenas outra tarefa na lista de coisas a fazer dos pais." Por outro lado, o fato de não se aprender uma segunda língua nos primeiros anos não significa uma vida inteira de monolinguismo. "Aprender idiomas fica um pouco mais difícil quando se fica mais velho, mas não há evidências de uma janela de oportunidades que se fecha para sempre em certa idade", diz Bialystock. "As pessoas podem aprender idiomas durante toda sua vida. *Como* se aprende é mais importante do que *quando.*" Isso não acontece apenas com os idiomas. As últimas pesquisas mostram que o cérebro continua se desenvolvendo muito depois dos primeiros anos e que, para a maioria dos conhecimentos e qualificações, não existe uma "janela crítica" que se fecha para sempre no terceiro aniversário.

O resultado final parece ser que abarrotar a criança de aulas e atividades é quase sempre inútil e pode mesmo ser contraproducente. Qualificações conseguidas por meio da aprendizagem forçada frequentemente têm que ser reaprendidas mais tarde. Um professor de música de Londres fala de uma menina levada por seus pais a aprender violino desde a idade de 3 anos. Ela colocou-se à frente de seus colegas, mas quando tinha 6 anos sua técnica era tão distorcida que teve que passar meses reaprendendo o básico. "A pior parte foi que as outras crianças, que vinham tocando no nível de aprendizado normal, pegaram impulso e a deixaram para trás", diz a professora. "Foi o caso clássico da tartaruga e da lebre."

Demasiado estímulo pode interferir no sono, de que os bebês precisam para processar e consolidar o que aprenderam durante as horas de vigília. Quando os pais ficam ansiosos sobre os marcos de desenvolvimento, quando passam mais tempo cultivando do que confortando seu bebê, a criança pode acabar ficando estressada. Se o cérebro de um bebê é inundado com hormônios do estresse, como a adrenalina e a cortisona, a mudança química pode tornar-se permanente com o decorrer do tempo, dificultando a aprendizagem ou o controle da agressividade mais tarde na vida e aumentando a chance de depressão.

Qual é, então, a forma correta de tratar uma criança? Bem, a própria pergunta é errada. Por mais que queiramos que a ciência forneça um guia passo a passo para os primeiros anos, nosso conhecimento parcial do desenvolvimento do cérebro torna isso impossível. E mais, cada criança e cada família são diferentes, o que significa que não pode haver uma receita única para educar um bebê.

No entanto, existem algumas orientações claras. Uma delas é que todas as crianças se desenvolvem com a interação interpessoal, por meio de contato visual. Muitos estudos mostraram que os bebês são fascinados por contrastes e cores fortes, que é o que eles obtêm precisamente da face humana, com sua superfície complexa e mutante de rugas, curvas, fendas e sombras. Um bebê que examina a cara de seu pai, decifrando as emoções e as expressões que passam por ela, está fazendo o equivalente à "Ginástica com Jane Fonda". Um vídeo educacional, um móbile eletrônico com luzes que brilham ou um cartaz com padrões brancos, pretos e vermelhos simplesmente não podem competir com isso. Observem apenas como o pai ou a mãe, na ausência de aparelhos e penduricalhos, interage com seu bebê: olhando nos seus olhos, sorrindo, fazendo caretas, adotando expressões faciais exageradas, fazendo cócegas, pronunciando palavras m-u-i-t-o devagar, imitando sons repetidas vezes. Isso pode não parecer muito, comparado com emoções mais encenadas da linguagem de sinais de bebês, mas, na verdade, é uma rica e estimulante conversa — e você não precisa contar com um especialista para lhe ensinar como fazer, porque isso vem naturalmente a todos nós. Além de ser uma fonte de alegria e maravilha, essa conversa elementar, essa ação amorosa recíproca entre pai ou mãe e criança, ajuda a construir o córtex pré-frontal do filho, a parte "social" do cérebro, que governa a empatia, o autocontrole e a capacidade de ler sinais não verbais de outras pessoas. As mesmas habilidades que os professores identificam como as mais importantes a serem desenvolvidas no jardim de infância e fora dele. Especialistas concordam que formar um vínculo forte com um ou mais protetores é a pedra angular de todo o desenvolvimento da criança e de todo o aprendizado posterior. Isso também pode imunizar as crianças contra o estresse ao longo da vida.

Mas talvez essa mensagem esteja lentamente começando a ser absorvida. Em todo o mundo, especialistas em desenvolvimento da criança estão dando o mesmo conselho a pais ansiosos e impacientes: cada bebê evolui numa velocidade diferente. Os primeiros anos são importantes, mas não são uma corrida. Passem menos tempo tentando enriquecer seu bebê e mais tempo tentando conhecê-lo. Confiem em seus instintos em vez de imitar o que quer que seja que uma mãe alfa esteja fazendo no parque.

Alguns pais estão aprendendo essas lições do jeito mais difícil. June Thorpe passou mais de uma década como promotora de eventos de alto nível em Miami, na Flórida. Depois de dar à luz aos 36 anos, ela abraçou a maternidade como se estivesse organizando um congresso. Planejou um horário rígido de comer e dormir, além de ioga, massagem e jogos interativos para sua bebê, Alexia, e o fixou na porta da geladeira. "Eu queria que ela entrasse em uma rotina o mais cedo possível, para que tivesse um bom começo", lembra June. O problema é que a rotina não se adaptava a Alexia, que continuou acordando muitas vezes durante a noite e levou mais tempo do que o comum para sentar-se sozinha. Ao tomar café pela manhã na empresa, June sentia-se fracassada ao ouvir as outras mães se gabarem de como seus filhos dormiam bem, de como tinham começado a engatinhar cedo e de como tinham passado bem para a comida sólida. Ela começou a considerar a maternidade como um trabalho desmoralizador e monótono, um beco sem saída.

Então tudo mudou quando ela descobriu o mundo dos blogues. Encontrou textos de muitas mães presas à mesma rotina — e muitas que saíram sozinhas dela, criando seus próprios caminhos. A mensagem que June compreendeu é que há diversas formas de ser mãe e que tentar seguir as regras ou os horários de outra pessoa pode ser tedioso e frustrante porque, em última instância, deixa de fora a parte mais fascinante e recompensadora de ser mãe: chegar a conhecer seu próprio filho. Em outras palavras, você não deve sair correndo para fazer lição de ioga para bebês ou passar horas fazendo com que a sua casa se pareça com uma fotografia da revista *World of Interiors*. Mande os hábitos para o inferno! É legal passar a tarde deitada junto com seu bebê na cama, abraçando-o, dando-lhe o peito, dormindo e acordando. Algumas vezes, você passará a maior parte da noite tentando fazer com que seu filho pare de chorar, e isso também é legal.

"Quando olhei para fora do meu próprio círculo social, subitamente entendi que não estava sozinha ao sentir que a pressão para ser uma supermãe estava transformando a maternidade em uma tarefa", diz June. "E penso que Alexia provavelmente estava absorvendo minha ansiedade." Assim, June mudou de atitude. Decidiu seguir seus instintos. Isso significava abandonar os horários, os gráficos de desenvolvimento e os DVDs interativos e deixar Alexia mamar no peito e dormir sempre que quisesse. Em vez de lições de ioga para bebês, mãe e filha agora tiram uma soneca juntas no grande sofá da sala, rodeadas de almofadas macias e bichos de pelúcia.

June ama o novo regime, que se parece menos com seu trabalho, e ela se sente muito mais próxima de Alexia, mais capaz de entender seus estados de ânimo e suas necessidades. A menina passou a dormir a noite toda. "Ela parece mais contente agora que não estou mais tentando forçá-la a ser a minha ideia do que um bebê deve ser. E eu estou mais contente, sabendo que não preciso adaptar-me à ideia de outras pessoas sobre como deve ser a mãe perfeita. A coisa mais importante é o que dá certo para Alexia e para mim."

Pai pela primeira vez, Edward Hardy chegou à mesma conclusão com seu filho Emmanuel. Desde o começo, ele e sua mulher disseram não aos gráficos de desenvolvimento, às atividades estruturadas e aos instrumentos para estimular a criança. Em vez disso, eles criaram seu filho de forma bem simples. Os panfletos que divulgam aulas de ioga ou de linguagem de sinais para bebês e catálogos recheados de DVDs do *Baby Einstein* foram direto para a lata de lixo.

Nos primeiros meses, Hardy, que trabalha como escritor de textos técnicos em Londres, passou muito tempo fazendo as coisas básicas com Emmanuel — dando banho, vestindo, trocando fraldas, acalmando, massageando e alimentando. Viagens diárias a uma área de jogos em Watford foram mais problemáticas do que valia a pena, pelo custo dos deslocamentos, pelo estresse e pela quebra da rotina de sono de Emmanuel. Em vez disso, Hardy levava seu filho a tiracolo à pracinha local. Os dois também passavam longas horas sentados em um café próximo, onde Emmanuel brincava com seus bonecos, mastigava pedaços de torrada e flertava com as garçonetes. "Para algumas pessoas, isso pode parecer muito chato e previsível, mas, na verdade, deu a ele uma mudança de ambiente com muitas coisas para ver e diferentes estímulos. E deu-nos muito tempo para estarmos juntos, para conhecer-nos um ao outro."

Hardy admite que houve momentos de tédio e que houve ocasiões em que uma ida ao Victoria and Albert Museum ou a algum outro no centro de Londres pareceu-lhe muito atraente. Mas suportar o tédio teve recompensa. "Antes de termos Emmanuel, eu pensava que os bebês eram chatos, mas quando você fica bastante tempo com eles e chega a conhecê-los, nota todas as pequenas mudanças por que eles passam, cada detalhe de sua evolução e de seu desenvolvimento, até descobrir que eles são fascinantes."

Hardy tem uma relação muito calorosa e fácil com Emmanuel, que agora é um brilhante, feliz e inquisitivo menino de 4 anos, o que o pai atribui a todo o tempo que passaram juntos, em vez de terem ingressado na luta para alcançar marcos de desenvolvimento. "Será a culpa que leva os pais a esses extremos ambiciosos? Que talvez uma criança que brinca na caixa de areia da pracinha local já não seja mais suficientemente boa? Aprendi que o esforço que você faz — dinheiro, organização, estresse — é inversamente proporcional aos ganhos que colhe. Na verdade, agora eu acredito que as caixas de areia dos parques são muito mágicas." Moral da história: para os bebês, *menos* muitas vezes é *mais*.

É claro que isto não quer dizer que os marcos de desenvolvimento não tenham um papel a cumprir. Eles podem ser cruciais para identificar a pequena minoria de crianças que precisam de uma intervenção externa prematura. A chave é considerar tais marcos como normas gerais, em vez de horários diários escritos em tábuas de pedra. As pesquisas mostram que os pais possuem um instinto confiável para saber quando alguma coisa está realmente errada com seu filho, sobretudo quando escapam do frenesi da competição.

Quando a questão é o que as crianças devem fazer nos primeiros anos, brincar é mais importante do que perseguir metas de desenvolvimento. Brincadeira é uma palavra carregada nos dias de hoje. Em uma cultura viciada em trabalho, ela soa quase herética — um prazer culpado, uma desculpa para a indolência, uma perda de tempo. No entanto, brincar é muito mais do que o que acontece quando paramos de trabalhar. Em sua forma mais pura, é uma maneira profunda de engajar-se com o mundo e conosco mesmo. A brincadeira verdadeira é espontânea, incerta — você nunca sabe aonde ela vai levar. Não se trata de ganhar ou perder, alcançar um objetivo ou um marco de desenvolvimento. A brincadeira desafia todas as ferramentas da nossa cultura de altas realizações: alvos, horários e resultados mensuráveis.

Os artistas sempre compreenderam que uma mente brincalhona pode desvendar os mais valiosos segredos — e que as crianças compreendem a brincadeira melhor do que ninguém. Pablo Picasso falava de sua necessidade de permanecer infantil para pintar. Henri Matisse observou que as pessoas mais criativas sempre têm "um tremendo espírito de aventura e um amor pela brincadeira". Mesmo no mundo mais rigoroso da ciência, testar limites de forma brincalhona, aceitar, como as crianças, lidar com a incerteza, recusar ser enquadrado pelos conceitos de outra pessoa sobre como as coisas devem ser feitas é muitas vezes o primeiro passo para as ideias *eureka*, os lapsos de genialidade que viram o mundo de cabeça para baixo. Sir Isaac Newton observou uma vez que "para mim, parece que eu fui apenas um menino que brincava na beira da praia e se distraía de vez em quando ao encontrar uma pedra mais lisa ou uma concha mais bonita do que as mais comuns, enquanto o grande oceano da verdade jazia diante mim, totalmente desconhecido". Albert Einstein explicou de modo ainda mais claro: "Para estimular a criatividade, devemos desenvolver a inclinação infantil por brincar e o desejo infantil de reconhecimento."

Se os adultos deixam a mente voar a grande altura ao brincarem como uma criança, o que a brincadeira significará então para as próprias crianças? Bastante, como vamos ver. A última pesquisa científica sugere que a brincadeira livre é parte essencial do crescimento — e não apenas nos humanos. Vale para outros mamíferos também. Toda aquela travessura, luta e caça à que os filhotes de lobo e os leõezinhos se dedicam e que vemos em documentários sobre a natureza parecem ter um propósito. Os mamíferos jovens gastam por volta de 2% a 3% de sua energia brincando — parece não ser muito, mas os biólogos que estudam a evolução das espécies dizem que é um gasto de energia bastante grande se considerarmos que não há retorno. E brincar pode ser perigoso também: quase 80% das mortes entre as focas jovens ocorrem quando os filhotes estão muito ocupados dando cambalhotas para prestar atenção à proximidade de um predador.

O que ganham então os animais com toda aquela atividade e risco? Bem, parece que a brincadeira talvez seja a forma escolhida pela Mãe Natureza para fazer-nos mais inteligentes. Pesquisas mostram que os mamíferos que brincam mais, como golfinhos e chimpanzés, têm os maiores cérebros. Uma teoria é que os cérebros maiores são mais sensíveis aos estímulos ambientais e assim necessitam de mais brincadeiras para entrarem em forma para a vida adulta. Estudos sobre gatos, ratos e camundongos descobriram que a brincadeira chega ao auge precisamente no momento em que seus cérebros estão mais elásticos. "Os animais, ao brincarem, muito provavelmente estão dirigindo a montagem de seus próprios cérebros", diz John Byers, um grande especialista em brincadeiras da Universidade de Idaho. Exames também mostram que o cérebro humano se ilumina mais intensa e amplamente do que o normal durante as brincadeiras.

Isso significa que privar as crianças de brincadeiras atrapalha sua criatividade e capacidade para aprender? A resposta imediata é que ninguém sabe ao certo, porque ainda não foram feitas pesquisas suficientes. Estudos realizados com animais sugerem que um déficit de brincadeiras tem um custo. Pesquisadores descobriram que ratos bebês, privados de brincadeira, têm o neocórtice — parte do cérebro que controla as funções superiores, como percepção sensorial, raciocínio espacial, comandos motores e (nos humanos) a linguagem — menor. E tendem a ser menos adaptados socialmente quando mais velhos. As crianças diagnosticadas com Déficit de Atenção/Desordem de Hiperatividade (DADH) apresentam sintomas similares.

O que parece estar claro é que a brincadeira é um impulso básico para as crianças. Elas investem colossais 15% de sua energia em brincadeiras e revelam quase uma necessidade física delas. Lembro-me de meu filho correndo para casa da creche na hora do almoço para continuar uma história que estava inventando e que tinha sido forçado a interromper pela manhã. Mesmo quando as circunstâncias tentam impedir, as crianças ainda encontram uma forma de brincar. Relatórios sobre a vida em fábricas vitorianas falam de crianças operárias escapando de suas máquinas para jogar bola, contar histórias ou brincar de esconde-esconde.

Eu mesmo passei um ano trabalhando com meninos de rua em Fortaleza, cidade litorânea do empobrecido Nordeste do Brasil. Para esses meninos, uma típica infância ocidental era apenas algo vislumbrado às vezes na televisão. Eles viviam em favelas, onde a comida era escassa e a violência fervia logo abaixo da superfície. Em grupos de quatro ou cinco, esses meninos saíam para as ruas para ganhar a vida, engraxando sapatos ou lavando carros. Na maior parte do tempo, faziam um ar de conhecedores do mundo, mas algumas vezes o instinto de brincar aflorava. Abandonavam subitamente as ferramentas de trabalho para jogar futebol com uma lata vazia de Coca-Cola ou para brincar de pique. Até jogavam bingo, usando cartelas improvisadas e pedrinhas. Era nesses momentos de brincadeira, de deixar para trás as responsabilidades e a devastação do mundo adulto, que os meninos eram mais felizes — era quando se lembravam de que eram crianças.

Hoje em dia, a evidência parece clara de que a brincadeira é boa de várias maneiras para as crianças. Ela lhes permite criar mundos imaginários onde possam dominar seus medos e ensaiar papéis adultos. Como pequenos cientistas, as crianças surgem com teorias sobre o mundo — a Terra é plana ou todos os homens com barba são magos — e depois as testam e revisam. Brincar em grupo sem adultos dominando a cena ajuda as crianças a aprenderem como adivinhar os sentimentos de outras pessoas e como manejar a frustração e a transigência que são parte dos relacionamentos. Observem uma dupla de meninos de 3 anos construindo uma casa com gravetos no jardim. Eles juntam o material, negociam como armá-lo, inventam regras, discutem sobre quem põe o que e onde. Na brincadeira livre, as crianças também começam a descobrir seus próprios interesses e paixões, forças e fraquezas.

Nigel Cumberland é um ex-caçador-de-talentos-transformado-em-treinador de candidatos a executivos em Hong Kong. Ele acha que muitos recrutas novos parecem estrelas no papel, mas pessoalmente não têm brilho, percepção social nem iniciativa. Preferem que lhes digam o que fazer, em vez de agarrar o problema e resolvê-lo num lapso de brilhantismo. Nigel pensa que isso se deve ao fato de esses executivos terem sido privados de brincar quando eram crianças. "Se os meninos pudessem brincar mais, teríamos melhores engenheiros, melhores gerentes e mais inspiração no local de trabalho. Se negamos a um bebê ou a uma criança a oportunidade de brincar e depois a colocamos em uma pré-escola onde estará sempre competindo e sendo analisada, fazemos com que sinta medo, e isso a leva a uma vontade de não assumir riscos. Terminamos obtendo adultos enfadonhos."

Brincar é apenas a versão natural do aprendizado mais estruturado que se dá na sala de aula — e pode até lançar os fundamentos para a leitura, a escrita e o conhecimento dos números. Professor de psicologia e educação da Universidade Columbia, Herbert Ginsberg realizou um estudo no qual observou 80 crianças. E descobriu que elas dedicavam 46% de seu tempo de brincadeira livre a contar, explorar formas e padrões e separar objetos em conjuntos — em outras palavras, a matemática básica.

Para tornar-se adequadamente letrada, uma criança primeiro deve entender que os números e as letras são símbolos que representam quantidades e sons. Não se consegue isso desenhando letras em cadernos de Kumon; consegue-se isso com a brincadeira e o intercâmbio social nela implícito. "Se pedimos a uma criança para pôr a mesa e conversamos com ela sobre isso", diz Anna Kirova, especialista em educação na primeira infância da Universidade de Alberta, "um prato por pessoa, um garfo por pessoa, que tal uma colher para ir junto com garfo — bem, isso é a correspondência um-para-um. Ou ela poderia estar casando pedras com gravetos, não importa. O conceito total de casar é o que fica para ela." O próximo passo então é fazer o salto para conectar números a quantidades e letras a sons.

A principal desvantagem da brincadeira das crianças é que, aos olhos de um adulto, ela se parece muito com indolência. Esse preconceito vem de muito tempo atrás. Quando o primeiro *kindergarten* (literalmente jardim de infância) do mundo foi inaugurado na Alemanha em 1840, seu fundador, Friedrich Fröbel, foi ridicularizado por sugerir que a brincadeira é parte essencial do desenvolvimento infantil, e seu livro foi queimado pelos críticos. Hoje em dia, mesmo quando elogiamos da boca para fora a importância da brincadeira, frequentemente negamo-nos a dar-lhe rédeas soltas. Queremos enquadrá-la e quantificá-la, dobrá-la para que se adapte aos nossos objetivos e horários, fazê-la mais parecida com o trabalho. Isso não significa que os adultos não devam ter um papel na brincadeira das crianças. Nossa colaboração é crucial, mas principalmente como uma tábua de ressonância ou uma fonte de gentis sugestões, o que significa deixar as crianças pequenas brincarem de sua própria maneira.

Cada vez mais mães e pais estão aderindo a essa ideia. Martha Hoffman, de Washington, ex-lobista transformada em mãe-que-fica-em-casa, começou a brincar com seu filho, Theo, como se ele fosse um boneco. Sentava-se no chão, como os especialistas aconselham, mas não podia resistir ao anseio de controlar. Se Theo estivesse construindo uma torre com blocos de madeira, ela ficava ao seu lado pegando os blocos que caíam e endireitando a estrutura final, para que se parecesse com aquela da tampa da caixa. Na praia, a mãe estava sempre enchendo o balde do menino com água e melhorando seus castelos de areia. "Eu sabia que era ridículo, mas não conseguia conter-me." Tudo mudou quando ela chamou um terapeuta de família para investigar por que Theo, então com quase 3 anos, estava tendo problemas para brincar com crianças de sua própria idade. Enquanto o garoto armava em um quebra-cabeça de madeira com formato de animais de fazenda, ela o guiava para todas as peças certas. Depois escolheu outro quebra-cabeça para ele fazer. "O terapeuta ficou estarrecido. Ele olhou para mim e disse: 'Quem está brincando aqui? Você ou o seu filho?' Foi a chamada de atenção de que eu precisava."

Martha decidiu se controlar. Ainda fica de joelhos para brincar com Theo, mas não toda vez que ele pega em algum brinquedo. E quando ela brinca com o filho, trata de controlar o anseio de guiar cada movimento do menino e melhorar seu trabalho. "É difícil, porque sou perfeccionista e quero o melhor para ele, mas preciso controlar-me. Uma criança precisa brincar à sua própria maneira, sem que a mãe fique se intrometendo todo o tempo." Alguns meses mais tarde, Martha me enviou um e-mail dizendo que Theo está se dando melhor com os colegas e que ela própria aproveita muito mais quando brinca com o filho, agora que não está lutando para otimizar cada momento que passam juntos.

De muitas maneiras, a ciência está nos dizendo para pararmos de nos preocupar tanto com tão pouco. Só porque a infância é um tempo de plasticidade sem paralelo do cérebro, isso não significa que um bebê necessite de estímulos 24 horas por dia ou que ele ficará prejudicado para toda a vida se for deixado chorando por um instante no berço enquanto você atende à porta. Tais momentos de frustração podem, na verdade, ser o primeiro passo para aprender que estar sozinho não é o fim do mundo e que as coisas nem sempre acontecem como planejadas. A experiência de ficarem entediadas dá às crianças o espaço para se darem conta dos detalhes do mundo em volta delas — a mosca zumbindo na janela do quarto, o jeito com que o vento move as cortinas — e as ensina como usar e preencher o tempo. Nós agora sabemos que, contrariamente ao que acreditava John Locke, os bebês não são uma massa de argila cujo futuro depende, inteiramente, da forma como são criados. Cada um de nós nasce com um mapa genético único, que desempenha um grande papel em modelar nossa inteligência, nosso temperamento e nossas capacidades. Em outras palavras, uma criança que aprende a falar cedo pode fazê-lo não porque seus pais passaram longas horas diante dela trabalhando com cartões de imagens, mas porque seus genes a predispuseram a conquistar a fala mais cedo. Alguns especialistas atualmente defendem que os colegas, os professores e a comunidade desempenham um papel maior do que antes se pensava na formação das crianças. Outros sugerem que o que os pais *são* — sua educação, sua renda, sua idade, sua inteligência, sua atitude frente à leitura — tem uma influência muito maior em como as crianças se desenvolvem do que o que os pais *fazem*. Depois de selecionar pilhas de dados e estudos longitudinais para seu livro *Freakonomics*, Steven Levitt e Stephen Dubner concluíram que, muitas vezes, a criação não consegue vencer a natureza: "A esse respeito, um pai autoritário se parece muito com um candidato político que acredita que o dinheiro ganha eleições, quando, na verdade, todo o dinheiro do mundo não pode eleger um candidato se os eleitores não gostam dele."

Resumindo: é errado assumir que qualquer pequena coisa que fazemos como pais deixa uma marca indelével, para o bem ou para o mal, em nossos filhos, mesmo nos primeiros anos. Os pais são imensamente importantes, é claro, mas o sucesso de uma criança não depende 99% da mãe — ou do pai.

Um velho provérbio de marketing diz que metade da propaganda funciona; apenas não sabemos que metade. De certa forma, podemos dizer o mesmo sobre a criação dos filhos. A questão é o que fazer com esse conhecimento. Podemos usá-lo como uma razão para ficarmos obcecados com cada uma das mudanças na vida e no desenvolvimento de nossas crianças, só por precaução. Ou podemos relaxar um pouco, sabendo que os momentos em que nossa criança não está sendo enriquecida ou aquecida pela nossa atenção, até mesmo os momentos de tédio, são parte natural do crescimento. E que dedicar toda a nossa energia a alcançar o próximo marco tão rapidamente quanto seja possível é uma perda de tempo e pode inclusive ser prejudicial.

É assim que Martha Hoffman vê agora seu papel: "É como tirar um peso dos ombros saber que não preciso trabalhar o meu bebê o tempo todo", diz ela. "Agora preciso encontrar uma pré-escola que pense da mesma forma."

3

PRÉ-ESCOLAR: brincar é trabalho de criança

A parte mais importante da educação é o treinamento adequado na creche.

PLATÃO, SÉCULO IV A.C.

NÃO FAZ TANTO TEMPO ASSIM, OS ANOS QUE PRECEDIAM A ESCOLA pareciam uma coisa bem legal. Em casa, e até mesmo no maternal, as crianças agiam naturalmente. Eu passei meus primeiros anos escutando histórias, aprendendo a me vestir, fazendo trabalhos de arte anárquicos e cantando. Mexia com brinquedos e construía castelos na caixa de areia, brigava e brincava com meus amigos. Na maior parte do tempo, tinha a liberdade de explorar o mundo à minha maneira. O objetivo, se essa é a palavra certa, era modesto: chegar ao primeiro dia de escola contente, confiante e capaz de dar-me bem com meus colegas.

Que antiquado isso parece agora! Durante a última geração, os anos pré-escolares se transformaram em uma competição acadêmica extenuante. Quem tem tempo para pintar com os dedos ou para o teatro de marionetes quando existem letras para serem traçadas e números para aprender? Esqueçam a piscina — é tempo de ensaiar para aquela entrevista de ingresso no jardim de infância. Gymboree, uma rede de lojas de brinquedos nos Estados Unidos, oferece um curso de 12 semanas que promete transformar crianças de 2 anos de idade em "cidadãos globais" expondo-os à arte, à dança e à música de culturas de todo o mundo. O Hualan International Village Kindergarten, uma pré-escola de elite da cidade portuária chinesa de Tianjin, agora aceita crianças de 3 anos de idade.

Com tanta pressão para dominar a leitura, a escrita e os números o mais cedo possível, empresas de ensino lançaram níveis prévios de pré-escola. As escolas abarrotadas de Tóquio já aceitam crianças de 2 anos. Nas escolas de Kumon Junior de todo o mundo, crianças de 3 anos agora estudam o alfabeto, a adição e fonemas básicos. Também aprendem a escrever números e a contar até duzentos. Os cursos maternais, especialmente no setor privado, cortaram aulas de arte, música e teatro para dar espaço a aulas de alfabetização e rudimentos de aritmética. E então, quando as crianças finalmente chegam à escola, trabalhos e deveres de casa começam a empilhar-se desde a primeira semana. Para absorver todo o aprendizado formal, muitos jardins de infância nos Estados Unidos aboliram os recreios da manhã e da tarde. Até mesmo o intervalo do almoço é mais usado para comer do que para brincar.

Por que tanto trabalho duro com crianças tão pequenas? Para que toda essa pressa? Uma razão disso é que vivemos em uma cultura impaciente, hipercompetitiva. Em todo o mundo, professores da pré-escola estão sendo pressionados para dar notas a seus alunos. Minha filha está entre os 95%? Se não está, por que não? E o que podemos fazer para melhorar a posição dela? Se uma criança pode ler *O gatola da cartola* com 4 anos, imaginem só o que conseguirá ler aos 10 anos. Ou aos 35. É claro que muitos de nós suspeitamos que transformar os primeiros anos em uma tarefa monótona e árdua está errado. Ficar sentado em frente de uma escrivaninha não parece ser o hábitat natural de uma criança de 3 anos. Contudo, quando o vento da competitividade começa a soprar, nossa sensatez acaba desaparecendo.

Ao mesmo tempo, os políticos trouxeram o aprendizado precoce para a ordem do dia. Na década de 1960, os governos começaram a introduzir programas para ajudar crianças carentes a acompanhar os programas escolares. Exemplo disso nos Estados Unidos é o programa de Head Start que fornece educação, cuidados médicos e acompanhamento a pais e filhos de baixa renda. Hoje em dia, com o mercado demandando trabalhadores mais bem treinados e os pais pressionando por padrões educacionais mais altos, os burocratas da educação reinventaram os primeiros anos como a época de transmitir o ensino básico de letras e números a todas as crianças.

Tal como a paz mundial, "educação precoce" soa como um argumento que ninguém pode recusar. Como alguém poderia negar-se a dar às crianças um bom começo? O problema é que a estufa educacional está sujeita à lei dos lucros decrescentes. É verdade que, em alguns casos, pode-se conseguir o tipo de resultados que faz os professores se espantarem e os pais ficarem exultantes: crianças que chegam ao jardim de infância lendo livros e escrevendo seus nomes ou dominando totalmente o movimento do relógio. Mas e a longo prazo? Todo esse aprendizado precoce dá resultado posteriormente? Na verdade, não. As últimas pesquisas sugerem que bater as metas de aprendizagem precocemente não é garantia de um futuro acadêmico brilhante. Um estudo realizado na Filadélfia descobriu que, aos 7 ou 8 anos, não havia uma diferença discernível entre o desempenho de crianças que passaram seus anos pré-escolares em maternais onde vigoravam padrões educacionais mais rígidos e aquelas que vieram de maternais onde prevalecia a brincadeira. A única diferença era que as crianças de estufa tendiam a ser mais ansiosas e menos criativas.

Embora muitos acreditem que conhecer as letras, os números, as formas e as cores é a melhor preparação para a escola, os professores têm uma visão muito diferente. Eles dizem que a criança que chega à escola socialmente adaptada, que sabe compartilhar, seguir instruções e ser empática terá mais chance de vir a dominar depois a leitura, a escrita e os números.

A verdade é que os seres humanos estão predeterminados a aprender desde o nascimento e são mais bem formados se alcançam os marcos acadêmicos quando estão emocional e psicologicamente preparados. Alguns se desenvolvem mais lentamente que outros, mas a maioria afinal chega lá; o bobalhão de ontem pode ser o rato de biblioteca de amanhã. Isso exige paciência, mercadoria rara em nossa cultura da pressa. Lembro-me de quando meu filho veio pela primeira vez com um dever de casa de leitura. Tinha 5 anos e lutava para unir os sons em palavras e para lembrar como se pronunciavam as combinações de letras mais difíceis. Foi frustrante, e me perguntei se ele era disléxico. Mas então, de repente, como se um interruptor tivesse sido ligado em sua cabeça, a leitura deslanchou. Em pouco tempo ele já adormecia todas as noites com um livro no colo. Os especialistas concordam que o aprendizado formal é mais produtivo a partir dos 6 anos de idade, quando as crianças são mais capazes de manejar ideias abstratas e as diferenças no desenvolvimento inicial já se igualaram. Forçar os três itens demasiado cedo pode até mesmo fazê-las ficar contra o aprendizado, ficando mais difícil instruí-las depois. Um estudo levado a cabo em 2003 descobriu que crianças da Dinamarca e da Finlândia, onde a escolarização formal começa aos 6 ou 7 anos de idade, se concentravam melhor do que as de mesma idade na Inglaterra, onde a educação começa dois anos antes.

Parece que o que as crianças mais aproveitam nos anos pré-escolares é a liberdade de explorar o mundo em volta delas em um ambiente seguro e relaxado, com muitas histórias, poemas, músicas, conversas e brincadeiras. Elas precisam rivalizar, lutar e alongar-se, mas não da forma que muitos adultos imaginam.

Quando se trata de pré-escolas que quebram os padrões, muitos olham para a cidade de Reggio Emilia buscando inspiração. Essa pequena cidade no Norte da Itália começou a gravar seu lugar no mapa da educação precoce logo depois da Segunda Guerra Mundial. Regressando para encontrar sua cidade natal em ruínas, um jovem professor chamado Loris Malaguzzi decidiu que a melhor maneira de reconstruir era começar do zero, reinventando o ensino pré-escolar. Malaguzzi, no entanto, era bem mais do que apenas um pedagogo: ele era um reformador social carismático, com uma grande ideia na cabeça. Chefiando uma equipe de primeira ordem de professores com projetos semelhantes, ele partiu para criar pré-escolas que iriam "mudar a cultura da infância". Isso significava na prática explorar a curiosidade natural das crianças e soltar as rédeas do impulso de expressar-se. "Hoje em dia, a visão dominante é de que a criança precisa de uma direção adulta constante para alcançar padrões estabelecidos pelos próprios adultos", diz Claudia Giudici, uma professora local e porta-voz do projeto educativo de Reggio. "Pensamos que o envolvimento de adultos deve ser reduzido a um nível mínimo, para que as crianças possam construir seu próprio conhecimento e seus relacionamentos."

As pré-escolas de Reggio não ensinam a ler, escrever ou contar. Nem têm um currículo fixo. Em vez disso, os alunos mergulham em projetos que brotam de seus próprios interesses. Se observarem um bando de pássaros voando pelo céu de outono, podem passar os próximos dois ou três meses aprendendo sobre diferentes espécies de pássaros, construindo ninhos para eles mesmos com materiais colhidos ao ar livre e investigando o fenômeno da migração. A arte é tratada como o meio natural pelo qual as crianças exploram, analisam e entendem o mundo, não como uma matéria optativa — ou como a plataforma de lançamento de uma glamourosa carreira.

Em uma pré-escola de Reggio, as crianças não são divididas por classes, e o aprendizado é um esforço de grupo. Se uma criança está ausente, as outras discutem como ela teria reagido às atividades do dia ou que tipo de perguntas ela fará amanhã. Não há competição para produzir o melhor desenho ou o caderno mais ordenado. Nem existe nenhuma pressa para terminar um projeto — os prazos e horários vão se fixando por si mesmos à medida que as crianças avançam.

O projeto educacional de Reggio não publica manuais para professores porque seu enfoque evolui sempre, e cada criança, assim como cada grupo de crianças, é um caso isolado. O único artigo de fé é que nenhum professor da Reggio é autoritário. Ele lança novas ideias e novos materiais, mas sempre de uma maneira que permita às crianças fazerem descobertas por si próprias. É permitido que ocorram erros, e os projetos começam sem uma ideia clara de onde possam chegar. Ao final do dia, os professores e os estudantes refletem sobre o que aprenderam e documentam tudo. Isso pode assumir qualquer forma que venha de maneira natural — palavras, desenhos, pinturas, esculturas, colagem, música, movimento. Documentar permite aos professores aprender mais sobre as crianças com que lidam, bem como sobre o próprio processo de aprendizagem, e dá às crianças a oportunidade de aprofundarem seu aprendizado ao revisitarem suas descobertas e as explicarem para os outros.

O objetivo do projeto educacional de Reggio é criar crianças que possam pensar, sonhar, analisar, brincar, especular e socializar. E parece que funciona. Hoje em dia, metade das crianças com menos de 6 anos em Reggio Emilia frequentam escolas desse tipo, todas financiadas pelo governo municipal. Muitos dos alunos de hoje são filhos de egressos das primeiras experiências levadas a efeito em Reggio. Nos anos 1990, a revista *Newsweek* declarou que as pré-escolas de Reggio eram as melhores do mundo, transformando a cidade italiana em uma meca para professores, acadêmicos e políticos de todo o planeta. Cerca de 20 mil observadores estrangeiros foram a Reggio em missões de pesquisa desde 1994.

Para ver esse enfoque educacional em ação, eu próprio juntei-me a essa corrente humana no começo da primavera. A cidade propriamente dita é bastante comum pelos padrões italianos, com 140 mil habitantes vivendo em prédios de apartamentos construídos depois da guerra em torno do antigo centro medieval. Minha visita coincidiu com a de aproximadamente quatrocentos observadores dos Estados Unidos e de países nórdicos. Como peregrinos visitando as estações da Via Crucis, eles se misturam percorrendo as escolas locais: não levam bíblias, mas pastas com o logotipo da Reggio Children, o organismo criado para gerenciar esse afluxo internacional.

Para fugir das multidões, dirijo até Pratofontana, um pequeno povoado a oito quilômetros dali. A pré-escola Reggio daqui chama-se Prampolini e é um bom exemplo da crença Reggio de que a beleza eleva os espíritos e incendeia a imaginação. A região é um banquete para os sentidos. As roseiras estão cobertas de botões brancos e rosa, as borboletas voam por um jardim de ervas sortido de salva, alecrim, hortelã, tomilho e manjericão. Uma cabana de madeira, destinada a observar pássaros, contempla as terras de fazendas que se estendem até onde o olhar alcança. Essa parte da Itália é conhecida por seu leite, por seus queijos e por seu vinho tinto Lambrusco. Assim, os campos à volta estão pontilhados de vinhedos e de gado pastando. No lado da escola que dá para a cidade, existe uma esplêndida casa na árvore, com mesas e cadeiras. Quando o vento diminui, pode-se ouvir o som da água correndo através da pequena fonte de pedra ao pé do jardim.

A escola é uma agradável estrutura de tijolos, janelas com venezianas e telhas de terracota, com o interior de paredes brancas e tetos altos. Para onde se olha existe alguma coisa que sustenta os fluidos criativos: uma área de vestir com um vasto guarda-roupa de fantasias aqui, um canto com cavaletes de pintor ali. As estantes estão sobrecarregadas de caixas cheias de lápis, pincéis, réguas, penas, parafusos, ganchos de plástico, sucata de metal. A sala de jantar se parece com um bistrô, com pequenas mesas azuis, adornadas com vasos de plantas, figuras de argila e tigelas de cerâmica cheias de nozes. Na hora do almoço, o cheiro de lasanha feita em casa escapa da cozinha.

As crianças de 3 a 6 anos de idade amam tudo aquilo. Um grupo está fazendo uma figura de argila debaixo de uma treliça no jardim, falando todo o tempo sobre de onde o material vem e como sua textura muda em diferentes temperaturas. Perto dali, um grupo de meninas de 3 anos usa tiras de cobre e arame velho para vestir uma águia feita de sucata de metal.

Giulia e Marco estão ocupados pintando os arbustos de rosas. Uma professora dá uma olhada neles de vez em quando, mas a dupla fica essencialmente sozinha. De pé à frente daqueles grandes cavaletes, pincéis na mão, eles parecem perdidos no ato da criação. Giulia colhe uma rosa, cheira-a e a segura com os dedos para inspecioná-la de todos os ângulos. Depois, a menina a coloca em seu cavalete e a fotografa com uma câmera. "Para lembrar depois", explica ela. "E para compará-la com a minha pintura." De vez em quando, Giulia e Marco conversam sobre a roseira — as sombras de cor, como a luz cai sobre ela, o modo como o vento muda a forma das folhas. Isto é o que Blake queria dizer quando falou de ver o mundo em um grão de areia. É difícil acreditar que a dupla tem apenas 5 anos de idade.

Outra menina aparece para mostrar uma joaninha que traz no seu dedo. As três crianças passam a joaninha de uma para a outra. Marco compara o vermelho das asas da joaninha com as rosas. Giulia diz que o inseto trará boa sorte. Então eles voltam para os cavaletes. Depois de aproximadamente 45 minutos, as crianças dizem à professora que acabaram. Suas pinturas, especialmente a de Giulia, foram notavelmente realizadas. Marco está encantado com a sua. "Isto é exatamente o que eu vi na minha cabeça", diz ele, sorrindo.

Outro trabalho realizado em Prampolini é igualmente sofisticado. No segundo andar, um grupo de crianças de 4 e 5 anos está terminando um projeto sobre a água, que começou quando uma delas visitou um aqueduto próximo e voltou cheia de perguntas. Nos últimos seis meses, elas têm visitado rios e canais de irrigação da região, explorando como variam a cor, a profundidade e o movimento das águas e falando sobre as formas pelas quais a água influencia nossa vida. Para ajudá-las a explicar suas descobertas aos outros alunos, elas fizeram muitas fotografias. Quando eu chego, dois meninos estão organizando as imagens em um computador; um menino e uma menina estão usando blocos de madeira para reconstruir sua lembrança de um barco que passava por uma eclusa a 30 quilômetros. "Onde estava o motor que move as comportas?", pergunta o professor. "Estava escondido nas paredes, que são feitas de concreto", responde o menino. Isso dispara uma animada discussão sobre como a água afeta o motor. E como a fumaça de um motor pode afetar a água.

Na próxima sala, os frutos de outro projeto já estão à mostra. Começou quando algumas crianças decidiram que um dos trevos viários de Pratofontana precisava ficar mais elegante. Cada uma delas desenhou seu próprio plano, depois juntaram as ideias e construíram modelos complexos de sua visão compartilhada. Em um deles, o trevo é um jardim colorido feito de pedregulhos, grama e pétalas de flores, com muitas figuras humanas de papel e carros estacionados em volta dele.

O projeto mais novo está sendo realizado na parte de cima, no sótão. Começou quando algumas das crianças sugeriram colocar som na fonte do jardim, que ficava quieta durante o frio inverno. Cinco delas, de 4 anos, debruçam-se em volta de uma mesa baixa, coberta de objetos: telhas, pedras, pedaços de madeira, botões, conchas, diferentes tipos de papel. Também há um sistema de som com um microfone. "O projeto está em estado embrionário, e assim ainda não sabemos o que queremos documentar ou aprender", diz Alessandro, o professor. "Não impomos coisas às crianças, preferimos deixar espaço para a experimentação e ver como elas encaram o tema primeiro."

As crianças estão procurando materiais que reproduzam o som da água gotejando em uma fonte. Lorenzo amassa uma folha de papel de seda. "Isso parece mais com chuva", diz ele. Claudia, ao lado dele, assente. Então ela esfrega um fio de arame contra um sabugo de milho. "Também não é parecido", diz ela.

Dario, que tem cabelo castanho crespo e um amplo sorriso, pega o microfone. "Quando está ventando, soa desse jeito", diz ele, e move rapidamente a língua por dentro da boca, produzindo um som surpreendentemente parecido com o gotejar da água. As outras crianças aplaudem e caem na risada.

Alessandro deixa as crianças livres, mas também as dirige gentilmente de vez em quando. Ele aponta para uma garrafa plástica cheia de areia. "Que tipo de som vocês acham que ela faz?", pergunta. Cláudia pega a garrafa e a sacode. "Soa mais como o vento, como o vento que se escuta no campo atrás da minha casa." Então Dario a sacode mais vigorosamente. "Agora soa como uma tempestade."

Alessandro está satisfeito. "Espero que eles aprendam música e o mundo dos sons, o que pode nos levar a falar sobre sentidos, mas vamos ver para onde a imaginação deles nos leva. Coisas impressionantes acontecem quando se deixa as crianças seguirem seus próprios instintos."

A primeira coisa que a maioria das pessoas nota em uma escola de Reggio é o respeito que há pelas crianças. Isso não significa uma versão de *Esqueceram de mim*, onde as crianças destroem o lugar e xingam os adultos. Significa que, em vez de tratar os alunos com condescendência, falando-lhes com vozes bobas ou enchendo as salas de aula com animais empalhados da Disney, em vez de impor-lhes a aprendizagem com um currículo acadêmico, os professores os encorajam a interagir com o mundo em seus próprios termos.

O que mais me chama a atenção, porém, na Escola Prampolini, é como a exaltação infantil anda de mãos dadas com o trabalho sério. As crianças se dedicam a seus projetos com uma concentração tocante e inspiradora e, no entanto, existe tanto riso aqui como o que encontramos em qualquer outro lugar onde crianças de menos de 6 anos se reúnem. Muito antes de os exames de cérebro começarem a provar seu valor, a brincadeira era uma parte central da filosofia educacional de Reggio. O trabalho do projeto é todo conduzido com espírito de alegria. Um dos princípios diretores de Malaguzzi é "não fazer nada sem alegria". Entre um e outro dos seríissimos projetos de Prampolini, existe muito tempo apenas para não fazer nada. Durante a minha estada, vejo quatro crianças absortas em um complicado jogo de RPG na casa da árvore. Outras correm por um dos pátios, vestidas como cavalheiros medievais.

Ao final de minha visita, converso com alguns dos observadores estrangeiros. Todos estão impressionados com a sofisticação do trabalho das crianças e com sua capacidade de concentração. Também admiram o jeito dos professores para orientar os projetos de trabalho sem se apossar deles.

Mary Hartzell, diretora de uma pré-escola de Santa Mônica, Califórnia, inspirada no projeto educacional de Reggio, volta à Itália quase todos os anos para manter-se atualizada. Seus alunos têm bons resultados em escolas de todos os tipos. "Com suas excelentes habilidades sociais, de comunicação e de solução de problemas, eles trabalham bem em grupo, mas também são indivíduos com um forte sentido de si mesmos."

É claro que o enfoque do projeto educacional de Reggio tem seus críticos. Alguns dizem que ele apenas funciona para crianças ricas, e que crianças de famílias da classe trabalhadora muitas vezes precisam de mais — e não de menos — orientação em suas vidas. Outros dizem que o projeto é muito enraizado na experiência italiana para ter bons resultados em outros lugares, com uma forte ênfase nos vínculos com a comunidade maior. Seus defensores rebatem ambos os argumentos, afirmando que as escolas de Reggio servem com sucesso para crianças de todas as classes sociais. A Prampolini aceita crianças de grupos de baixa renda, assim como filhos de imigrantes e de ciganos.

A filosofia do projeto educacional de Reggio também funciona muito bem em outros lugares. Visitei uma creche de Manhattan inspirada neste projeto, semelhante à escola de Prampolini, só que sem os viçosos campos cultivados à volta. As técnicas de Reggio, desde os trabalhos em projetos até a documentação, estão sendo absorvidas por pré-escolas de outras linhas.

Ao mesmo tempo, outras filosofias educacionais que deixam as crianças serem crianças estão ganhando terreno em pré-escolas por todo o mundo. Montessori e Steiner Waldorf são dois exemplos. Como Reggio, ambos evitam os testes, as notas e a formalidade acadêmica para liberar a curiosidade natural das crianças e seu espírito brincalhão. Como diz Maria Montessori, "brincar é o trabalho da criança".

E essa abordagem parece funcionar. Estudos feitos com crianças de ambientes familiares parecidos mostram que aquelas que frequentam creches montessorianas chegam à escola primária mais bem preparadas para lidar com a leitura e a matemática e para lidar com problemas complexos. As crianças montessorianas são especialmente dotadas para brincar e trabalhar com seus colegas.

Depois de visitar Prampolini, viajei para o outro lado do mundo, a fim de ver uma pré-escola Steiner em ação. Highgate House fica em uma colina com vista para a ilha de Hong Kong. Aqui reina a brincadeira. Em vez de se inclinarem sobre as mesas e estudar a escrita chinesa, algumas das crianças estão sentadas em círculo, observando um professor acender uma vela e tocar algumas notas em um xilofone, como prelúdio para a hora de contar histórias. Outras estão brincando sozinhas do lado de fora, no terraço, que tem uma parede de escalada, um grande cesto com cones de pinho, blocos de madeira, pneus de carro, uma caixa de areia e uma casa de coelhos que é o lar de Holly, Thumper e Fluffy.

Julie Lam, a coordenadora educacional, conta-me que as crianças transferidas para lá muitas vezes chegam exaustas ou doentes, por causa da "estufa" acadêmica. Algumas apenas ficam paradas no meio da sala, porque não sabem brincar ou fazer amigos. Depois de tudo, Hong Kong é o tipo de lugar onde as crianças frequentemente já entendem os horários antes de saberem amarrar os cadarços dos próprios sapatos. "Bem lá no fundo, todos sabem o que está certo ou errado fazer com seus filhos", diz Julie. "Mas quando todos estão fazendo uma coisa, é preciso muita coragem para fazer outra."

Wisdom Chan pode oferecer testemunho disso. Como proprietário de uma companhia de investimentos, ele é parte da elite profissional de Hong Kong. Mas à diferença da maioria de seus colegas executivos, ele decidiu resistir à pressão para colocar Beatriz, sua filha de 2 anos, no caminho rápido para o sucesso escolar. Enquanto muitos dos colegas dela passam longos dias em salas de aulas com quadros-negros,

Beatriz brinca na Highgate House, por um par de horas, três dias por semana.

Eu me encontro com Chan quando ele vem buscar Beatriz. Enquanto conversamos, a menina brinca na caixa de areia com um amigo. Os dois discutem por uma pá e, sem que um adulto se intrometa para mediar, encontram uma forma de compartilhar. Juntos, cavam e enchem um buraco várias vezes.

"O que eu gosto nesta escola é que tudo é muito tranquilo, nunca forçam as crianças a fazer isto ou aquilo, a aprender coisas antes que estejam prontas ou a conformar-se com uma ideia única do que devem ser", diz Chan. "Li muitos livros sobre o desenvolvimento da criança, e a prioridade nesta etapa é que Beatriz tenha alegria, interesse no que está fazendo e interaja com outras crianças. O ensino formal vem depois."

Não foi fácil optar por sair do sistema de creches-estufa. Amigos e familiares o alertaram para o fato de que Beatriz ficaria estagnada. Até mesmo Chan teve suas dúvidas. "Preocupeime, a princípio, que ela viesse para cá e passasse uma temporada boa, mas ficasse atrasada, de modo que estipulei um prazo de dois meses para uma tentativa. Ela gostou muito e, no processo, aprendeu todo tipo de coisas, como os nomes dos animais e a diferença entre um avião e um helicóptero. Ela agora fala melhor do que seus colegas que frequentam creches acadêmicas e parece saber muito mais sobre o mundo. E também tem mais desenvoltura social. Quando chegar a hora de ela ir para a escola, estará mais do que preparada."

Os diretores de escola da região concordam. Alguns se queixam de que as crianças saem das creches-estufa de Hong

Kong exaustas e socialmente ineptas. Comparativamente, as crianças de Highgate, assim como os graduados de Steiner, Reggio e Montessori em todo o mundo, chegam à escola cheias de energia e com ânsia de aprender. Um grupo de pais da região está fazendo uma campanha para criar uma escola primária Steiner em Hong Kong, para onde as crianças desse enclave na colina possam ir depois da pré-escola.

Todavia, os velhos hábitos persistem. Para facilitar o ingresso nas escolas primárias mais acadêmicas da ilha, a Highgate House oferece agora, opcionalmente, lições de alfabetização e conhecimento de números a partir dos 4 anos de idade. As aulas são cheias de arte e movimento — as crianças caminham sobre as letras escritas no chão —, mas Julie considera isso apenas um mal necessário, em tão tenra idade. "Isto mostra o quanto o preconceito é profundo", diz ela com um suspiro.

No entanto, os pais de Highgate House estão se aferrando ao *ethos* original da escola. Wisdom Chan não tem nenhum interesse em forçar Beatriz a ingressar na alfabetização antes que ela comece a escola. Vendo como sua filha se desenvolveu e como está feliz, agora ele e sua família são Steiners "de carteirinha". Os amigos, que a princípio eram céticos, agora falam em inscrever seus próprios filhos.

Enquanto junto minhas coisas para partir, Beatriz corre em direção ao seu pai. Ela está sem fôlego, exaltada com alguma coisa na caixa de areia. "Uma aranha", diz ela com um sorriso. "Com muitas patas."

Chan ri e a abraça. "Esses são os momentos que você lembra para o resto da sua vida. Meu filho Albert vai começar aqui no próximo período."

A pressão para libertar as crianças pequenas da tirania da formalidade escolar também está alimentando o aparecimento de um tipo ainda mais radical de pré-escola. Ele não tem livros, blocos para colorir ou lápis de cor; nenhum trepa trepa, balanços, caixas de plástico e brinquedos de madeira, não tem câmeras de vigilância, computadores ou pracinhas emborrachadas. Nem mesmo possui teto ou paredes. Isto porque tudo acontece ao ar livre, na mãe natureza, tal como Jean-Jacques Rousseau recomendou no século XVIII. Existentes na Escandinávia desde os anos 1950, as "creches ao ar livre" agora se espalham por toda a Europa e fora dela.

A escola particular Lakeside, em Zurique, decidiu abrir uma creche ao ar livre em 2003. O motivo foi a queda dos padrões. Os professores haviam notado que as crianças, ao chegarem ao jardim de infância, mostravam capacidade motora relativamente pobre e preferiam esperar que os adultos lhes dissessem o que fazer em vez de tomar a iniciativa. Revelavam dificuldade para concentrar-se, para notar detalhes pequenos, para aproveitar o momento, porque estavam sempre querendo passar para a próxima atividade estruturada. A solução da Escola Lakeside foi o retorno à natureza.

Duas vezes por semana, qualquer que seja o clima, uma dúzia de alunos de pré-escolas de 3 a 4 anos sai para passear nas florestas dos subúrbios de Zurique. A creche começou com tarefas fixadas, como uma forma de aplacar os pais, mas logo abandonou a ideia como contraproducente. Sem um currículo fixo, as crianças escolhem o que explorar a cada manhã. No começo da primavera, eles passaram um dia investigando os brotos que apareciam nas árvores e arbustos. Subitamente nevou, e a turma decidiu construir um iglu. Depois de uma tempestade no fim da semana, as crianças passaram um dia ajudando os guardas florestais locais a cortar árvores caídas, usando serras em miniatura Ao longo do caminho, quase por osmose, elas absorvem os rudimentos que são martelados na cabeça das outras crianças na sala de aula. Aprendem a distinguir as formas comparando pedras, a contar juntando galhos e flores, as cores observando a plumagem dos pássaros ou comprovando como as folhas mudam durante as estações. Estudam os sons escutando os ruídos que a fauna local faz. Quando chegam ao jardim de infância, são crianças confiantes, com iniciativa e sede de conhecimento.

Como em uma sala de aula de Reggio, de Steiner ou de Montessori, os professores de uma creche ao ar livre cultivam a supervisão leve. A prioridade é dar às crianças espaço e tempo para que façam seu próprio aprendizado. Liz Blum, a diretora da Escola Lakeside, pensa que estar na natureza torna as coisas mais fáceis. "Quando você vê essas crianças nas florestas, explorando, brincando, assumindo responsabilidades, cometendo erros e aprendendo com eles, fazendo suas próprias coisas, não há como não entender que é isso que as crianças têm que fazer."

O que podemos apreender disso tudo? Que o treinamento acadêmico formal pode esperar e que a brincadeira livre é um ingrediente essencial da primeira infância. Há muitas maneiras diferentes de aprender, o que implica que existe mais de uma maneira de criar os filhos.

Ver sua filha se desenvolver na Highgate House certamente ajudou Wisdom Chan a diminuir um pouco a pressão em sua própria forma de criar a filha. "Você deve pegar essa filosofia de dar à criança tempo e espaço e aplicá-la fora da pré-escola", diz ele. "Quero que Beatriz viva para ela, não para mim."

4

BRINQUEDOS:
é só apertar o botão

Você pensa que um brinquedo de madeira é uma coisa simples? Pois não é.

HILDA DOOLITTLE, POETA, 1886-1961

A HAMLEYS É A MAIOR LOJA DE BRINQUEDOS DO MUNDO E TAMBÉM uma das mais antigas. Quando foi inaugurada em Londres, em 1760, seu fundador quis criar um lugar onde as crianças pudessem escapar do mundo adulto, e muito desse espírito de Terra do Nunca sobrevive até hoje. Com 40 mil brinquedos diferentes espalhados por sete andares, a moderna Hamleys é uma atração turística que rivaliza com o Palácio de Buckingham e a Torre de Londres, atraindo milhões de famílias todos os anos. Muitas vêm para comprar; outras, apenas para curtir a atmosfera.

Rodeada pelas butiques de gente grande da Regent Street, a Hamleys ainda parece um refúgio contra a idade adulta.

O piso térreo é um santuário para bichos de pelúcia de todas as espécies — leões, ursos, sapos, porcos, cachorros, hipopótamos. Empregados fantasiados que fazem demonstrações de como funcionam os brinquedos criam uma atmosfera de parque de diversões. Quando chego, em uma manhã cinzenta de segunda-feira, um palhaço está soprando bolhas de uma arma de plástico contra hordas de crianças que avançam pela entrada. Dentro, um jovem com cavanhaque lança um pequeno avião de poliestireno, como um bumerangue, em investidas sobre a multidão. Perto dali, as crianças se juntam em volta de um balcão onde outro empregado está fazendo desaparecerem e reaparecerem pilhas de moedas debaixo de pequenas tigelas de bronze.

Domina a loja essa sensação de maravilha e fuga, de ansiedade adulta posta de lado, de uma infância à qual se deram rédeas soltas — até que você chega ao segundo andar. Ali fica o departamento pré-escolar, e brincadeira vira um negócio sério. O espaço é dominado por brinquedos que prometem transformar sua fonte de alegrias em uma supercriança. Os nomes falam por si sós: Brainy Baby, Clever Clogs, Amazing Baby.[3] Até mesmo a atmosfera é mais sóbria. Todos os outros pisos vibram com o burburinho das crianças rindo e fazendo algazarra, ali, a maioria dos clientes é composta de adultos, e reina um silêncio incômodo. Faz-me lembrar da seção especializada em educação de filhos da livraria Eslite, em Taipei.

Vim à Hamleys comprar uma boneca Madeline para o terceiro aniversário da minha filha, mas não consegui dei-

[3] Bebê Cabeça, Obstáculos Inteligentes, Bebê Assombroso. (*N. do T.*)

xar de parar no departamento pré-escolar. É difícil resistir, até mesmo porque a maior parte dos brinquedos promete utilizar tecnologia de ponta e as últimas pesquisas sobre o cérebro para ajudar qualquer criança a ter um começo de vida brilhante. E lá são vendidos DVDs que pretendem ensinar o alfabeto e línguas estrangeiras às crianças, fazendas de plástico que reproduzem as vozes dos animais e livros eletrônicos com efeitos de som e vozes dos personagens. Desenhado para ficar pendurado no encosto do banco de um carro, o Tiny Love Wonder Wheel é um volante de brinquedo que mantém o bebê entretido e estimulado durante viagens de automóvel com uma sinfonia de sons e luzes, sendo inclusive acompanhado de um controle remoto para ser usado pela criança. Por um momento, fico imaginando como isso poderia ter melhorado aquelas longas viagens ao inferno, quando nosso filho alternava entre dormir e chorar no banco de trás.

A maior parte das palavras que constam das embalagens é calculada para fazer o coração de pais modernos disparar. A Leapfrog Hug and Learn Animal Globe, uma bola macia que toca canções e emite ruídos de animais, promete "um mundo de aprendizagem a cada vez que é rolada ou apertada"! Muitas companhias publicam gráficos anunciando aos quatro ventos os benefícios cognitivos de cada brinquedo. A fábrica Tiny Love atua em sete categorias: sentidos, motricidade grossa, motricidade fina, reconhecimento de objetos, cognição, comunicação/linguagem e inteligência emocional. De repente, uma boneca Madeline de baixa tecnologia parece um péssimo presente para minha filha.

Acontece que não sou o único pai que passeia por aquelas salas afogado em um pântano de culpa e pânico. Uma pesquisa sugere que muitos dos compradores do departamento pré-escolar estão divididos entre querer brinquedos que sejam divertidos e brinquedos para desenvolver cérebros melhores. Qualquer coisa que combina os dois, é claro, atrai como a erva de gato. Ângela Daly, uma fisioterapeuta, veio procurar um trem de madeira para seu filho de 3 anos. Ela encontrou um, mas também está levando um VTEch Tote e um Go Laptop Plus, que prometem "programar seu filho em idade pré-escolar para uma aprendizagem precoce".

"Uma parte de mim acha que os brinquedos deveriam ser coisas simples para provocar divertimento, como os que tínhamos quando estávamos crescendo. Mas há outra parte de mim que pensa: 'Existem muitas tecnologias e pesquisas científicas novas; se meu filho vai brincar de qualquer maneira, por que não utilizar brinquedos que o farão mais inteligente?'"

Tal pensamento soaria estranho aos pais da era pré-moderna. As crianças possuem brinquedos desde antes da história escrita — e muitos desses brinquedos mudaram bem pouco através das eras. Arqueólogos, que fizeram escavações para conhecer as civilizações do vale do rio Indo, encontraram pequenos carros e apitos com forma de pássaros que têm cerca de 5 mil anos. No ano 11 a.C., os pais da antiga Pérsia davam de presente a seus filhos carroças feitas de calcário com eixos de madeira. Na antiga Grécia e em Roma, as crianças brincavam com bolas, chocalhos de argila, cavalinhos e piões. No entanto, jamais ocorreu às antigas civilizações que os brinquedos pudessem ajudar a criar crianças melhores. Nossos ancestrais compravam ou faziam objetos para que seus filhos ficassem contentes e se distraíssem, ou os deixavam fazer seus próprios brinquedos de gravetos, pedras ou qualquer outra coisa. A noção de que o brinquedo certo eventualmente poderia ajudá-los a fazer um casamento vantajoso ou a ganhar um lugar na corte nunca fez parte da equação.

Isto começou a mudar no século XVII. Com as crianças se tornando prioridade na agenda cultural e uma indústria de brinquedos incipiente surgindo na Europa, estes últimos começaram a ser encarados como mais do que simples coisas para brincar. Poderiam ser ferramentas para formar cérebros jovens, meios para um fim. Intelectuais como John Locke encorajaram os pais a comprar brinquedos que educassem além de divertir, e os fabricantes responderam ao chamado. Primeiro vieram as cartas de baralho com o alfabeto. Os primeiros quebra-cabeça de encaixe, que apareceram na Inglaterra logo depois que a Hamleys foi inaugurada, eram considerados uma ferramenta para ensinar história e geografia, enquanto os primeiros jogos de tabuleiro, como o Arithmetical Pastime, prometiam ajudar com os cálculos.

No entanto, projetar brinquedos especificamente para aumentar a inteligência e realçar capacidades motoras e cognitivas específicas é um fenômeno mais recente. Apesar de suas raízes se estenderem até os anos 1920, o mercado de brinquedos educativos realmente decolou nos anos 1990, justamente quando a pressão competitiva sobre as crianças teve um impulso vigoroso. Hoje em dia, aproximadamente metade de todo dinheiro gasto em brinquedos, no mundo industrial, é investida de olho nas crianças em idade pré-escolar, e a maior parte desse dinheiro é aplicada em produtos que afirmam realçar o poder do cérebro. No seu discurso State of the Union de 2007, o presidente dos Estados Unidos George W. Bush saudou três cidadãos por atos extraordinários de serviço público. Um deles foi o fundador da companhia Baby Einstein.

É claro que muitos brinquedos "educativos" são apenas brinquedos tradicionais com novos nomes. O xilofone da Hamleys é praticamente o mesmo instrumento que as crianças vêm tocando por aproximadamente 4 mil anos, mas a caixa traz uma lista de benefícios cognitivos, que variam do estímulo dos sentidos até o aprimoramento das habilidades sociais.

Mais controversos são aqueles brinquedos projetados para valer-se de sons, luzes e outros elementos de feitiçaria interativa para entreter e educar as crianças. A pergunta é: eles realmente fazem o que está escrito na caixa?

Comecemos com a questão do divertimento. Nessa era de indistinção geracional, assumimos que as crianças têm os mesmos gostos que nós e que, diante da escolha entre uma boneca Madeline que não faz nada e um aparelho que bipa, assobia e faísca, a criança do século XXI optará pelo último. Mas será que é assim?

Para descobrir, participei de uma experiência em Buenos Aires. Com as vendas de brinquedos eletrônicos crescendo na capital argentina, os pais estão começando a se perguntar se tornar-se *high-tech* vale a pena. Em uma preguiçosa manhã de domingo, a sede local da International Play Association (IPA) decidiu fazer sua própria versão do velho teste de gosto entre a Pepsi e a Coca-Cola. Uma série de brinquedos será exibida para uma dúzia de crianças, com idades entre 3 e 8 anos, para ver como elas reagem.

A sala é grande e arejada, com piso de madeira polida e lâmpadas penduradas do teto. Pinturas feitas com os dedos pontilham as paredes. Cada brinquedo é colocado em sua própria esteira, e marcam presença todos os suspeitos comuns: pilhas de peças de Lego misturadas, tijolos de madeira e dominós, bonecas e bichos de pelúcia, quebra-cabeça, tendas em miniatura e um monte de aparelhos eletrônicos.

Um jovem chamado Leo, que me faz lembrar o Che Guevara sem a boina, apresenta cada brinquedo, e então a experiência começa. Dois meninos instantaneamente se dirigem à pilha de Lego. Três meninas começam a atacar Leo com um polvo de pelúcia. Um menino de 5 anos, com um boné de beisebol virado para trás, vai direto para os brinquedos eletrônicos. Ele abre o laptop e começa a digitar as letras que estão na tela; cada vez que ele acerta, uma campainha toca. A princípio ele parece interessado, mas depois de alguns minutos ele se dirige para o Lego. Então uma menina de 4 anos pega uma caixa eletrônica brilhantemente colorida e começa a apertar os símbolos marcados nela; cada um deles emite a palavra correspondente em inglês. "Árvore", "casa", "carro", diz uma voz aguda. Leo senta-se ao lado dela e tenta tornar o jogo mais interessante, perguntando coisas e fazendo ruídos engraçados, mas a menina logo perde o interesse. "É mais divertido falar com uma pessoa", conclui ela, antes de levantar-se e ir brincar com as bonecas.

A maior diversão, junto com as brincadeiras mais enriquecedoras, acontece mesmo com os brinquedos mais simples, aqueles que deixam mais lugar para a imaginação da criança. Ajoelhado sobre uma esteira, um menino de 8 anos monta com blocos de madeira uma complexa série de torres. "Ainda não estou certo do que isso é; pode ser um castelo, uma prisão, um barco — ou pode ser uma espaçonave. Sim, é uma espaçonave." Ele então começa uma longa e sinuosa narrativa sobre astronautas que viajam para encontrar uma pedra especial do outro lado da galáxia e que lutam contra alienígenas ao longo de todo o caminho.

À medida que as horas passam, mais da metade das crianças estão reunidas em volta do Lego. Semblantes enrugados pela concentração, elas se sentam construindo carros, espaçonaves e casas em um silêncio amistoso, algumas vezes parando para exibir seus trabalhos, ou para procurar uma peça mais rara, ou ainda para ajudar uma criança menor a unir duas peças complicadas. Ocasionalmente, uma das crianças começa a narrar um conto sobre o que inventou com o Lego. Na esteira ao lado, os brinquedos eletrônicos jazem descartados e esquecidos. Quando Leo anuncia que a sessão terminou, murmúrios de protesto ecoam em toda a sala.

Depois de um breve intervalo, as crianças sentam-se em círculo para falar sobre a experiência. Leo indaga que brinquedos gostariam de levar para casa. A maioria dos votos é para o Lego, os quebra-cabeças e os blocos de madeira. Quando Leo pergunta pelos brinquedos eletrônicos, as crianças sacodem a cabeça. "Temos muitos desses em casa, mas eles ficam chatos depois de um tempo, porque é sempre a mesma coisa", explica uma menina de 6 anos. "Gosto de brinquedos com os quais se possam fazer coisas."

Obviamente, essa experiência não é um estudo definitivo: recorreu-se apenas a um grupo limitado de brinquedos, e os mais apreciados artefatos *high-tech*, como os videogames, não estavam lá. Mas algumas questões intrigantes foram levantadas. Para começar, ela desafia a suposição de que, nessa era eletrônica, as crianças preferem naturalmente os brinquedos eletrônicos.

A maioria dos pais tem alguma experiência com isso. Na manhã de Natal, seu filho rasga o papel de embrulho de um presente para encontrar um brinquedo *high-tech* muito caro. Você luta com as instruções, coloca as pilhas, entrega o brinquedo à criança, esperando que ele seja a atração do dia. Mas seu filho tem outras ideias. Ele deixa o brinquedo de lado e começa a brincar com a caixa, fazendo dela um personagem de sua própria história, fingindo que ela é um capacete ou uma casa.

Até mesmo Bill Gates, o sumo sacerdote da *high-tech*, compreende a necessidade das crianças de dirigirem seu próprio jogo, em vez de serem dirigidas por um brinquedo: "Se você alguma vez já viu uma criança criar, com uma caixa de papelão e alguns lápis, uma espaçonave com painéis de controle legais ou se escutou suas regras improvisadas, tais como 'os carros vermelhos podem saltar sobre todos os outros', então você sabe que esse impulso para explorar as possibilidades de um brinquedo está no coração da brincadeira inovadora da infância. Também é a essência da criatividade."

Depois dessa experiência da IPA realizada em Buenos Aires, os pais se reuniram para discutir as descobertas. Alguns ficaram surpresos com o fato de os brinquedos de alta tecnologia terem obtido tão pouca atenção. "Isso faz você se perguntar se essa coisa eletrônica não está mais dirigida aos pais do que às crianças", disse uma mãe. "Talvez estejamos comprando esses brinquedos para exibirmo-nos ou para nos sentirmos pais melhores."

Outros ainda sentem a pressão da etiqueta "educativa". "As crianças não gostam de vegetais, mas isso não significa que não devam comê-los", diz um pai. "Talvez os brinquedos educativos sejam como os vegetais — menos divertidos, mas bons para o desenvolvimento delas."

Mas será que eles realmente fazem isso? Depois de toda a pesquisa, do projeto, do desenho de circuitos, dos testes, da produção e da venda, esses aparelhos educativos realmente fazem com que as crianças fiquem mais espertas? A resposta é que ninguém sabe.

A neurociência está em um estado embrionário demais para provar o quanto os diferentes brinquedos afetam o cérebro. Quando se trata de sustentar as grandiosas afirmações feitas nas embalagens, até mesmo as fábricas de brinquedos enviam sinais confusos. Algumas apostam que as crianças modernas são de certo modo diferentes das crianças de gerações anteriores pelo fato de necessitarem de acessórios, estímulo e guia para manter em atividade os fluidos criativos. Os brinquedos educativos canalizam a brincadeira de forma tal que desenvolvem cérebros melhores. "Enquanto os outros brinquedos deixam as crianças fazerem suas próprias descobertas sobre o que acontece quando interagem com eles, os nossos deflagram um momento de aprendizagem a cada passo", afirma Scott Axcell, gerente de marketing da Leapfrog. "Isto dá às crianças um gosto pelo aprendizado, de modo que, quando finalmente chegam à escola, estão com a mente aberta para o fato de que o aprendizado pode ser divertido." Outras dessas fábricas de brinquedo mostram-se mais cautelosas e preocupadas, pois não existem evidências sólidas de que os brinquedos educativos proporcionem uma melhora na cognição. A Dra. Kathleen Alfano, diretora de pesquisa infantil da companhia Fisher-Price, admite claramente: "Não há provas de que esse tipo de brinquedos ajude as crianças a ficar mais inteligentes."

Se este é o caso, então a questão é: precisamos mesmo dos brinquedos eletrônicos? Os críticos sustentam que, quaisquer que sejam os benefícios advindos da exposição precoce a DVDs interativos ou a centros de aprendizagem de alta tecnologia, tais benefícios também podem ser obtidos, de maneira igual ou melhor, simplesmente quando as crianças brincam com brinquedos tradicionais. Muitos especialistas consideram a denominação "educativo" um estratagema de vendas. Na Inglaterra, o Good Toy Guide resistiu às pressões da indústria para incluir uma "seção educativa" separada em sua prestigiosa pesquisa anual de novos produtos que chegam ao mercado. "Uma etiqueta de 'educativo' em um brinquedo não significa nada, e os pais não precisam gastar dinheiro extra comprando esses produtos", afirma Carole Burton, editora do guia e gerente de avaliação de brinquedos da Associação Nacional Britânica de Livrarias especializadas em Brinquedos e Lazer. "Se os pais comprassem o produto que está ao lado de um assim chamado brinquedo educativo, descobririam que ele faz exatamente a mesma coisa por uma fração do preço."

O Centro Internacional de Pesquisa sobre Brinquedo, com sede em Estocolmo, adota linha similar: "Questiono totalmente o conceito de brinquedo educativo", diz seu fundador e diretor Krister Svensson. "É o ambiente da brincadeira que é educativo, não o próprio brinquedo. Você pode fazer um brinquedo complexo que force as crianças a manipulá-lo de certo modo, mas as crianças podem aprender a mesma coisa ao tirar e colocar repetidamente a tampa de uma caixa de sapatos."

Uma visão mais controversa é a de que os brinquedos eletrônicos não sejam apenas um desperdício de dinheiro, mas possam ser prejudiciais. Que ao fazerem demasiadas coisas, transformem a criança em um observador passivo, um cachorro de Pavlov que aprende a seguir uma receita ("aperte este botão e acontecerá tal coisa"), mais do que estimulam a imaginação ou ensinam a resolver problemas. Até mesmo alguns brinquedos tradicionais ficaram mais parecidos com uma receita, deixando menos espaço para as crianças inventarem suas próprias brincadeiras. Observem o Lego. A companhia que o fabrica costumava obter a maior parte do seu lucro vendendo caixas de peças de Lego misturadas, que as crianças usavam para construir qualquer coisa que sua imaginação ditasse. Hoje em dia, mais da metade da receita da Lego vem de conjuntos temáticos planejados para montar uma única estrutura — uma nave imperial de *Guerra nas Estrelas*, por exemplo, ou uma Inika Biônica. Meu filho tem vários desses conjuntos, e em cada caso ele construiu o modelo uma única vez e nunca usou as peças especializadas para fazer um projeto próprio. "O perigo é que as crianças podem ficar viciadas na imaginação dos outros", diz Svensson. "O que as crianças realmente precisam é de mais tempo sem influências externas, mais tempo para processar suas próprias experiências."

Os fabricantes de brinquedos defendem a ideia de que a criança do século XXI precisa de mais roteiros preestabelecidos e de personagens definidos, de mais influência adulta para poder brincar. Bobagem, respondem os especialistas; as crianças têm as mesmas necessidades de brincar, hoje, que tinham há quinhentos anos. O Dr. Michael Brody, que leciona Crianças e a Mídia na Universidade de Maryland e preside o comitê de Televisão e Mídia da Academia Americana de Psiquiatria da Criança e do Adolescente, é um dos muitos que pensam que os brinquedos modernos muitas vezes são estruturados demais. "Brincar é o trabalho das crianças, e por isso os brinquedos básicos — blocos, bonecas, brinquedos de empurrar, argila, lápis de cor e papel — são os melhores", afirma ele. "[Muitos brinquedos modernos] impõem às crianças as histórias de outra pessoa, e assim elas não desenvolvem sua própria imaginação."

Como em qualquer outro campo da infância, tais alertas devem ser considerados com cuidado. Afinal, os críticos vêm dizendo, pelo menos desde o século XIX, que os brinquedos causarão o fim da civilização. A escritora anglo-irlandesa Maria Edgeworth descartou as bonecas e os personagens de ação, como barreiras para o exercício físico e para a brincadeira imaginativa. Ralph Waldo Emerson atacou todos os brinquedos feitos pelo homem, como uma distração perniciosa dos ensinamentos do mundo natural. "Nós enchemos as mãos e os quartos de nossas crianças com todo tipo de bonecas, tambores e cavalos, distraindo seus olhos da face verdadeira e da suficiência dos objetos da natureza, o sol e a lua, os animais, a água e as pedras, que deveriam ser seus brinquedos", escreveu. Muito antes dos vídeos de Brainy Baby e dos centros de aprendizado interativo, os críticos alertavam que os brinquedos muito ativos produziriam crianças pouco ativas. "Quanto mais imaginação e esperteza o inventor coloca no brinquedo, menos espaço sobra para a imaginação e a criatividade da criança", afirmou um observador nos anos 1890. Apesar de tais temores, no entanto, o mundo continuou a produzir gerações de crianças saudáveis e criativas.

Talvez esses temores afinal não sejam tão acentuados hoje em dia. Os brinquedos exibidos hoje no segundo andar da Hamleys certamente fazem muito mais do que qualquer um que se vendia no século XIX. Uma Magic Moves Baby Ball provavelmente transformará a criança em um observador passivo muito mais do que um cavalinho de madeira ou uma boneca de pano. Em um mundo conectado, os brinquedos eletrônicos têm um papel a desempenhar; mas até mesmo os fabricantes alertam contra o empanzinamento de crianças com seus aparelhos. "Um dos maiores desafios é fazer com que os pais entendam que, quando se trata de eletrônica, o princípio de que 'se pouco é bom, muito deve ser melhor' não se aplica", diz o diretor de desenvolvimento educacional de uma das mais conhecidas fábricas de brinquedos. "Os pais precisam usar o bom-senso para encontrar o ponto certo." Ao mesmo tempo, existe crescente evidência de que os brinquedos simples, de baixa tecnologia, que permitem que as crianças brinquem a seu modo, podem causar progressos na aprendizagem. Em uma experiência recente, o Centro Internacional de Pesquisa sobre Brinquedos colocou conjuntos de trens de madeira Brio e outros brinquedos básicos em algumas escolas primárias da Suécia. As crianças foram encorajadas a brincar com eles durante os intervalos entre as aulas. O resultado: alunos mais calmos, mais interessados. "Os professores ficaram maravilhados com o efeito sobre as crianças", diz Svensson. "Em vez de levar uma hora para acalmarem-se, elas agora voltam à sala de aula prontas para aprender."

Alguns pais estão chegando a conclusões semelhantes em casa. Michael e Lucy Noakes, de San Diego, na Califórnia, gastaram uma pequena fortuna com brinquedos educativos e eletrônicos quando seu filho Sam nasceu. "A casa estava tão cheia de bipes, vozes de animais, palavras em espanhol e outros sons que parecia uma sala de jogos eletrônicos", lembra Michael. Mas Sam não se tornou uma supercriança como seus pais esperavam. Agitado e agressivo, levou um longo tempo para aprender a falar e mostrava pouca imaginação em suas brincadeiras. No seu terceiro aniversário, um amigo psicólogo sugeriu que Sam poderia estar muito estimulado, e assim, como experiência, os pais guardaram os aparelhos e lhe deram simples brinquedos de madeira. Em poucas semanas, Sam começou a mudar. Passou a inventar histórias, usando qualquer coisa em que pusesse as mãos — pauzinhos chineses, escovas de cabelo, canetas — como personagens. Também estava menos agitado. Agora, com 4 anos de idade, Sam se empenha no maternal. "Acho que, ao dar-lhe brinquedos que faziam tudo, nós o deixamos sem nada para fazer. Uma vez que ele teve brinquedos que o deixavam explorar e expressar-se, sem guiá-lo a fazer isto ou aquilo, Sam começou a desenvolver-se. Como pais, pensamos que o mais recente e mais caro dos brinquedos, especialmente se afirma ser educativo, seria a melhor coisa para nosso filho, mas nem sempre isto é verdade. As crianças precisam de brinquedos que lhes permitam ser crianças."

Os fabricantes de brinquedos estão escutando? Alguns observadores da indústria detectaram o começo de uma rejeição aos brinquedos que fazem coisas demais. Para ver até onde o pêndulo oscilava, passei um dia caminhando pela Feira Britânica de Brinquedo de 2007. Aproximadamente trezentos exibidores de todo o mundo instalaram estandes em um vasto e moderno centro de conferências do East End de Londres. As grandes marcas, como Fisher Price e VTech, estavam todas lá, assim como alguns empresários do ramo menos conhecidos, todos anunciando o que esperavam ser o próximo grande sucesso. Com exércitos de compradores e vendedores tomando de assalto os estandes, a feira tinha a energia e a relativa tristeza de uma convenção de comércio comum. Fez-me lembrar o segundo andar da Hamleys.

Muitos fabricantes apelaram para o slogan "educativo". Os estandes estavam enfeitados com lemas como "aprender brincando" e "brincar para aprender". Também ficava claro que a tecnologia era a rainha da feira. Até mesmo a Brio lançou uma linha de "Trilhos Inteligentes" com microchips que fazem o motor do trem emitir ruídos e parar na estação. Um jovem inventor, Imran Hakim, veio à feira promover seu novo iTeddy, um ursinho com um aparelho de som próprio colocado no peito, que pode baixar da internet histórias, desenhos e instruções online.

"Os pais querem dar a suas crianças uma boa vantagem na corrida cerebral", afirma Hakim.

"Isso pode ser verdade", respondo eu. "Mas e as crianças? Você está certo de que elas querem transformar Teddy em uma plataforma multimídia?"

Hakim responde com o zelo de um verdadeiro crente. "As crianças também querem tecnologia. Dessa forma, com o iTeddy elas podem levar seu áudio e vídeo com elas aonde forem, até mesmo para a cama."

Uma semana mais tarde, casualmente encontrei Hakim no Dragon's Den, um show de televisão da BBC onde empresários oferecem suas invenções a cinco investidores bastante rigorosos. Um deles, Duncan Bannatyne, arrasou com o iTeddy. "Ler histórias na hora da criança dormir é trabalho do pai — não quero ser substituído por um ursinho; espero que esse negócio fracasse." Mas pode ser que seu desejo não se realize. Dois outros Dragões concordaram em pôr dinheiro no iTeddy, e Hakim diz que os principais atacadistas estão batendo à sua porta.

De volta à feira, havia outros expositores que assumiam uma posição contra o domínio tecnológico sobre os brinquedos. O estande ao lado do iTeddy pertencia a Dave Pateman, um afável sexagenário de Bournemouth, na costa sul da Inglaterra. Carpinteiro e projetista de cozinhas por profissão, Pateman se reinventou como um Davi de baixa tecnologia, lutando contra o Golias *high-tech* da indústria dos brinquedos.

Tudo começou como uma reação à visão de seus dois netos, na época com 5 e 9 anos, colados aos seus Game Boys. "Eles estavam sempre apertando botões ou diante de uma tela", conta Pateman. "E quando não faziam isso, queixavam-se de estar entediados." Numa tarde de verão, toda a família estava sentada no jardim quando os meninos reclamaram que não tinham nada para fazer. Pateman cansou-se daquilo. Foi até a garagem para encontrar alguma coisa com que diverti-los e voltou com um velho pedaço de tubo e uma bola de tênis puída. Colocou o tubo de pé na grama e desafiou todos a colocarem a bola dentro do tubo, uma atividade que resultou mais difícil — e mais divertida — do que parecia. Duas horas depois, entre muito barulho e risos, a família inteira ainda estava se revezando para tentar colocar a bola no tubo. Na próxima visita, duas semanas depois, os netos pediram ao avô para brincar de novo. "Eu tinha me esquecido completamente daquilo, mas os meninos não. Isso me fez pensar", diz Pateman. Depois de fazer alguma pesquisa de mercado, ele decidiu transformar seu jogo improvisado em um brinquedo vendável. Fez alguns desenhos e foi para a China procurar um fabricante. O resultado é o Frog in the Hole, que custa 9,99 libras: um tubo feito de material plástico resistente, à prova de água, e duas bolas de borracha macia, adornadas com desenhos de rãs.

Quando cheguei pela primeira vez ao estande de Pateman, um casal de irmãos de 4 e 6 anos estava brincando. Foram as únicas crianças que vi o dia inteiro e estavam se divertindo, rindo e aplaudindo os quase acertos de cada um. Finalmente, seus pais conseguiram afastá-los dali. Havia chegado a minha vez. Depois de várias horas testando brinquedos eletrônicos de tecnologia de ponta em toda a feira, descubro que o Frog in the Hole é altamente viciante. "É uma coisa tão simples — jogar uma bola em um buraco —, mas as crianças adoram", diz Pateman. "É bom para desenvolver a coordenação mão-olho, é claro, e nós enfatizamos isso em nossa propaganda, mas basicamente é apenas muito divertimento. E afasta as crianças dos Game Boys e da televisão." O Frog in the Hole atraiu grande interesse de compradores e cadeias de lojas de brinquedos.

Outros empreendedores ainda vieram à feira vender brinquedos que fazem menos para que a criança possa fazer mais. Tina Gunawardhana me conta que o Ocidente pode aprender muito com os países pobres, como o seu Sri Lanka natal, onde as crianças passam horas inventando mundos imaginários e jogos complexos apenas com gravetos, pedras ou coisas jogadas fora como material. "As crianças ocidentais recebem tudo mastigado, inclusive as brincadeiras. O resultado é que sua imaginação se fecha, e elas ficam entediadas facilmente, sempre procurando o próximo estímulo eletrônico ou a próxima experiência a ser servida a elas."

Gunawardhana vende bonitos brinquedos de madeira que encorajam as crianças a serem criativas. Entre os que mais vendem estão os animais pintados com cores brilhantes e peixes que se encaixam, como peças de quebra-cabeça, em caixas ocas. "Poderíamos ter feito uma arca ou um aquário para acompanhá-los, mas escolhemos não fazê-lo para que a criança possa assim chegar a uma ideia própria. Elas podem fazer uma arca, um zoológico ou um aquário de uma velha caixa de sapatos ou de uma garrafa plástica usada. Queremos que a imaginação delas corra livremente."

Mas não são só as fábricas independentes ou as de fundo de quintal que estão fazendo brinquedos que deixam mais espaço para as crianças inventarem. Alguns gigantes da indústria também estão procurando fabricar produtos menos autoritários e com mais vocação para incentivar brincadeiras de verdade. No estande da Lego, encontrei vários compradores analisando os últimos agregados à série Creator, que foi lançada em 2003. Cada caixa vem com diagramas para construir três modelos diferentes — o conjunto Fast Flyers contém um avião a jato, um *hovercraft* e um helicóptero —, assim como uma dúzia de fotografias sugerindo outras formas de utilizar as peças. Estas também são mais genéricas, para encorajar as crianças a jogá-las em uma caixa geral de Lego e usá-las em qualquer construção que possam imaginar. "Gosto do fato de que a gama de peças seja menos restritiva", disse um comprador. "A criança não constrói apenas um único modelo e pronto; ela realmente é estimulada a prosseguir, inventando coisas novas com as mesmas peças."

Mas depois que deixo o estande da Lego, começo a me desanimar. Existe algo de mau gosto em misturar brinquedos com grandes negócios. Eu acabara de passar um dia inteiro falando *sobre* crianças e não *com* elas. E me sentia como um observador em uma conferência sobre multiculturalismo onde todos os delegados eram brancos. E então me deparei com o playground da feira. A primeira surpresa foi que de fato havia algumas crianças lá dentro. A segunda foi que, em vez de as crianças estarem recebendo todos os últimos brinquedos eletrônicos, a sala estava cheia de acessórios tradicionais, que deixam bastante espaço para imaginar e inventar: blocos de construção de madeira, livros de gravuras, fantasias, bichos de pelúcia, uma parede para escalar, massinha para modelar, lápis de cor e papel. Fora um PlayStation, que eu vi sem uso em um canto, a sala era uma zona livre de brinquedos eletrônicos.

E sabem o que mais? As crianças estavam adorando. Duas meninas de 6 anos, espremidas em volta da mesa de arte, vestiam princesas que elas recortaram de folhas de papel colorido. Um menino pequeno marchava pela sala, vestido de soldado romano. Dois outros se debruçavam sobre um livro com histórias de dragões.

Quando um senhor chegou para buscar sua filha na mesa de arte, ela relutou em sair. O pai insistiu, e ela agarrou-se com força à mesa. "Vamos, Olivia, você pode ver todos os maravilhosos brinquedos novos da feira", dizia o Pai Desesperado. "Talvez até possamos comprar um para que você leve para casa."

Olivia balançou a cabeça e lançou uma frase daquelas que aquece o coração de qualquer pai que alguma vez na vida tenha sido vítima do "compra, compra!", causando um calafrio em todas as equipes de venda que trabalhavam nos estandes próximos ao playground.

— Eu não quero nenhum brinquedo novo maravilhoso — gritou a menina, voltando para a mesa de arte. — Só quero ficar aqui e brincar.

5

TECNOLOGIA: a realidade morde

Tecnologia (...) o jeito de organizar o mundo de tal forma que não tenhamos que conhecê-lo por conta própria.

MAX FRISCH, ARQUITETO, 1911-1991

EM UM CÁLIDO DIA DE VERÃO, EM 2005, UM JOVEM DE POUCO MAIS de 20 anos entrou em um cibercafé de Taegu, a quarta maior cidade da Coreia do Sul. Seu nome era Lee Seung Seop. Instalou-se diante de um computador e começou a jogar Starcraft, um jogo de simulação de batalhas online, com gráficos ativos e um excelente enredo sobre exilados humanos lutando pela sobrevivência num ponto no extremo da galáxia. Lee preparava-se para uma sessão de maratona. Nas cinquenta horas seguintes ele só se levantou de sua cadeira para ir ao banheiro ou tirar uma soneca numa cama improvisada. Bebeu água mineral, mas quase não comeu nada.

Finalmente, amigos o rastrearam até o café e lhe pediram que deixasse de jogar. Lee respondeu-lhes que terminaria logo e iria para casa. Poucos minutos depois, seu coração falhou. Ele desmaiou e pouco depois morreu.

Para jogadores viciados, Lee Seung Seop foi um mártir, ou apenas não teve sorte. Para outros, sua morte foi um aviso, prova de que os aparelhos eletrônicos que povoam nosso mundo deveriam vir com um alerta de saúde. Assustados com o ataque de coração de Lee, alguns pais coreanos proibiram jogos de computadores em casa. Um reflexo compreensível, talvez, mas terá sido sábio?

Não existe saída para o fato de vivermos em uma cultura *high-tech* ou de que a tecnologia da informação mudou o mundo de muitas formas maravilhosas. Quantos de nós escolheríamos viver sem e-mail, celulares ou internet? Comparados com Asteroides, Pac-Man e os outros jogos de computação desajeitados do passado, o Starcraft e alguns de seus rivais são sutis, sofisticados e muito divertidos.

Tal como o mundo em volta delas, as crianças se inclinam mais do que nunca perante a esfera eletrônica. Pesquisas sugerem que atualmente os ingleses de 11 a 15 anos de idade passam mais de sete horas por dia na frente de um monitor, 35% mais do que em 1994 — e isso nem mesmo inclui o tempo dedicado a conversar e enviar torpedos nos celulares. As crianças de menos de 6 anos, nos Estados Unidos, passam hoje em dia o mesmo tempo olhando telas que brincando ao ar livre. Projetados, no passado, para que as crianças explorassem as florestas ou mergulhassem em lagos, alguns acampamentos de verão foram reinventados como um refúgio da tecnologia da informação, sendo que as crianças passam ali de cinco a seis horas por dia no teclado. Os bebês também estão conectados. Em muitos países, canais especiais oferecem imagens 24 horas por dia para bebês de mais de 6 meses. Um quarto dos norte-americanos com menos de 2 anos de idade tem uma televisão no quarto. Talvez você já tenha comprado um iTeddy para seu recém-nascido.

A tecnologia parece o presente ideal para uma criança. Queremos que nossos filhos tenham o melhor de cada coisa, e somos pressionados para dar-lhes o que todas as demais crianças estão exibindo no playground. Os aparelhos *high-tech* prometem prepará-los para a vida em um mundo de alta tecnologia e também conservá-los a salvo. Você sempre pode controlar sua criança se ela tiver um celular. E seu filho de 9 anos não pode ser atropelado por um carro, raptado por um pedófilo ou receber uma amostra grátis de *crack* se estiver paralisado na frente do seu Nintendo, em casa. Como sabe qualquer pai muito ocupado, a mídia eletrônica também põe à sua disposição uma forma muito tentadora de cuidar das crianças. Quem entre nós já não colocou suas crianças diante dos Teletubbies ou de um Game Boy para ganhar alguns minutos de paz, para responder e-mails, fazer o jantar ou apenas ler o jornal? Eu já fiz isso.

No entanto, mesmo enquanto terceirizamos o cuidado com nossas crianças para a tela brilhante, uma questão permanece sem resposta: toda essa tecnologia é benéfica? Para alguns gurus *high-tech*, a resposta é um ressonante sim. Com os fabricantes de brinquedos afirmando que a criança moderna necessita de muitos acessórios e estímulos para brincar, esses gurus saúdam a chegada de uma nova geração, diferente de todas as que a antecederam. As crianças do século XXI, nos dizem, são "nativos digitais", que se desenvolvam ao passar longas horas interagindo com monitores, teclados e controles. Elas constituem a vanguarda que levará a humanidade em direção a um Admirável Mundo Novo de relações virtuais, multitarefas e disponibilidade por 24 horas.

Mas você não precisa ser um luddita[4] para pôr em dúvida essa visão ou para perguntar se não estamos todos gastando demasiado tempo com toda nossa tecnologia. Existem sinais crescentes de que a revolução da tecnologia da informação está conduzindo a uma sobrecarga digital, tanto para os adultos como para as crianças. Na idade do BlackBerry, e-mails, ligações telefônicas e mensagens de texto nos seguem a qualquer lugar, até a mesa de jantar, o banheiro, a cama. De acordo com uma pesquisa recente, um em cada cinco adultos interromperá o sexo para atender uma ligação. Até mesmo as companhias *high-tech* estão começando a questionar se é sábio alguém estar conectado o tempo todo. Um estudo de 2005, feito pela Hewlett Packard, concluiu que o bombardeio incessante de e-mails, ligações telefônicas e mensagens instantâneas faz com que o QI do trabalhador de escritório médio caia 10 pontos — o dobro da queda causada por fumar maconha. Um estudo mais recente descobriu que um grupo de trabalhadores da Microsoft levou, em média, 15 minutos para retornar a uma tarefa exigente, tal qual escrever um código de computação ou um relatório, depois de ter

[4] Ludditas. Operários ingleses seguidores do movimento criado por Hed Ludd que protestaram contra as inovações tecnológicas que criavam desemprego por ocasião da Revolução Industrial, quebrando as máquinas das fábricas. (*N. do T.*)

parado para lidar com um e-mail ou mensagem instantânea que entrara. A maioria, primeiro, dedicou-se a responder a outras mensagens ou a navegar um pouco pelo ciberespaço.

Outro temor é que tempo demais diante da tela, em especial quando envolve imagens que passam rapidamente, possa colocar cérebros jovens em um permanente estado de excessiva estimulação. Em um estudo de referência publicado na revista *Pediatrics* em 2004, pesquisadores dos Estados Unidos concluíram que cada hora de televisão vista por dia, entre as idades de 1 e 3 anos, aumentava perto de 10% as chances de confirmar-se mais tarde um diagnóstico de déficit de atenção/desordem de hiperatividade. Isso significa que uma criança que assiste três horas diárias a um canal infantil provavelmente tem quase 30% de chance de enfrentar problemas de atenção na escola. Se houve estudos que mostraram que a TV violenta encoraja o comportamento violento em algumas crianças, novas pesquisas sugerem que os videogames violentos promovem a agressividade e acostumam os jogadores a imagens chocantes. Um estudo descobriu que jogar videogames violentos por trinta minutos diminui a atividade no lobo frontal da criança, a região do cérebro ligada à concentração e ao controle do impulso.

E temos a epidemia de miopia. Rara há meio século, a visão curta agora afeta um quarto da população mundial — e a taxa ainda está crescendo. O sudeste da Ásia lidera as estatísticas, com mais de 80% dos adolescentes em Cingapura e Taiwan afetados, mas parte do Ocidente está indo na mesma direção: na Suécia, metade das crianças de 12 anos de idade agora é míope, e os especialistas preveem que o número chegará a 70% quando elas completarem 18 anos. Alguns atribuem esta tendência parcialmente ao fato de as crianças passarem horas demais dentro de casa sentadas olhando para monitores.

O que devemos fazer diante desses avisos? Outra vez a lição da história é que primeiro devemos ter calma. Cada nova tecnologia liberta uma nova onda de ansiedade. Platão alertou para que a leitura traria o fim da civilização, por matar a memória, o argumento e a tradição oral. No início do cinema, os críticos temiam que a torrente de imagens que se moviam poderia prejudicar a visão da audiência e possivelmente levá-la à loucura. O rádio foi declarado vilão por transformar as crianças em zumbis sem vida interior e até mesmo por torná-las "psicopatas". Depois foi a vez da televisão e dos gravadores de vídeo. Talvez a tecnologia da informação e os videogames sejam apenas os espectros da hora. Talvez estejamos apenas projetando, em nossas crianças, nossas próprias ansiedades sobre a convulsão causada pela revolução da tecnologia da informação.

Certamente, os jurados ainda não se decidiram sobre muitas das queixas vãs. A prova que vincula o uso do monitor à miopia não é conclusiva, nem o fenômeno dos videogames desencadeou uma epidemia de violência juvenil. Outra pesquisa lança dúvidas sobre a afirmação de que a televisão causa déficit de atenção/desordem de hiperatividade (DADH). Em 2006, dois anos depois de publicar o estudo afirmando essa relação, a *Pediatrics* publicou nova pesquisa que não mostrava nenhum vínculo entre uma coisa e outra. Os pesquisadores chegaram à mesma conclusão que os outros: a DADH é uma condição neurológica com a qual as pessoas nascem, não uma doença causada pelos pais que entregam o controle remoto a seus filhos pequenos.

Também cresce a evidência de que o tipo certo de tecnologia, nas doses certas, pode ser benéfico. Estudos sugerem que ver, sem exagero, programas de televisão para crianças, benfeitos, especialmente ao lado de um adulto, pode ensinar as crianças sobre o mundo e ajudar a desenvolver o conhecimento de letras e números. Também pode incentivar a brincadeira imaginativa. Meu filho usa a televisão como fonte de material para suas próprias histórias. Ele vê um vídeo de *Guerra nas estrelas* por algum tempo e depois corre para o quarto para criar suas próprias aventuras com Darth Vader e Han Solo como personagens.

Os cientistas estão inclusive mostrando que jogar no computador pode proporcionar uma melhora cognitiva. Um estudo recente descobriu que jogar videogames de ação melhorava a capacidade de discernir objetos pequenos em um espaço atravancado e de mudar rapidamente a atenção de uma tarefa para outra. Realizado em Barcelona, um novo estudo sugeriu que os jogos de computador podem estimular funções cerebrais em pacientes com o Mal de Alzheimer. Até mesmo os jogos mais lentos, menos embebidos em adrenalina, podem ajudar. Hoje em dia, os primeiros em vendas não são os jogos de atirar para matar, os banhos de sangue que fornecem gratificação instantânea, que fazem os colunistas de jornal suarem. Mas os jogos de simulação que levam muitas horas para terminar, obrigando os jogadores a decifrar regras, pesar evidências, resolver problemas, analisar dados, formular hipóteses e tomar decisões instantâneas e pensadas — exatamente as qualidades que podem vir a ser úteis na sala de aula ou no local de trabalho.

Em todo o mundo, o QI médio vem subindo estavelmente há décadas, um fenômeno que é conhecido como o efeito Flynn. Enquanto as pontuações das habilidades verbais e numéricas permaneceram iguais, as que medem a inteligência visual e espacial, assim como a capacidade de completar sequências de formas, subiram muito. Os cientistas não estão muito seguros sobre como explicar isso, com teorias que variam desde melhor nutrição e famílias menores até a crescente familiaridade com os testes de QI e mudanças nos próprios testes. Mas alguns atribuem o efeito Flynn, que parece já haver ocupado o mundo industrial, ao estímulo extra, visual e intelectual, facultado pela cultura multimídia. Em seu livro *Everything Bad is Good for You*, Steven Johnson defende que nosso ambiente *high-tech* de camadas múltiplas está nos fazendo ficar mais espertos de alguma forma.

No entanto, mesmo que a tecnologia traga benefícios, existe claramente um perigo de que tempo demais em frente da tela restrinja outros elementos de uma infância saudável. Um importante estudo publicado em 2006 pelo King's College, de Londres, descobriu que os ingleses de 11 e 12 anos estão agora entre dois a três anos atrasados, em relação a seus colegas dos anos 1970, quando se trata de compreender conceitos como volume e densidade, uma capacidade que tem sido ligada à inteligência geral e à capacidade de lidar com novas ideias complexas. Os pesquisadores especulam que parte da culpa pode estar na tendência dos jovens de passar menos tempo brincando ao ar livre com areia, lama e água e mais tempo presos na frente da televisão e dos jogos eletrônicos.

E deverá surpreender-nos o fato de que a geração digital é a mais gorda da história humana? Não é preciso ser um nutricionista para saber que se sentar para ver *The OC* ou para jogar Halo não queima muitas calorias. O Instituto de Saúde Infantil da Inglaterra estima que cada hora extra de televisão que uma criança vê no fim de semana aumenta seu risco de obesidade na idade adulta em 7%. Um recente estudo realizado nas comunidades rurais religiosas de menonitas que vivem no Canadá apresentou resultados similares. Em vez de ficarem em frente das telas, as crianças menonitas passam seus dias ao ar livre, caminhando, andando de bicicleta, fazendo tarefas da vida no campo. Os pesquisadores descobriram que elas são mais fortes, mais magras e com melhor saúde do que seus colegas canadenses comuns, apesar de esses últimos praticarem esportes e frequentarem aulas de educação física. De forma similar, o Conselho Central para Educação observou no Japão, enlouquecido pela tecnologia, um firme declínio das capacidades motoras básicas desde a metade dos anos 1980: as crianças japonesas não correm mais, não pulam, agarram e lançam como faziam as crianças de gerações anteriores. Elas têm músculos mais fracos, reflexos mais lentos e menos estamina.

Outros estudos sugerem que praticar esportes, o que implica focar a visão em objetos distantes, e passar um tempo ao ar livre, onde a luz melhor diminui a necessidade de focar para a visão de perto, tornam as crianças menos propícias à miopia.

Muitas horas diante da tela podem privar as crianças pequenas de interação com o mundo real, do contato com pessoas e objetos, que é essencial para o desenvolvimento delas. Também lhes tiram o tempo para reflexão e descanso. A privação do sono pode tolher o crescimento físico, assim como prejudicar a concentração e a memória. Estudos em todo o mundo mostram que, em média, as crianças estão dormindo até duas horas menos por noite do que na geração anterior. Uma boa razão para isso é que muitos quartos de crianças, hoje, se parecem com o painel de controle da *Starship Enterprise*, cheios de barulhentas televisões, estantes cobertas de jogos, telefones e computadores. Muitos outros estudos vinculam a mídia eletrônica no quarto a notas más na escola.

Mesmo que ela prometa nos unir em um nirvana de conectividade de banda larga, a tecnologia também pode interpor-se entre nós, emparedando-nos em nossas próprias bolhas digitais. Atualmente é mais rápido e mais fácil ler, em seus blogues ou em seus perfis online, o que nossos colegas estão fazendo do que encontrá-los e falar sobre isso pessoalmente. E mesmo quando ocupamos o mesmo espaço físico, os aparelhos podem nos dividir. A família Cole, de Phoenix, no estado norte-americano do Arizona, comprou recentemente uma caminhonete completa, com suportes para celular e iPod para os adultos na frente e telas de televisão embutidas atrás para as duas crianças. A primeira viagem da família foi ao Grand Canyon, que fica a quatrocentos quilômetros dali. Não se ouviu uma única palavra durante a viagem de quatro horas. "A tecnologia nos impediu de discutir sobre as coisas e nos irritar uns com os outros", diz a mãe, Julie, "mas ela também nos afastou. Éramos como um grupo de desconhecidos viajando em um ônibus. Foi estranho e não muito agradável." Os Cole agora racionam o uso de sua tecnologia em viagens longas: vinte minutos de tempo sem conexão para cada quarenta de mídia eletrônica. "Dessa maneira, temos o melhor dos dois mundos", diz Julie. "Temos nossa diversão, mas também falamos uns com os outros."

Até mesmo os fãs da revolução da tecnologia da informação estão começando a descobrir que as crianças precisam mais do que uma conexão USB com o mundo exterior. Como editor da *Children's Technology Review*, uma revista mensal dos Estados Unidos que analisa novos programas e aparelhos destinados ao mercado jovem, Warren Buckleitner é um tecnófilo de carteirinha. Através dos anos, expôs suas duas filhas a todos os aparelhos eletrônicos mais recentes. "Poderíamos dizer que elas cresceram na loja de doces", e hoje ambas as meninas amam mensagens instantâneas, falar em seus celulares e navegar pela internet como qualquer adolescente.

Mas o lar dos Buckleitner em Flemington, Nova Jersey, não é o santuário da alta tecnologia liberada como poderíamos esperar. Existem limites estritos: os celulares e a televisão são desligados para as refeições da família, e o único computador com acesso à internet é colocado perto da cozinha, para que os pais possam monitorar seu uso pelas filhas.

Buckleitner acredita que muito da última tecnologia pode ser divertido e educativo, mas também teme que o uso em excesso possa levar ao isolamento social. Por milhares de anos, a humanidade desenvolveu um arsenal complexo, matizado e instintivo de comunicação física — linguagem corporal, expressões faciais, feromônios —, o que restringe a banda larga em sua capacidade de transmitir significado e forjar laços emocionais. O que acontece quando o contato visual é substituído por rápidas trocas virtuais?

"Eletronicamente, as crianças podem estar se conectando com outras pessoas em alguns níveis, mas elas não estão realmente exercitando seus músculos sociais quando estão sentadas sozinhas em um quarto", diz Buckleitner. "Na ecologia geral da infância, uma criança de cem anos atrás, de hoje ou de daqui a cem anos precisa das mesmas coisas — e isso inclui certo número de minutos usando suas habilidades interpessoais em situações da vida real. De outra forma, terminamos em uma cultura com pouca sociabilidade."

Algumas provas já apontam nessa direção. No passado, estudos e mais estudos mostraram que, quando apresentados a uma gama de objetos e a um rosto humano, os bebês e as crianças pequenas tendem a olhar primeiro para o rosto. É assim que elas aprendem a se comunicar. Em uma série de experiências levadas a cabo em escolas primárias inglesas em 2006, no entanto, pesquisadores descobriram que os instintos podem estar mudando. A maioria das crianças ainda escolhe um rosto humano em vez de uma casa de bonecas, um barco de plástico ou um trem de brinquedo. Já quando uma tela de televisão em branco aparece ao lado do rosto, a maioria das crianças entre 6 e 8 anos volta-se primeiro para a tela, assim como os alcoólicos, em estudos similares, voltam-se para uma caneca de cerveja ou uma taça de vinho. Os pesquisadores descobriram que a maioria das crianças de 5 anos ainda se inclina a olhar primeiro para o rosto humano, o que sugere que o problema não está na natureza — um instinto para a interação social permanece conectado ao cérebro humano. É a educação que está se colocando no meio do caminho.

Em todo o mundo, os professores relatam que a nova geração de nativos digitais parece menos articulada e menos capaz de se dar com os colegas. As intimidações no playground e online estão aumentando em muitos países. Na Inglaterra, uma pesquisa importante descobriu que, entre 1980 e 2006, o número de adolescentes que dizem não ter um melhor amigo em quem confiar aumentou de menos de um em cada oito até aproximadamente um em cinco — e isso em uma época em que qualquer adolescente que se respeite tem dezenas ou até centenas de "amigos" na sua página do Orkut ou do My Space.

Ao tornar o indizível tão fácil de dizer, e encorajar qualquer pessoa a pressionar primeiro o botão de enviar e depois fazer perguntas, a tecnologia da informação certamente pode ser um ônus social. Os adolescentes e os estudantes universitários utilizam seus blogues pessoais para fazer comentários maldosos sobre professores e colegas, e depois se espantam quando as vítimas leem o ataque e cobram satisfações. Outros caem na cilada de dizer coisas em e-mails, textos e mensagens instantâneas que nunca sonhariam em dizer "na cara", para depois descobrirem que as relações no mundo real ficaram tensas. Adam Turner, de 15 anos, constata constrangimentos desse tipo o tempo todo em sua escola secundária em Boise, no estado norte-americano de Indiana. "As coisas podem ficar bastante tensas algumas vezes, quando as pessoas se encontram depois", diz ele. "Você não fala nada sobre o assunto, mas ele continua ali, pairando no ar." Alguns dos expoentes do fenômeno da internet, como Jimmy Wales, o fundador da *Wikipedia*, e John O'Reilly, o homem que cunhou a frase "Web 2.0", já propuseram um código de conduta que inclua jamais dizer alguma coisa online "que não diríamos pessoalmente".

A nova tecnologia também fortalece o narcisismo, que pode ser um subproduto da infância microgerenciada. O perigo certamente existe. Sites de redes sociais na internet, como o Bebo, divulgam a mensagem de que até mesmo os detalhes mais banais de nossas vidas privadas merecem ser divulgados para uma audiência global. E com o "RSS", tecnologia que permite saber das atualizações recentes de sites e blogues, fornecendo boletins de notícias, sites de fofocas que refletem nossos próprios pontos de vista, lojas online que rastreiam nossos gastos e nos enviam anúncios personalizados, e o Google que faz a mesma coisa ao monitorar nossas buscas, o conteúdo da internet agora é personalizado. É menos uma janela para o mundo e mais uma câmara de eco de nossos próprios preconceitos. Isso é especialmente limitante para as crianças, que se desenvolvem melhor se expostas a uma gama diferenciada de opiniões e pontos de vista.

Uma década depois da revolução da tecnologia da informação, duas coisas estão se tornando claras. A primeira é que nem todas as tecnologias são feitas da mesma forma: muitos jogos de computador, por exemplo, proporcionam ao cérebro um exercício melhor do que o que se consegue vendo televisão. A segunda é que, quando se trata de tempo na frente do monitor, *menos* geralmente é *mais*.

A batalha para construir uma relação mais equilibrada com a tecnologia já começou. Em alguns países, o Estado está intervindo para racionalizar o tempo que as crianças ficam em frente da tela. Com sua mão reconhecidamente pesada, as autoridades chinesas tomaram medidas para impedir o acesso de menores de 18 anos aos cibercafés. Na Coreia do Sul, possivelmente a nação mais plugada da Terra, o governo estabeleceu mais de 200 centros de aconselhamento e programas hospitalares para lidar com o "vício em internet" entre os jovens. Em 2007, o país inaugurou o que pode ser o primeiro acampamento para viciados em internet do mundo, a Jump Up Internet Rescue School, onde os computadores estão banidos e as crianças passam o dia realizando corridas de obstáculos ao ar livre e aprendendo a tocar bateria e fazendo cerâmica. Em outros lugares, usa-se a própria tecnologia como uma forma de afastar as crianças da TV. Observem a ascensão de *LazyTown*, o show de televisão para crianças da Islândia, que é transmitido em mais de cem países. Seu herói, Sportacus, vestido de poliuretano, tem tido notável sucesso inspirando crianças a levarem uma vida mais ativa. Sua forma saudável de comer persuadiu os cinemas da Islândia a venderem pequenas cenouras, em vez de sorvetes e pipoca, e aumentou a venda de vegetais no país em 22%. Muitas crianças islandesas agora vão para a cama exatamente às 20h08 porque essa é a hora em que acaba Sportacus. Por todo lado, *LazyTown* está inspirando crianças a levantarem do sofá e a correrem para fora de casa para dançar, imitar bonecos saltadores, jogar bola ou explorar as vizinhanças andando a pé. "Vivemos em um mundo *high-tech*, de modo que temos que usar a tecnologia para atingir as crianças", diz Magnus Scheving, o criador do programa que inclusive faz o papel de Sportacus. "A televisão pode inspirar uma vida saudável. Lembram-se dos vídeos *Jane Fonda Workout*?"

Até mesmo a indústria *high-tech* está procurando maneiras para fazer com que as crianças se movimentem. Novas plataformas de jogos, como o Nintendo Wii, fazem os jogadores usarem os movimentos de seus próprios corpos para lutar boxe, dançar ou jogar tênis no computador. Outras plataformas estão usando a tecnologia para atrair as crianças para fora de casa. Uma nova geração de brinquedos *high-tech* que voam, caminham, dirigem e rolam com extraordinário realismo está chegando ao mercado. A esperança é que as crianças passem menos tempo dirigindo um carro eletrônico no jogo Full Auto 2 e mais tempo caçando um ornitóptero mecânico pelo quintal. Gene Khasminsky é diretor de projeto na Interactive Toy Concepts, uma firma canadense que produz um helicóptero controlado por rádio, do tamanho de um palmo, chamado Micro Mosquito. "Creio que agora existe um movimento, em nossa indústria, para tirar os garotos do sofá onde estão jogando videogames."

Mesmo assim, muitos pais acham que a única maneira de impedir suas crianças de viverem presas ao sofá é impor uma moratória na tecnologia. Vejam os Hyde, que vivem em um subúrbio de Sydney, na Austrália. Seus filhos, Jasmine, de 12 anos e Lachlan, de 10, costumavam passar horas todos os dias online, jogando com seus Xbox ou vendo televisão em seus quartos. A família vivia tão conectada que a mãe, Maureen, enviava e-mails para chamar os filhos para jantar. Apesar de preocupados porque seus filhos estavam passando muito tempo na frente dos monitores e pouco tempo correndo ao ar livre, os Hyde haviam desistido de tentar fazê-los se desconectar. Porém, uma noite, tudo mudou. Por volta das 21 horas, Maureen mandou um e-mail para Lachlan, pedindo que ele descesse para arrumar o material da escola antes de dormir, mas ele não respondeu. Ela gritou na direção da escada e nada. Quando finalmente foi ao quarto dele, encontrou-o caído sobre sua mesa, com um jogo de futebol da

FIFA passando no computador. O primeiro pensamento dela foi que ele tinha sofrido o mesmo destino de Lee durante a maratona de Starcraft. “Levei um choque, porque realmente pensei que ele tivesse morrido jogando aquele jogo horrível”, recorda. Lachlan apenas havia adormecido, mas o episódio foi um alerta para os Hyde. No dia seguinte, a família se reuniu para repensar o lugar reservado à tecnologia em seu lar. Os pais decidiram racionar o tempo diante dos aparelhos segundo uma série de novas e severas regras: ficou proibido usar celulares no horário das refeições, comer diante da televisão, exceto em ocasiões especiais, usar o monitor para fazer o dever de casa, a não ser que a tarefa exija uma pesquisa na internet. Os Hyde também tiraram todos os aparelhos do quarto das crianças e os puseram na sala de jogos do porão. As crianças se queixaram, mas os pais se mantiveram firmes.

Para preencher o tempo que ficou livre com o desligamento dos aparelhos *high-tech*, os Hyde instalaram uma rede de badminton no quintal e pintaram uma quadra sobre a grama. Foi um sucesso instantâneo. Agora a família joga quase todo dia: pai *versus* filho, mãe *versus* filha, duplas mistas. As crianças passam horas lançando a peteca de um lado para o outro, conversando, gracejando, competindo.

Maureen pensa que ter feito uma dieta *high-tech* foi como tomar uma brisa de ar fresco. As conversas na hora do jantar agora são mais animadas, já que as crianças não ficam mais digitando furtivamente debaixo da mesa. Tanto Jasmine como Lachlan terminam seus deveres de casa mais rápido e têm melhores resultados na escola. Também estão menos letárgicos: sem apitos e bipes eletrônicos para distraí-los nos quartos, ele dormem melhor. Lachlan pula da cama nas manhãs do fim de semana, em vez de estender a mão para a estante do Xbox.

As crianças também gostaram do novo equilíbrio. "Ainda adoro meu computador, mas é bom deixá-lo de lado e fazer outra coisa", diz Jasmine. Seu irmão concorda: "Eu preferia o Xbox a ir para a rua, mas agora acho legal fazer as duas coisas."

Outros pais foram ainda mais longe, transformando seus lares em zonas livres de tecnologia. Alessandro Basso, que vive com seus pais na Filadélfia, nos Estados Unidos, viciou-se no PlayStation quando tinha 11 anos. Ele passava de cinco a seis horas por dia em seu quarto, fazendo as refeições no colo e negligenciando seu dever de casa. O menino que já fora um ávido desportista passou a preferir o futebol do PlayStation a jogar bola ao ar livre com os amigos. Também começou a engordar. Seus pais ficaram suficientemente preocupados para intervir, mas cada tentativa de domar a mania de PlayStation batia de frente com desafio e irritação. Quando impuseram um limite de tempo, Alessandro os ignorou. Quando mudaram o PlayStation para a sala, ele ia lá sorrateiramente no meio da noite para jogar. Finalmente, os pais decidiram que havia chegado a hora de um aperto mais firme. Certa manhã, enquanto Alessandro estava na escola, eles venderam o jogo de PlayStation no eBay. Alessandro teve um acesso de raiva e permaneceu de mau humor por semanas, mas finalmente conseguiu superá-lo. Ele começou a sair para jogar futebol com seus amigos outra vez, perdeu peso e suas notas na escola melhoraram. Hoje ele fala sobre o PlayStation como um alcoólico recuperado fala sobre bebida. "A verdade é que no começo odiei meus pais por terem vendido o jogo e realmente senti falta dele, mas tenho que admitir que a minha vida é melhor agora, sem ele." Alessandro fica em silêncio por um momento, passa os dedos pelo cabelo escuro e encaracolado e olha para o chão. "Ainda brinco com jogos de computador na casa dos meus amigos", diz ele. "Se tivéssemos o PlayStation aqui em casa, eu provavelmente voltaria a usá-lo o tempo todo."

Alessandro é um caso extremo. Algumas pessoas são mais propensas do que outras a um comportamento de dependência. Para a maioria das crianças, uma proibição total de usar tecnologia é uma atitude exagerada. A melhor política é estabelecer limites que favoreçam o equilíbrio. Mas onde está esse equilíbrio? Quanto tempo em frente da tela é o correto para as crianças? Infelizmente, não existe uma resposta exata. Alguns especialistas, o que inclui a Academia Americana de Pediatria, recomendam tempo zero em frente da tela para bebês com menos de 2 anos. Mas qualquer um que tenha cuidado de crianças, especialmente em um país onde o clima é ruim, ou que tenha outros filhos para cuidar, sabe que isso é quase impossível de conseguir. Por isso é que outros especialistas adotam uma posição menos draconiana. A Sociedade Pediátrica Canadense recomenda não mais de trinta minutos por dia para crianças com menos de 2 anos.

Mais tarde, o quadro fica ainda mais nebuloso. Embora as crianças mais velhas devam ser liberadas para usar os computadores para fazer os deveres da escola, para a aprendizagem e para o trabalho criativo, elas precisam ter limites em relação aos divertimentos na tela, tais como televisão e videogames. O melhor guia é o bom-senso. Se um adolescente passa mais tempo socializando online do que no mundo real, alguma coisa está errada. Buckleitner insiste com os pais em que sigam sua intuição. "Em parte é uma coisa visceral. Assim como você sabe quando sua criança comeu doces demais, vocês também sabem quando ela está passando tempo demais diante do monitor."

Pode parecer fácil dizer isso, mas vai direto ao ponto do que precisamos fazer em todas as esferas da criação de uma criança hoje em dia: aprender a confiar em nossa intuição e depois tomar uma posição.

Conhecemos nossas próprias crianças melhor do que qualquer outra pessoa. Assim, o primeiro passo para chegar a um equilíbrio adequado em relação à tecnologia é observá-las. Quando separadas de seus aparelhos, as crianças ficam suscetíveis e agressivas, cansadas e ausentes? Se for assim, então provavelmente é certo limitar seu tempo em frente da tela. Comecem retirando os aparelhos *high-tech* do quarto ou deixando-os em casa durante as viagens de férias, que são uma boa época para romper velhos hábitos e ampliar os horizontes. Considerem a possibilidade de criar dias sem computador e TV. Também ajuda fixar um limite de tempo para as diversões diante da tela que pareça adequado para a família — duas horas diárias funciona para a maior parte delas. Você nem sempre atingirá o alvo, mas pelo menos uma linha de referência foi traçada.

A melhor forma de mitigar os inevitáveis protestos e sintomas de alheamento das crianças é oferecer alternativas à tecnologia: esportes, jogos, uma história na hora de deitar, cozinhar, mais liberdade para brincar ao ar livre, mais visitas a amigos, falar mais e fazer mais coisas juntos, como uma família. Algumas dessas alternativas exigem tempo, esforço e imaginação dos pais, mas não foi esse o contrato que assinamos quando tivemos filhos?

Decerto os pais precisam formar uma frente, concordando, por exemplo, quanto tempo em frente à tela é permitido às crianças quando visitam a casa de amigos. Também precisamos repensar nossa própria relação com a tecnologia. Se passarmos horas a fio diante da televisão, ou checando constantemente nossos e-mails e tagarelando ao celular, que tipo de exemplo estaremos dando às nossas crianças?

Também precisamos revisitar nosso próprio vício em multitarefas. Nos dias de hoje, as crianças estão sendo ainda mais pressionadas por seus equipamentos *high-tech*. Uma pesquisa de 2005 da Kaiser Family Foundation revelou que norte-americanos entre 8 e 18 anos passam seis horas e meia por dia usando a mídia eletrônica, mas conseguem chegar a oito horas e meia de exposição média ao fazerem várias coisas ao mesmo tempo — baixar música enquanto verificam os e-mails, assistir ao Big Brother e jogar o Sims simultaneamente. Todos sabem, por experiência, que esses atos de malabarismo *high-tech* podem causar um acúmulo de adrenalina, mas a impressão que dá de produtividade não é mais do que uma ilusão. Em laboratórios de todo o mundo, cientistas estão usando as últimas tecnologias de escaneamento de cérebro para entender como pensamos ao desempenhar tarefas diferentes — e não parece que isso seja bom para jovens "multitarefa".

A verdade é que o cérebro humano não é muito bom para multitarefas, e isso inclui os cérebros das crianças criadas na era da informação. É claro que certas ações bem ensaiadas, tais como andar de bicicleta ou cortar cenouras, podem ser desempenhadas pelo piloto automático enquanto pensamos em outras coisas, mas os pesquisadores mostraram que, no momento em que você decide mudar a ação — virando com sua bicicleta para a esquerda, digamos, ou acrescentando outras cenouras à receita —, você precisa de toda a atenção do seu cérebro. Uma vez que você decida sobre o curso de sua próxima ação, no entanto, a própria ação — virar o guidão ou fatiar mais a cenoura extra — pode ser executada ao mesmo tempo que se planeja a outra ação. Assim existe algum tipo de superposição.

O resultado final, no entanto, é que muito do que parece estar na ordem das multitarefas não é nada disso: é sequencial. Quando seu filho tem cinco janelas abertas na tela do computador e está conversando pelo celular enquanto vê televisão, o que ele na verdade está fazendo é desempenhar uma tarefa por alguns segundos, parar, mudar para outra por um tempo, parar de novo, mudar para uma terceira tarefa, parar, e assim por diante. E como se poderia esperar, isto acaba sendo um uso ineficiente tanto do tempo como o da capacidade cerebral. Quando as pessoas alternam entre tarefas, elas cometem mais erros e demoram mais — algumas vezes o dobro do tempo ou mais — do que se houvessem desempenhado cada tarefa do começo ao fim, antes de passar para outra. Isso pode explicar por que sua filha leva duas horas para acabar aquele dever de história, em vez de uma hora ou menos.

David E. Meyer, diretor do Laboratório do Cérebro, Cognição e Ação da Universidade de Michigan, acredita que nada, nem mesmo uma dieta constante de DVDs de aprendizagem precoce ou acampamentos de verão de computação, poderá transformar a multitarefa em algo mais do que uma perda de tempo. "O resultado final é que você não pode, simultaneamente, pensar sobre sua devolução do imposto de renda e ler um texto, assim como você não pode falar sobre duas coisas ao mesmo tempo. Se um adolescente está tentando manter uma conversa num chat enquanto estuda álgebra, haverá uma diminuição na eficiência desse estudo, se comparada à possibilidade alternativa de se dedicar só ao estudo da álgebra até que esteja terminado. As pessoas podem pensar de outro modo, mas é um mito. Com tarefas tão complicadas, você nunca será capaz de vencer as limitações inerentes ao cérebro para processar informações durante as multitarefas. Não é possível, da mesma forma que o melhor dos humanos jamais será capaz de correr 1,5 quilômetro em um minuto."

Quando se trata dos limites neurológicos das multitarefas, as crianças, na verdade, podem ser menos capacitadas do que os adultos. Recorrendo à imagem por ressonância magnética funcional (IRMf), cientistas identificaram uma região do córtex pré-frontal anterior que armazena informações sobre as tarefas que estão sendo realizadas. Isso permite parar de fazer alguma coisa e depois retomá-la onde a deixamos quando voltamos a ela segundos, minutos ou até mesmo horas depois. Essa é a parte do cérebro que nos ajuda com as multitarefas, no sentido de alternar entre elas. No entanto, essa região do cérebro amadurece mais tarde, o que significa que as crianças estão menos equipadas para alternar tarefas do que os adultos. Em outras palavras, todas essas histórias sobre como a nova geração de digitais natos que executam multitarefas representa um grande salto evolucionário são apenas isso: histórias.

A multitarefa crônica é ineficiente de uma maneira que vai muito além do mau uso do tempo. A pesquisa sugere que o cérebro humano necessita de momentos de silêncio e descanso para processar e consolidar ideias, memórias e experiências. Ele também precisa estar relaxado para ingressar em um modo de pensamento mais rico e criativo. Como isso pode acontecer se cada segundo é preenchido com tagarelice eletrônica? Infindáveis saltos entre canais, navegar na rede e as mensagens instantâneas também atuam contra a arte mais lenta de aprofundar-se em um tópico, ficar em uma discussão o tempo suficiente para descobrir suas nuances e complexidades. Professores universitários queixam-se cada vez mais de que os estudantes do século XXI se recusam a ler livros inteiros, preferindo excertos e artigos mais curtos. Esses estudantes também parecem impacientes com qualquer tipo de ambiguidade, exigindo respostas imediatas que sejam preto no branco. E a coisa fica séria quando se exploram tópicos como o terrorismo ou a imigração, que têm muitas nuances. Pode a democracia funcionar bem se os eleitores jovens querem cada questão embrulhada em bites de som, no estilo de uma mensagem de texto? As crianças de hoje são muito boas em encontrar e manipular a informação, em analisar dados visuais, mas até mesmo os apóstolos da revolução da tecnologia da informação agora se preocupam com o fato de que muita alternância eletrônica está fazendo com que seja mais difícil para elas se concentrarem e pensarem profundamente. Em uma recente conferência sobre o futuro da tecnologia, Dipchand Nishar, diretor de produtos *wireless* do Google, lançou uma nota de alarme. “Tivemos a geração X e a geração Y. Agora temos a geração DDA, Desordem de Deficiência de Atenção.”

Como livrar uma criança do hábito das multitarefas? Simon Blake, um engenheiro de programação da Califórnia, impôs um limite ao número de programas que sua filha Chrissy, de 12 anos, poderia rodar no computador da família enquanto fazia o dever de casa. Ela pode usar a internet para pesquisas, mas não para trocar mensagens com amigos no Orkut ou MySpace. Ela está autorizada a verificar seus e-mails somente a cada trinta minutos, e seu celular permanece desligado durante todo tempo de estudo. O resultado é que o dever de casa agora leva aproximadamente a metade do tempo que levava antes, e os professores de Chrissy têm elogiado a qualidade do seu trabalho. "Você pode ver que ela está mais concentrada agora, mesmo quando está longe da tecnologia", diz Blake.

Chrissy ressentiu-se das novas regras no começo, mas acostumou-se a elas. "No início, era chato ter que esperar pelos e-mails e mensagens instantâneas, mas você se acostuma. Eu noto que definitivamente estou menos distraída agora."

Com certeza a sala de aula hoje em dia é uma peça-chave na batalha para definir o lugar da tecnologia na vida das crianças. O modelo tradicional de educação — fala e giz — , no qual o professor fica na frente do quadro-negro e instrui os alunos, está fora de moda em um mundo totalmente plugado, interconectado. Nos círculos educacionais, o consenso é de que as escolas precisam adaptar-se à nova tecnologia. E é preciso defender a ideia de que as crianças de hoje precisam mais do que apenas fatos. Precisam aprender como resolver problemas juntos, em grupo, como pensar interdisciplinarmente. A tecnologia da informação pode ajudar em tudo isso. Os alunos de uma escola em Vancouver podem usar o e-mail ou a *webcam* para trocarem ideias sobre o aquecimento global e os tsunamis com colegas da Indonésia. Uma discussão em sala de aula sobre a escravidão é enriquecida por estudantes que baixam novas informações sobre o tráfico de pessoas nos dias de hoje, a partir de uma conexão sem fio com a internet na própria sala de aula. Até mesmo os videogames *high-tech* podem ser usados para ensinar o básico da *low-tech*. Em uma pequena escola primária em Bristol, chamada Chew Magna, Tim Rylands ensina inglês para crianças de 10 e 11 anos com o jogo de computação Exile. As crianças, na verdade, não brincam com o jogo. Rylands utiliza um quadro branco para guiá-las nas paisagens místicas, através de portas adornadas, para quartos banhados de luz dourada. Os gráficos são maravilhosos, quase de outro mundo, e as crianças ficam sentadas olhando, enlevadas. Ele então pede que elas escrevam sobre o que viram e sobre como se sentiram. As crianças se afastam do quadro branco, pegam suas canetas e começam a escrever. Chew Magna é uma escola pública inglesa que apresenta alguns dos melhores resultados em língua inglesa no país, e Rylands ganhou prêmios por usar novas tecnologias para alfabetizar crianças. "Estou apenas usando a tecnologia para fazer as coisas básicas de forma nova. E estou tentando criar o mágico, o divertido, mais do que apenas transmitir a habilitação básica."

Mas até mesmo Rylands aceita que a tecnologia não é um remédio mágico. Pesquisas sobre o impacto da tecnologia da informação sobre o desempenho escolar mostram que algumas vezes ela ajuda e outras vezes, não. Os críticos dizem que isso acontece porque ainda não estamos utilizando a tecnologia da maneira certa, mas também é claro que a mídia digital tem seus limites como dispositivo de aprendizagem e que, em muitos cenários, a instrução da vida real, com as mãos na massa, nunca será ultrapassada. Isso é especialmente verdadeiro para crianças menores. Uma experiência pedagógica propôs-se a ensinar dois grupos de crianças entre 12 e 15 meses de idade a como usar um boneco. O primeiro grupo observou um vídeo de demonstração, enquanto o segundo observou uma pessoa atuando sob as mesmas instruções. O segundo grupo aprendeu a manipular o boneco depois de uma única lição. As crianças colocadas diante da tela precisaram de seis exibições para aprender.

Em um mundo cada vez mais interligado, as escolas já estão tomando medidas para ajudar as crianças a chegarem a uma relação equilibrada com a tecnologia. Muitas já proibiram os telefones celulares na sala de aula. Algumas universidades bloquearam o acesso sem fio à internet nas salas de aulas expositivas, para encorajar os estudantes a ouvir, em vez de passarem o tempo atualizando sua página no Orkut ou no Bebo.

Outra forma das escolas combaterem a sobrecarga de tecnologia é ancorar parte do currículo na mãe natureza. Já vimos como alunos da pré-escola se desenvolvem em creches ao ar livre, pois o mesmo se aplica às crianças mais velhas. Aventurar-se em ambiente aberto permite que as crianças, que normalmente passam tanto tempo presas dentro de casa, desabafem; também possibilita um aprendizado rico, pelas próprias mãos. Um estudo de 2002, feito em 150 escolas elementares e médias de 16 estados norte-americanos, descobriu que recorrer à natureza para ensinar parte do currículo faz com que as notas subam em ciências, língua inglesa, estudos sociais e matemática. Também melhorou notadamente o comportamento dos estudantes. Depois que uma escola introduziu um programa ao ar livre, os castigos disciplinares diminuíram 90%.

A exposição à natureza, mesmo que isso signifique passar apenas uma hora por semana em uma pequena horta atrás da escola, também dá à criança uma compreensão sobre como a terra funciona e como a humanidade tem um papel na sua preservação. Ensina-lhes que peitos de frango não vêm de bandejas embrulhadas em plástico e que as batatas fritas são feitas de batatas que crescem no solo. Se quisermos salvar o planeta, as futuras gerações precisam abrir um espaço para a natureza em suas vidas urbanas *high-tech*.

Escondida nas montanhas ao norte de Taiwan, a Forest School é um oásis *low-tech* em uma sociedade escravizada pelas telas eletrônicas. Como o nome sugere, os alunos, com idades entre 6 e 12 anos, passam muito tempo ao ar livre, subindo em árvores, chafurdando em pântanos e estudando a natureza de perto, como as crianças da Lakeside School, em Zurique. Muitos projetos pedagógicos de turma e deveres de casa são feitos na floresta. Apesar de os professores às vezes valerem-se de vídeos em suas aulas e de a escola exibir um filme por semana, a televisão, os videogames e os computadores estão proibidos.

Marquei um encontro com alguns dos pais e alunos da Forest School em um escritório no centro de Taipei. Quando chego, as crianças estão correndo pela sala e escondendo-se atrás de mesas, rindo de um personagem que inventaram. Não há um único Nintendo à vista. O diretor da Forest School, Ching-lan, me diz que os graduados ganharam a reputação de serem membros de equipes articulados, que adoram aprender, conhecem suas próprias forças e fraquezas e têm uma forte sensibilidade ambientalista. Também estão completamente familiarizados com a tecnologia, porque a maioria deles tem computadores e televisões em casa. A Forest School conta atualmente com uma longa lista de espera para matrículas.

Um dos meninos que estava lá, Hong, tem 9 anos. Abençoado com olhos dardejantes e um riso contagioso, ele parece pertencer a uma espécie diversa das crianças que se costuma ver plugadas em Game Boys por toda a cidade. Ele me conta como se diverte na Forest School. "Podemos sair ao ar livre e brincar a qualquer instante." Sente-se prejudicado pela proibição da tecnologia? De maneira nenhuma. Ele usa o computador e vê televisão em casa. "Na escola nós nos divertimos e aprendemos muito sem computadores", diz ele, antes de inclinar-se para me cumprimentar e reunir-se com seus colegas.

Um sorriso passa pelo rosto de sua mãe. "Hong tem a vida inteira para ficar sentado diante das telas. Por que deveria passar toda a sua infância fazendo o mesmo?"

6

ESCOLA:
época de provas

Educação é o que fica depois que se esquece tudo que se aprendeu na escola.

ALBERT EINSTEIN, CIENTISTA

HÁ POUCO TEMPO, MARILEE JONES ESTAVA EXAMINANDO O CORREIO em seu escritório do Massachusetts Institute of Technology (MIT). Fazia poucas semanas que a faculdade enviara aos que haviam feito solicitação de matrícula a fornada anual de cartas de aceitação e rejeição e, como Decana de Admissões, ela estava preparada para a exposição às habituais reações dos candidatos desapontados. Alguns ligam chorando, outros enviam cartas venenosas. Nesse dia, porém, uma missiva se destacou das demais por sua gravidade. O pai de um candidato havia escrito apenas três breves frases no papel de carta timbrado de sua empresa:

"A senhora reprovou meu filho. Ele está destruído. Vejo-a nos tribunais."

Depois de quase três décadas nesse trabalho, Marilee Jones já estava calejada, de modo que a ameaça de um processo não a impediu de dormir naquela noite. Na manhã seguinte a promessa de ação legal pareceu-lhe ainda mais improváve quando recebeu a carta que lhe mandou o filho do Pai Enfurecido. Ela resumia-se apenas a duas frases: "Obrigado por não me aceitar no MIT. Este é o melhor dia da minha vida."

Marilee Jones contou-me esta história durante o café da manhã em Palo Alto, na Califórnia. Ela tinha vindo fazer uma conferência sobre como a obsessão com o sucesso acadêmico está tirando a alma das escolas — e das crianças que as frequentam. E usou o Pai Enfurecido como um exemplo do que acontece quando as notas das provas e a aceitação pela faculdade "certa" tornam-se fins em si mesmos. "Chegou-se a um ponto em que não se trata mais das crianças ou do que é bom para elas; trata-se do que os pais querem; trata-se de que a mamãe possa contar às amigas que sua filha foi aprovada no exame de admissão às faculdades, o SAT, ou de que Papai se gabe de como seu filho entrou no MIT ou em Harvard. O que aconteceu com a educação pela educação? Quando foi que a paixão de nossas crianças por aprender, por encontrar um objeto de estudos que realmente lhes interesse, foi abandonada em troca da corrida para construir o melhor currículo?"

Lamento similar pode ser ouvido nos lares, nas escolas, nas universidades e nos grupos de pesquisa interdisciplinar em todo o mundo. No alvorecer do século XXI, as apostas acadêmicas parecem mais elevadas do que nunca. As escolas empurram as crianças para dominar a leitura, a escrita e os números cada vez mais cedo, deixam de lado a arte, a música e até mesmo os recreios para encher os jovens de trabalho extra. E educar uma criança está mais caro do que nunca. De Manchester a Montreal ou Melbourne, os pais assumem hipotecas colossais para comprar casas nas proximidades das mais cobiçadas escolas públicas. O ensino particular é uma indústria global em crescimento. Famílias na China gastam hoje em dia um terço de sua renda com educação.

Considerar as notas dos exames uma questão de vida ou morte é uma velha tradição no Extremo Oriente, onde as culturas locais tradicionalmente conferem um alto valor ao trabalho duro e à competição. Há mais de um milênio, os chineses forçam seus jovens a uma exaustiva corrida de obstáculos com exames sucessivos, premiando com postos de elite aqueles que chegam ao final da corrida com boa classificação. E o modelo chinês, com sua insistência no aprendizado por repetição, espalhou-se pela Ásia oriental, condenando muitas crianças da região a longas horas nas salas de aula e a uma vida que chegou a ser conhecida como "o inferno dos exames". Na Coreia, o dia do exame de ingresso na universidade é um evento nacional, que a televisão transmite ao vivo dos portões das faculdades e em que patrulhas especiais da polícia escoltam os estudantes até os locais de exame. As mães coreanas começam a rezar por notas máximas cem dias antes dos exames, o que não é nada comparado com o suadouro sobre-humano de seus filhos. Os estudantes coreanos se incentivam com um mantra terrível: "Durma quatro horas e passe, durma cinco horas e fracasse."

Tradicionalmente o Ocidente tem se mostrado menos frenético: o sucesso acadêmico só se tornou de fato uma preocupação dos pais no século XX. E nos anos 1960 e 1970 muitas escolas ocidentais se apegaram ao ideal de Rousseau de liberdade e de educação centrada na criança, com ênfase na criatividade e na espontaneidade, e uma atitude não conformista no que diz respeito à disciplina, ao aprendizado por repetição e aos exames. Mas então veio a reação violenta. Nos anos 1980, os governos de países de fala inglesa começaram a impor cargas de trabalho mais pesadas, mais provas e mais tempo na sala de aula.

Essa virada do tipo volta aos primórdios foi parcialmente guiada pelo medo de que as crianças esforçadas da Ásia oriental estivessem avançando nas pontuações internacionais de desempenho acadêmico. A crescente ansiedade dos pais, mesclada com preocupações sobre a competitividade econômica, também desempenhou um papel, como o fez a tendência moderna para a medição e avaliação de competidores. Em 2000, a Organização para a Cooperação e Desenvolvimento Econômico (OECD) começou a publicar os resultados do Programa Internacional para Avaliação de Alunos (PISA), que submete aproximadamente um quarto de milhão de estudantes de 15 anos de idade, em todo o mundo industrial, aos mesmos exames de leitura, matemática e ciências. Apesar do grande ceticismo de educadores e especialistas quanto à eficácia disso, os resultados do PISA tornaram-se um talismã, indo às manchetes dos jornais e instaurando em nações com baixa pontuação o pânico com respeito aos padrões decrescentes. Na Dinamarca, por exemplo, resultados medianos no PISA despertaram o receio de que as escolas dinamarquesas revelavam preocupação exagerada com a felicidade dos alunos. Em países como a Inglaterra, a moda de classificar publicamente as escolas alimentou uma competição renhida para conseguir ingressar nas instituições que estão no alto das listas.

Na pressa para elevar os padrões acadêmicos, porém, algumas questões fundamentais foram deixadas de lado: toda essa pressão, exames e avaliação dos competidores realmente funcionam? Fazem as crianças ficarem mais felizes, saudáveis e espertas? Criam melhores trabalhadores e cidadãos? As pontuações mais altas nas provas significam que os padrões acadêmicos foram aprimorados? Em todo o mundo, pais e educadores estão chegando à conclusão de que a resposta para tudo isso é não.

Não nos deixemos arrebatar. A verdade é que há séculos a educação formal vem tendo uma duvidosa acolhida pela crítica. Shakespeare escreveu sobre o menino "que se arrasta como um caracol, sem o desejar, para a escola". Também é antiga a história de desqualificar a própria ideia de sentar-se em uma sala de aula como absurda e até mesmo nociva. Mark Twain disse, gracejando, que "nunca deixei que a minha escolarização atrapalhasse a minha educação". Por gerações, críticos atacaram as escolas, dizendo que falhavam em educar as crianças adequadamente, colocavam ideologias na frente do aprendizado, deixavam que os padrões caíssem. E terá existido alguma vez um tempo em que os professores não se queixassem sobre suas condições de trabalho?

No entanto, hoje em dia, há alguma coisa que definitivamente está fora de lugar. Mesmo quando investem em balões de ensaio educacionais, as escolas do mundo inteiro falham em produzir um número suficiente de crianças que sejam bem informadas, articuladas, criativas, disciplinadas, éticas e sedentas de aprendizado. Em vez de serem os últimos na longa linha de Cassandras carpideiras, críticos como Marilee Jones acertaram em cheio.

Considerem os fatos. Colar nos exames parece estar em voga na vida escolar, especialmente entre alunos dos primeiros lugares, onde a pressão por competir é mais forte. Quase três quartos dos estudantes canadenses admitiram recentemente ter praticado sérios atos de fraude em trabalhos escritos quando estavam na escola secundária. Em uma renomada escola secundária da Califórnia chamada Monta Vista, o número de estudantes que confessou, em uma pesquisa feita sob anonimato, ter colado em provas e exames finais duplicou entre 1996 e 2006. Por todo o mundo, a fraude escolar aumenta, desde pais que ajudam os filhos além do recomendado com os deveres de casa até alunos que plagiam trabalhos da internet ou enviam e recebem mensagens durante os exames. E isso continua depois da escola. Em 2007, funcionários revelaram que 5% dos candidatos a Oxford e Cambridge embelezaram seus formulários de admissão com material tirado da internet. Explicando por que queriam estudar química, 234 candidatos citaram palavra por palavra o mesmo exemplo — "fiz um buraco no meu pijama quando tinha 8 anos" — como experiência formadora. Uma vez dentro da torre de marfim, os estudantes continuam a procurar atalhos para o topo. Muitos sites da internet agora oferecem trabalhos escritos para serem encomendados pelos estudantes, com preços que variam de poucas centenas de libras por um trabalho ou redação até 5 mil libras por uma dissertação.

No topo de todo esse plágio, o crescente uso de drogas, tais como Provigil e Adderall como "ajuda para o estudo", faz piada sobre a possibilidade de um jogo equilibrado na sala de aula. A Federação Mundial de Xadrez submete os competidores a exames para determinar se houve a utilização de Ritalina. Será que daqui a pouco as crianças precisarão apresentar amostras de urina na porta da sala de prova?

Claire Cafaro, orientadora de uma escola secundária em Ridgewood, Nova Jersey, observa como a competição frenética jogou a ética pela janela. "Antigamente, se uma criança fosse surpreendida colando, nós chamaríamos os pais, e eles ficariam gratos e desejariam saber como poderíamos combater o problema juntos. Hoje, eles são capazes de perguntar se temos prova de DNA da cola, ou quais são exatamente nossos procedimentos de segurança; ou então dizem para que falemos com seus advogados."

Quando a sala de aula se transforma em um campo de batalha em que o vencedor leva tudo, as amizades ficam prejudicadas. Em um relatório da Unicef de 2007 sobre a condição da infância no mundo industrial, os pesquisadores perguntaram a crianças de 11,13 e 15 anos se elas se sentiam "solitárias" e se seus colegas eram "gentis e prestativos". Será coincidência que países que dão ênfase à competição escolar e aos resultados de exames, como Inglaterra, Japão e Estados Unidos, tenham obtido alguns dos piores resultados?

A cultura escolar de triunfar a qualquer preço cobra um tributo das crianças de todas as idades. A competição pode ser um vantajoso estímulo ao estudo, mas começa a falhar quando o limite é colocado tão alto que só servem as pontuações perfeitas nos exames. O sentimento atormentado de nunca ser suficientemente bom foi capturado em um recente lamento de um estudante competente da escola Monta Vista: "Lembro-me da época... em que não era necessário dormir apenas quatro horas para mostrar aos meus pais que de fato eu estava fazendo um esforço honesto de estudar. Lembro-me de quando não era necessário tirar notas máximas ou ingressar em um admirável programa honorífico em alguma universidade de elite para que eles se orgulhassem de mim." Enquanto isso, os alunos que não conseguem ou não fazem o necessário para serem estudantes nota 10, podem simplesmente perder o ânimo. "Algumas vezes sinto como se estivesse falhando na vida", diz outra adolescente da Califórnia. "Fico acordada até as 3 horas da manhã fazendo o dever de casa, pelo qual nunca consigo as melhores notas; faço esporte, mas nunca serei titular do time; e pareço estar perdendo contato com todos os meus amigos. Será tudo decepção a partir daqui? É o que eu mais temo." Essa desesperança aparece mais vivamente no Extremo Oriente, que tem visto uma explosão no número de crianças que abandonam a escola ou cometem suicídio. Na alta pressão de Hong Kong, quase um em cada três adolescentes tem pensamentos suicidas. Por toda a Ásia, crianças alienadas se voltam para a violência e o crime. Confrontado com relatórios de que até 5% de suas crianças agora pertencem a gangues violentas, o governo da Coreia do Sul, uma nação que se orgulhava da deferência e disciplina de seus jovens, estabeleceu uma força-tarefa especial para enfrentar o problema em 2005.

Ao mesmo tempo, o argumento de que mais exames e trabalho duro são a melhor forma de modelar a mente dos jovens para a vida no século XXI está começando a desgastar-se. Lembram-se daquele relatório do King's College que sugeria que o desenvolvimento cognitivo das crianças inglesas é diminuído porque passam muito pouco tempo brincando ao ar livre? Bem, outros pesquisadores pensam que parte da culpa também pode estar em nossa obsessão com o excesso de obrigações escolares e com os resultados das provas. "Ao darmos ênfase apenas ao básico — ler e escrever — e ao darmos provas como loucos, reduzimos o nível de estímulo cognitivo", diz Phillip Adey, professor de educação do King's College. "As crianças conhecem os fatos, mas não estão pensando muito bem."

O enfoque nos exames pode deturpar as prioridades na sala de aula, encorajando os professores a ensinarem para as provas mais do que promoverem realmente o aprendizado, a imaginação e a solução de problemas. Há um século e meio, a Inglaterra tentou remunerar os professores de acordo com a forma como seus alunos respondiam às perguntas feitas por inspetores visitantes. As escolas, em resposta a isso, investiram no aprendizado por repetição e começaram a encorajar os alunos mais fracos a faltarem às aulas durante os dias de inspeção. Hoje em dia, com tantos projetos de fama e dinheiro apostados nos resultados dos exames, educadores em todo o mundo têm sido surpreendidos fazendo o mesmo ou pior. Um professor da quarta série em Spokane, no estado norte-americano de Washington, recentemente revelou a seus alunos, antecipadamente, as respostas da parte matemática de um exame público promovido pelo Estado e permitiu que alguns deles trocassem respostas durante a própria prova. Os investigadores relataram que, na sessão em que se pedia aos estudantes para mostrarem como fizeram seu trabalho, um deles escreveu: "Meu profçor [*sic*] me disse." Na Inglaterra, o diretor de uma escola primária foi surpreendido ajudando os alunos a obterem aprovação nos exames do SAT de ciências e matemática. O Japão foi recentemente abalado pela revelação de que centenas de suas escolas permitiam que os alunos faltassem às aulas para terem mais tempo de estudar para os notoriamente competitivos exames de ingresso na universidade realizados neste país.

E existe o inconveniente básico das provas: o que elas medem melhor é a capacidade que cada criança tem de fazer provas. É disso realmente que necessitamos na Nova Economia? No futuro, as maiores recompensas não irão para os homens que dizem sim, que sabem como dar uma resposta pronta, mas para os criativos, os inovadores de mente rápida que podem pensar interdisciplinarmente, mergulhar em um problema apenas para resolvê-lo e apreciar o desafio do aprendizado durante toda a vida. São as pessoas desse tipo que vão criar o próximo Google, que inventarão um combustível alternativo ou realizarão um plano para acabar com a pobreza na África. O problema é que a pressão e o escrutínio incessantes podem fazer as crianças ficarem menos criativas: em lugar de se arriscarem ou expandirem suas fronteiras, elas optam pela resposta que equivale a uma estrela de ouro e a um tapinha nas costas. O filho de 17 anos de um casal que conheço pediu aos pais que não falassem com ele sobre qualquer tema de literatura, história ou arte que não estivesse no currículo da escola particular em que ele estuda em Londres. "Ele está preocupado, pensando que não passará em suas provas", disse seu pai. "Uma parte de mim admira a capacidade que ele tem de focar, mas é bem deprimente que a educação tenha se tornado tão limitada." O empanturramento educativo insensato também deixa menos tempo para que se desenvolva o quociente de inteligência emocional (QE) — a capacidade de gerenciar relacionamentos. No local de trabalho moderno, onde a operação em rede e a inovação em grandes equipes são cruciais, o QE é, no mínimo, tão importante quanto o QI.

Já vimos que evitar provas e competição em favor da colaboração e que o aprendizado centrado na criança contribuem positivamente na pré-escola. O mesmo é verdade para os anos seguintes. Um importante estudo, publicado em 2006, examinou uma grande amostra de crianças que participaram de um sorteio para frequentar uma escola montessoriana em Milwaukee, no estado norte-americano de Wisconsin, comparando os vencedores, que obtiveram vagas, com os perdedores, que frequentaram uma escola comum. O fato de que todos tenham escolhido participar do sorteio significa que vieram de lares com similares aspirações dos pais.

Aos 12 anos, as crianças dos dois grupos pesquisados estavam mais ou menos igualadas em matemática e leitura, e em ditado, pontuação e gramática também apresentavam resultados similares. Mas quando se tratava de textos escritos, as crianças montessorianas estavam bem na frente, seus trabalhos escritos eram marcadamente mais criativos e suas frases, mais complexas. Também manejavam melhor os conflitos sociais e se sentiam mais respeitadas e apoiadas em sua escola. "Quando ensina para a prova, você produz crianças que podem passar em provas", diz uma professora montessoriana de Toronto. "Quando se esquece a prova e se ensina à criança, você produz uma pessoa completa."

Avaliação escolar excessiva também pode acabar com a alegria do aprendizado. Dezenas de estudos mostraram que quanto mais as pessoas são encorajadas a procurar resultados e prêmios — digamos, uma nota 10 no boletim —, menos interesse elas têm no próprio trabalho. Em concursos internacionais, estudantes da Ásia oriental obtêm notas próximas à máxima em matemática e ciências e, no entanto, ficam entre os últimos quando se trata do prazer de lidar com essas matérias. Poderia isso explicar por que relativamente poucos deles se dedicam à pesquisa depois da graduação e por que famosos cientistas e matemáticos do leste asiático têm pouca experiência em pesquisa de campo? Ou por que um país como o Japão produziu tão poucos ganhadores do prêmio Nobel em qualquer área? Formados segundo a tendência de alfabetizar com muitos testes, ingleses de 10 anos de idade chegaram ao terceiro lugar em concursos internacionais de leitura, mas classificaram-se muito mal quando se verificou o prazer de ler fora da escola. Parece que esquecemos a lição de Platão: a chave da educação é "fazer com que as crianças queiram saber o que precisam saber".

Para ver como as atitudes em relação à educação estão mudando e para descobrir o que faz um sistema escolar bem-sucedido, empreendi uma viagem ao redor do mundo. Minha primeira parada foi na Finlândia. Esse país de 5 milhões de pessoas, no limite norte da Europa, parece ter conseguido chegar ao nirvana educacional. Nas notas das provas do PISA, os alunos finlandeses rotineiramente ficam em primeiro ou segundo lugar em todas as categorias: matemática, alfabetização e ciências. A Finlândia tem uma das taxas mundiais mais altas de graduação universitária *per capita* e também possui uma economia dinâmica, com criativas empresas *high-tech* como a Nokia. Naquele relatório da Unicef de 2007, as crianças finlandesas apareciam em terceiro lugar como as mais felizes entre as que vivem em nações desenvolvidas.

Tudo isso fez da Finlândia outra meca para observadores da área de educação. A cada ano, mais de 1.500 delegados estrangeiros, de mais de cinquenta países, vêm desvelar os segredos do "milagre finlandês". E existem algumas lições a serem aprendidas. Uma delas é que existe uma alternativa concreta no que diz respeito às crianças, para o enfoque do tipo começar-cedo-com-elas e tratá-las duramente. Num violento contraste com seus colegas de muitos outros países, as crianças finlandesas não entram para a escola formal até completarem 7 anos. Passam o começo da infância em casa ou em pré-escolas onde brincar é a regra. Quando elas finalmente chegam à escola, o horário escolar é curto, as férias, longas, e há muita música, artes plásticas e esportes.

A Finlândia também reduz a competição a um nível mínimo. Lá, é claro, controla-se o desempenho de cada escola individualmente, mas os resultados não são publicados. A não ser que os pais peçam, os estudantes não ganham notas até que tenham 13 anos; em vez disso, eles recebem relatórios escritos de seus professores e fazem autoavaliação ao estilo Reggio desde pequenos. A Finlândia não possui programas de alocação de crianças adiantadas, mantendo-as todas juntas até o secundário. Os deveres de casa também são leves, pelos padrões internacionais. A Finlândia é aquele lugar raro, uma zona livre do Kumon. Professores particulares praticamente não existem, porque até mesmo os mais ambiciosos dos pais finlandeses esperam que o sistema escolar cumpra o seu papel. "Mandar minhas crianças para um professor particular seria como comprar uma casa nova e depois ter que pagar um lugar para morar a cada ano", diz um pai, um bem-sucedido executivo de Helsinque. "De todas as formas, é melhor para as crianças livrar-se de qualquer atividade acadêmica fora da escola, para terem tempo de descansar ou brincar, para serem apenas crianças."

Outra lição da Finlândia é que todos se beneficiam quando a condição de professor é vivida com autoestima. A competição pela formação de professor é bem dura lá, e os que são aceitos estudam por cinco anos antes de se qualificarem. A maioria dos pais finlandeses tem fé em que os professores farão o melhor pelas suas crianças. A Finlândia também evitou a tentação de impor um currículo obrigatório em todo o país. Suas escolas têm muita liberdade para determinar o que seus alunos estudarão, dentro de parâmetros nacionais muito abrangentes. Uma das conclusões a que chegou o PISA é que as melhores escolas, públicas ou particulares, usualmente têm ampla autoridade sobre seu currículo e seu orçamento.

O mais admirável de tudo é que as provas têm prioridade baixa na Finlândia. Com exceção dos exames finais que realizam ao terminarem o secundário, as crianças finlandesas não enfrentam testes padronizados. Os professores usam questionários, e as escolas, individualmente, usam testes para acompanhar o progresso de seus alunos, mas a ideia de sobrecarregar-se de estudos preparatórios para os SAT é tão estranha na Finlândia como uma onda de calor no inverno. O que dá lugar a uma deliciosa ironia: o país que se estressa menos com competição e provas, que demonstra menor apetite por escolas muito exigentes e por aulas particulares, rotineiramente está nos primeiros lugares mundiais dos competitivos exames da PISA.

Domisch Rainer, um alemão especialista em educação que viveu na Finlândia por aproximadamente trinta anos, pensa que este paradoxo é o resultado da colocação, pelo sistema finlandês, das necessidades das crianças à frente dos desejos de pais e burocratas. "As crianças aqui não são vistas como baldes que você enche com cinco, dez ou quinze aulas por semana e depois avalia com testes e mais testes. Você não pode obrigar uma criança a crescer mais rápido apenas para adaptar-se ao seu sistema, ao seu cronograma ou ao seu ego; é preciso descobrir como as crianças aprendem melhor. Muitos países se esqueceram disso."

Para ver esta filosofia em ação, fui para o norte de Helsinque, para Vantaa, a quarta maior cidade do país. Meu destino é Viertola, uma escola para crianças de 7 a 13 anos, situada em um bairro onde vivem profissionais e trabalhadores de serviços do aeroporto próximo e uma pequena quantidade de imigrantes da Europa Oriental e da África.

O diretor, Pekka Kaasinen, me recebe com uma camisa vermelha de mangas curtas e sandálias com meias pretas. Bem-arrumado e cordial, com um molho de chaves pendurado no pescoço, ele me lembra um velho professor de educação física que tive. Entramos no edifício de tijolos e passamos por bem-arrumadas fileiras de sapatos. Para criar uma atmosfera relaxada, as crianças finlandesas tiram seus sapatos na escola, assim como o fazem em casa.

Kaasinen está estarrecido com a alucinada corrida escolar, que prende a atenção de tantos países. Ele crê que o primeiro trabalho de uma escola é alimentar a paixão pelo aprendizado mais do que fazer crianças passarem em exames. "A competição é boa para alguns, mas não para outros; assim, é melhor que não haja muita. Nossos professores sabem o que as crianças podem e não podem de qualquer jeito, de modo que as provas não acrescentam muito." Ele pensa que separar as crianças por capacidade desmoraliza os menos capazes e os que se desenvolvem mais tarde. Em Viertola, os professores dão ajuda extra aos estudantes mais fracos e trabalhos extras para os gênios escolares na mesma sala de aula. Isso mantém todos os alunos empenhados, o que, por sua vez, impede que os pais ou a equipe lancem mão da caixinha de remédios. Dos 470 alunos de Viertola, apenas dois tomam Ritalina. "Temos bons resultados porque tomamos conta de todos. A chave é que todas as crianças estejam na mesma sala, juntas — afinal de contas, assim é a sociedade." Os estudos da OECD confirmam isso: um número maior de estudantes tem sucesso em países que evitam o exagero curricular.

Depois de nossa conversa, assisto a uma aula de inglês para crianças de 13 anos. Ela acontece em uma sala de aula bastante tradicional — mesas colocadas em fileiras, um quadro-negro de frente para a classe, uma janela que dá para o pátio. Em uma das paredes está pendurada uma série de haikais, uma forma poética de origem japonesa, que as crianças escreveram na semana anterior para praticar o vocabulário inglês. Um deles diz: "A Horse, hungry heavy, hears help hits, heavily happily, an Animal..."[5] A atmosfera da aula é de uma agradável mistura de disciplina e digressão: apesar da

[5] "Um cavalo, faminto, pesado, escuta pedidos de socorro, pesadamente, felizmente, um animal." (*N. do T.*)

professora deter claramente o controle, ela não fala autoritariamente com os alunos. Não há livros didáticos à vista porque hoje as crianças vão ler em voz alta e discutir suas pequenas redações sobre "Meu Lugar Favorito". Na conversação alternam-se finlandês e inglês. Uma menina descreve a "vegetação rasteira emaranhada" perto da casa de verão de sua família. Um menino fala sobre o lugar em sua mente onde "tudo é quieto e aberto" e "de onde vêm as minhas melhores ideias".

Depois, entrevisto alguns dos alunos em uma sala de aula vazia. Patrick, um menino de 13 anos com olhos inquisidores e cabelo castanho meio despenteado, assistiu recentemente a um documentário sobre a infância em todo o mundo. Ele está chocado com a pressão que as crianças enfrentam em outros países. "Isto me fez sentir que temos muita sorte na Finlândia, porque não precisamos nos preocupar o tempo todo com exames e notas. Em vez de competir uns com os outros, podemos competir com nós mesmos, que é a melhor forma de aprender."

Jari, seu colega de sala, concorda: "Se a escola se parecer muito com uma corrida, você fica cansado e aproveita menos. Sei que aprendo melhor quando estou me divertindo."

A educação finlandesa também tem seus críticos. Alguns dizem que ela exige demais dos alunos fracos e pouco dos alunos mais fortes, que poderia fazer mais para estimular a criatividade e a resolução de problemas, que os professores finlandeses gostam demais do método de instrução com giz e voz. Estranhamente, dada sua sede de tecnologia, os finlandeses demoraram bastante até conectar suas salas de aula à internet.

Mais estranho ainda, as muito bem-sucedidas escolas finlandesas estão começando a enfrentar a mesma pressão dos pais que deforma a educação em outros países. Os professores mais velhos de Viertola notam a mudança. Os pais de hoje, dizem eles, querem interferir mais, questionam as notas, pedem tratamento especial para seus filhos, fazem pressão para que haja mais verificações da qualidade do ensino, mais deveres de casa e ensino suplementar de idiomas. Alguns estão pedindo ao Estado que siga o exemplo inglês e que dê notas às diferentes escolas publicamente. A equipe de Viertola se preocupa com o futuro. "Nosso sistema educacional tem erros, mas é muito forte", diz uma professora. "Temos que ter fé no que funciona, em vez de tentar melhorá-lo copiando os erros de outros países."

No momento, porém, a Finlândia permanece mais no lugar de líder do que de seguidora. Alguns dos princípios diretores de seu sistema educacional — menos provas, menos pressão competitiva, menos trabalho duro — exercem influência em todo o mundo. O exigente programa de Bacharelato Internacional, que se aplica a mais de meio milhão de estudantes em 124 países, podou sua carga de trabalho nos últimos anos. Gales descartou os exames padronizados para crianças de 7 anos e tornou opcionais os exames para crianças entre 11 e 14 anos. Em 2009, os adolescentes ingleses terão um terço menos de exames em seus dois anos finais de escola. Nos Estados Unidos, a despeito da fé da burocracia educacional nos exames padronizados, as escolas particulares e as universidades estão dando menor peso às notas nos exames ao selecionarem seus alunos.

Até mesmo os países que já levaram a alcunha de "inferno de exames" estão perdendo a fé nas provas como única medição do valor de uma criança. Pais da Coreia do Sul, da China e de outros países orientais estão mandando suas crianças estudar em países ocidentais, onde a pressão escolar é menos intensa. Mudanças também estão sendo feitas em casa. As escolas secundárias de Cingapura agora selecionam alunos mais por suas atitudes individuais do que por seu desempenho em exames padronizados. Funcionários dessa afluente cidade-Estado falam em mudar de uma meritocracia de exames para uma meritocracia de talentos. "Se contarmos apenas com as provas nacionais como meios para [medir as crianças]... isto pode ser transparente e simples, mas tenderá a estreitar nossa definição de talento e, assim, a nossa definição de sucesso", diz Tharman Shanmugaratnam, o ministro de Educação do país. "Tudo fica um pouco vago quando você muda de um sistema que lida com eficiência para um sistema que lida com escolha. Acho que isso é bom; torna indistinta a identidade, a definição; ninguém recebe uma etiqueta, ninguém é considerado de acordo com a corrente em que está. Trata-se de um conjunto de talentos que precisam ser alimentados." Adeus, Criança Gerenciada! Alô, crianças!

O Japão está ainda mais avançado na estrada da reforma, e sua experiência ressalta os benefícios e os perigos ocultos de se assumir um enfoque mais relaxado em relação à educação. O país vem tentando diminuir a carga acadêmica há anos, mas o grande salto aconteceu com a revolução *yutori kyoiku* (a educação livre de pressão) de 2002. O horário escolar diminuiu quase um terço, o que incluiu a abolição das aulas aos sábados, e a abrangência das matérias abordadas foi igualmente reduzida. Também se introduziu uma aula de estudos gerais destinada a ensinar as crianças a usarem o conhecimento de várias disciplinas para resolver problemas. O objetivo era claro: dar às crianças japonesas o tempo e o espaço para crescerem completas e com sede de aprendizado.

Na prática, no entanto, a *yutori* teve um percurso acidentado. A notícia de acabar com as aulas aos sábados foi malrecebida por muitos pais japoneses, que não tinham nem o tempo nem a inclinação para cuidar de seus filhos por mais um dia na semana. Os críticos avisaram que os padrões acadêmicos iriam cair, um temor que pareceu se confirmar quando a posição internacional do Japão em leitura e em ciências sofreu um escorregão. Para compensar, muitos pais mudaram suas crianças para escolas particulares. Outros aumentaram as horas que seus filhos passavam em *juku* locais, as escolas preparatórias para exames. Graças parcialmente à pressão de pais ansiosos, muitas escolas públicas aumentaram por sua conta as horas de ensino. Recuo similar foi ao encontro da decisão da Coreia do Sul, em 2003, de abolir as aulas aos sábados.

Mas a *yutori* também tem seu lado bom. Estudos feitos pelo Ministério de Educação do Japão sugerem que reduzir o estudo baseado em livros didáticos e a competição na sala de aula é estimular um desejo de aprender mais, além de apenas estudar para as provas. Muitos pais japoneses dizem que o regime *yutori* ajudou suas crianças a pensar mais criticamente e a empenhar-se com mais dedicação com seu material escolar. Alguns jovens japoneses têm mais tempo livre para descansar, ficar à toa ou passar algum tempo com suas famílias. Também há sinais de que a *yutori* melhorou o desempenho escolar. Em recentes provas de aptidão, as crianças japonesas da quinta à nona séries tiveram uma pontuação maior em todas as 23 matérias (a não ser em estudos sociais e em matemática na sétima série).

Para onde o Japão vai a partir daqui é difícil dizer. Em 2007, o então primeiro-ministro Shinzo Abe propôs aumentar as horas de aula em 10%, dizendo que as crianças japonesas precisavam trabalhar mais duramente. Mas, ao mesmo tempo, reconheceu a necessidade de limitar o trabalho duro e o clima competitivo nas escolas. Essa sua posição é indício da tensão sentida pelos pais e pelos políticos em todo o mundo: saber instintivamente que as crianças têm limites, mas sentir que não há opção além de forçá-las mais e mais.

Se o Japão conseguirá o equilíbrio certo ainda se está por saber, mas enquanto isso o vento da *yutori* está soprando sobre a Ásia oriental, com outros países procurando formas para diminuir a pressão nas salas de aula. A Coreia do Sul deu uma afrouxada em seu sistema educacional para estimular a criatividade e encorajar um leque mais amplo de aprendizado, e reduzir a ênfase nos resultados das provas para o ingresso nas faculdades. Por toda a Ásia oriental, escolas particulares estão florescendo e oferecem uma educação livre de pressões.

Até mesmo algumas das escolas da região mais orientadas para resultado estão aproveitando alguma coisa dos ensinamentos *yutori*. Vejam a poderosa Minjok Leadership Academy, um campo de treinamento para os aspirantes a senhores do universo da Coreia do Sul. Vestidos com o tradicional traje Hanbak, os alunos devem falar apenas inglês das 7 horas da manhã até as 18h30, aprender a tocar instrumentos tradicionais e dominar a arte do *tae kwon do* ou do tiro com arco e flecha. Mesmo a este baluarte confucionista, porém, o diretor Lee Don-Hee, um ex-ministro de Educação coreano, trouxe um pouco de luz, introduzindo exames sem supervisão e um conselho de estudantes. Ele também ampliou a rede de admissões. Por quê? "Porque eu queria descobrir jovens talentosos, não gênios que tinham sido produzidos por seus pais." Lee utiliza a retórica *yutori*, que há pouco tempo era heresia na Coreia: "A escola faz o melhor que pode para ajudar os estudantes a gostar do aprendizado... e não para obrigá-los a estudar sob pressão."

Os alunos da Minjok deram as boas-vindas à mudança. Dong-sun Park, um desengonçado rapaz de 17 anos que espera um dia ser um modelo de executivo no mundo dos negócios coreano, acredita que a pressão acadêmica é uma faca de dois gumes. "Um pouco de pressão é bom, mas se você está sempre aprendendo sob muita pressão, acaba não sendo um aprendizado verdadeiro. Você só pode dar o melhor de si quando sente que está trabalhando para si mesmo e não para os professores ou para seus pais."

Esse sentimento anima a conferência realizada em Palo Alto, onde encontrei Marilee Jones. Ela foi financiada por um grupo cujo nome dispensa explicações: Stressed Out Students, SOS, estudantes estressados. Várias escolas dessa parte da Califórnia trabalharam com o SOS para diminuir a carga sobre as crianças, com reformas que variaram desde cortar o dever de casa e diminuir as provas até repensar os horários das provas para evitar a necessidade de os estudantes terem que estudar durante feriados. Depois da conferência, fui visitar uma escola que havia adotado uma oposição mais radical.

Saratoga é o tipo de cidade que dá à Califórnia sua reputação de terra de leite e mel. Casas grandes, muitas com piscinas no quintal, sucedem-se ao longo de ruas arborizadas. Saratoga High é um edifício de um andar, situado em um parque com mesas de piquenique de metal azul que descansam à sombra de imponentes sequoias da Califórnia. O estacionamento está cheio de carros Mercedes Benz, Audi e utilitários 4x4. No entanto, essa não é uma escola onde vão parar crianças ricas e preguiçosas. Ela tem uma tradição de pressão acadêmica, conquistando algumas das melhores pontuações do SAT nos Estados Unidos, e tem colocado quase todos os seus alunos na universidade, muitos deles nas da Ivy League. O aluno mais famoso da escola, Steven Spielberg, o talentoso diretor de cinema, que, contudo, foi um estudante que não ganhou estrelas, descreveu seus anos ali como "o inferno na Terra".

Isso aconteceu nos anos 1960, mas, por volta de 1990, a pressão estava começando a cobrar tributos não apenas dos solitários sonhadores. Os alunos sofriam de doenças causadas pelo estresse ou tomavam remédios só para aguentar o dia de aula. As notas dos exames permaneciam altas, mas alguma coisa mais profunda, mais difícil de medir, estava se perdendo na corrida para tornar-se um estudante alfa. "Digamos que fosse uma falta de brilho, de criatividade ou de alegria", diz um professor. "Você podia ver isso no rosto das crianças."

Para diminuir a pressão, a Saratoga High adotou o controverso sistema dito de horário em bloco durante o ano acadêmico 2005-2006. Isso significa que, em vez de dividir o dia em períodos de cinquenta minutos, os alunos frequentavam aulas que duravam 95 minutos. Com menos aulas espremidas em uma jornada escolar média, um recreio matinal foi igualmente introduzido. O objetivo era diminuir um pouco o ritmo, dar às crianças tempo para recuperar o fôlego e se aprofundar no conteúdo dos cursos.

Apesar de as escolas em todos os Estados Unidos terem adotado o horário em bloco, ele foi muito criticado. Alguns dizem que ele deixa muito pouco tempo para abordar toda a matéria dos cursos ou que leva à descontinuidade, porque os professores não veem mais suas turmas todos os dias. Vários estudos mostraram que o horário em bloco falha quanto a elevar os resultados escolares. Mas existem escolas que se beneficiaram com ele, e a Saratoga High é uma delas. A maioria dos professores deu as boas-vindas ao novo regime. Jenny Garcia, que ensina física e química, pensa que tanto a equipe como os estudantes estão mais relaxados e, portanto, mais produtivos. "Como professores, temos mais tempo para dar notas aos trabalhos, e as crianças têm mais tempo para se desenvolver durante o dia, para se dedicar ao jogo. Acho que passo muito menos tempo motivando-os porque nós gastamos menos tempo 'começando a aula' e mais tempo aprendendo do que com o horário tradicional."

Na área de ciências humanas, os professores detectam um enfoque mais rico e criativo no trabalho da sala de aula. "Como o ritmo é menos bambambã, a qualidade das discussões na aula é melhor", diz Jason Friend, professor de inglês. "Em vez de ficarmos apenas na superfície, aprofundamos mais os temas, e as crianças claramente aproveitam mais."

Com aulas mais longas, Kim Andzalone, professor de cinema e de história dos Estados Unidos, acha mais fácil descer de sua tribuna improvisada e deixar as crianças assumirem o controle. "Nossas discussões são mais ricas e mais amplas porque as crianças agora têm tempo para digerir o material que lhes é apresentado, fazer perguntas e internalizar as ideias, em vez de apenas ficarem sentadas escutando o professor." Kim encenou recentemente um debate sobre a escravidão. O grupo pró-escravidão defendeu convincentemente que os "escravos assalariados" do século XIX estavam em pior situação do que os que eram realmente escravos nas plantações de algodão do Sul dos Estados Unidos. "É surpreendente as coisas que eles fazem. Eles apenas precisam de tempo para pensar livremente."

As pesquisas mostram que a maioria dos estudantes de Saratoga High está contente com o novo regime. As notas continuam altas, mas o estresse diminuiu. Um quarto dos estudantes afirma estar dormindo mais à noite. Minha pesquisa revela isso. Durante o intervalo do almoço, Jenny, uma estudante da 12ª série, conta que o ritmo do seu dia mudou para melhor. "Tenho menos a sensação de ser um rato correndo na rodinha de outra pessoa. Eu ganho mais com a escola." Sua amiga Susan concorda: "Estou melhor este ano porque as coisas estão mais calmas."

Amante de filosofia, Richard vale-se de uma analogia com os esportes para explicar a sabedoria que há no horário em bloco. "É como no futebol ou no basquete. Para obtermos o nosso nível máximo de desempenho, precisamos de pressão, seja do relógio ou das expectativas de outras pessoas. Mas se estamos sempre sob pressão, se estamos sempre correndo contra o relógio, então congelamos, começamos a cometer erros, não maximizamos nosso potencial como jogadores."

Decerto a Saratoga High continua sendo uma escola muito competitiva. O horário em bloco pode ter aliviado um pouco o sufoco da rotina diária, mas os alunos ainda sentem muita pressão para levarem para casa notas máximas e conseguirem ingresso em uma universidade prestigiosa. Nenhum tipo de mudança no horário pode alterar isso. John, estudante da 11ª série, assim o expressa: "Para muitos dos estudantes aqui, a questão ainda é 'como eu consigo entrar em uma universidade da Ivy?'"

Essa é uma questão que atormenta crianças e pais ambiciosos por todas as partes, porque não existe uma resposta simples para ela. Em muitos países, o processo de ingresso na universidade é anuviado por uma desnorteante aleatoriedade. Você pode passar 17 anos montando o currículo perfeito e mesmo assim não conseguir entrar na faculdade de seus sonhos. A Universidade de Princeton rejeitou quatro de cada cinco candidatos que se inscreveram em 2006. Um ano depois, uma estudante da 12ª série de Nova York enviou-me por e-mail esse despacho da linha de frente da batalha para conseguir lugar na faculdade "certa": "Acho que agora existe demasiada publicidade das faculdades. Os estudantes estão ficando loucos, tentando fazer parte de todos os clubes e de todas as atividades, e os resultados este ano mostraram que realmente não existe uma fórmula mágica. Os melhores alunos estão sendo rejeitados, enquanto estudantes mais preguiçosos entram em todas as escolas para as quais se candidataram. Tudo isso é um jogo de dados. Acho que as pessoas deveriam relaxar e só fazer o que realmente gostam. Dessa forma elas desenvolverão habilidades realmente úteis que as possam levar para a faculdade, seja esta da Ivy League ou não." Em todos os Estados Unidos, professores e orientadores educacionais relatam que mais estudantes estão começando a olhar além dos grandes nomes para achar universidades que combinem melhor com eles, em vez daquelas que fazem seus pais ficarem mais orgulhosos.

No entanto, isto não é fácil, porque uma das crenças centrais da moderna arte de criar filhos é que o pote de ouro no final do arco-íris é conseguir entrar em uma universidade de elite. Nada envaidece mais um pai do que anunciar que o Júnior começará a estudar em Oxford ou Yale em setembro. E as crianças se acostumam a isso desde cedo. Uma professora do maternal em Seattle recentemente pediu às crianças sob seus cuidados que definissem felicidade. Um menino levantou a mão imediatamente. "Entrar em Harvard", gritou ele. Tinha 4 anos.

Mas mesmo que as universidades famosas forneçam pedigree e direito a gabar-se, valerão o esforço e o dinheiro que se gasta para candidatar-se a elas e frequentá-las? Talvez não. Em faculdades renomadas, os professores muitas vezes passam mais tempo pesquisando do que ensinando. E as turmas podem ser enormes. Muitas faculdades menores, menos prestigiosas, hoje em dia oferecem uma educação de primeiro nível. Na edição de 2005 do *How College Affects*

Students, dois professores de educação superior, Patrick Terenzini, da Universidade Penn State, e Ernest Pascarella, da Universidade de Iowa, encontraram poucas evidências de que frequentar uma universidade de elite "tivesse qualquer impacto claro em áreas tais como aprendizado, desenvolvimento cognitivo ou intelectual, a maior parte das mudanças psicossociais, o desenvolvimento de uma reflexão moral fundada em princípios ou alterações de atitudes e valores". Em outras palavras, quando uma criança atingir a idade para a faculdade, a universidade que ela venha a frequentar fará pouca diferença em como ela se sairá depois da graduação.

E quanto a ganhar poder? Decerto um título de uma universidade de elite significa um posto de trabalho prestigioso e bem pago. Bom, isto pode ser verdade em culturas mais rígidas, como a da Coreia do Sul, mas parece cada vez menos garantido em outros lugares. Misturar-se com pessoas influentes de Cambridge ou Cornell tem seus benefícios, mas na economia moderna, em que as pessoas mudam de emprego de um instante para o outro e novos campos de trabalho surgem a todo instante, o desempenho significa mais do que as antigas redes de relações. Num rápido exame, apenas sete CEOs das primeiras cinquenta companhias da lista das quinhentas da revista *Fortune* obtiveram seus títulos de graduação em uma faculdade da Ivy League. Outra vez, o que parece valer mais é o tipo de pessoa que você é quando chega ao campus, mais do que o próprio campus. Um conhecido estudo feito por Stacy Dale, pesquisador da Andrew Mellon Foundation, e Alan Krueger, economista de Princeton, concluiu que a principal forma de prever uma renda maior na vida profissional após o diploma era saber se um estudante se candidatava a uma universidade de prestígio, não se ele realmente frequentava uma delas. "Essencialmente, o que descobrimos foi o fato de que se candidatar a esse tipo de lugar de elite significa que você é ambicioso e que terá sucesso na vida seja qual for a faculdade que frequente." Isso significa que o objetivo principal do nosso sistema de educação e nossa principal meta como pais não deveria ser manobrar as crianças para ingressarem em uma universidade de primeira linha. Deveria ser criar crianças imaginativas, disciplinadas, dinâmicas, com um desejo de aprender e de viver.

A obsessão por uma educação de elite também pode favorecer investimentos equivocados já nos anos que antecedem à faculdade. Um estudo de 2006 realizado em Melbourne faculta certo alívio aos pais preocupados com o fato de que seus filhos não terem conseguido entrar em uma escola particular de elite os condenará a uma vida de empregos medíocres. Os pesquisadores australianos descobriram que os estudantes de escolas públicas mais abertas eram mais bem-sucedidos em seu primeiro ano na universidade do que aqueles que provinham de escolas particulares ou seletivas. Estudos feitos na Inglaterra e em outros países sugerem que os graduados do sistema público também obtêm melhores notas. Existem várias teorias para explicar isso. Uma delas sustenta que tais resultados advêm de as escolas públicas terem menos tendência ao ensino "de estufa" e ao microgerenciamento. Os alunos aprendem a autodisciplina e a automotivação que são essenciais na universidade e mais tarde no local de trabalho.

Para fugir do enfoque da educação de alta pressão baseada em provas, muitos pais já estão tirando suas crianças da escola. Notem a tendência mundial para a educação em casa. As estatísticas são retalhadas, mas esses milhões de crianças do Ocidente agora são escolarizadas — ou desescolarizadas, como diriam alguns — em casa. O número de crianças educadas em casa na Inglaterra triplicou desde 1999. Os pais escolhem a educação no lar por muitas razões, que variam desde crença religiosa até segurança, mas muitos casais a adotam como uma forma de escapar à tirania dos exames, horários e metas.

Esse foi o estímulo para John e Margaret Burke. O filho deles, Sean, estava trazendo para casa notas decentes de sua escola pública em Manchester, mas eles não gostavam da obsessão que a escola tinha por provas. Assim, Margaret deixou seu emprego como gerente de supermercado, em 2001, e começou a educar o filho em casa. Como a maioria dos educadores do lar, os Burke deixam que a criança tome a dianteira a maior parte do tempo. Quando o apito do trem que passa por trás do parque local chamou sua atenção, Margaret e Sean ficaram alguns dias investigando a história dos motores. Isto despertou interesse pela Revolução Industrial, que levou a uma visita de toda a família à galeria de arte local para ver as pinturas de J.M.W. Turner. Sean tem boas lembranças dos seus dias de "escola". "Lembro-me da excitação de estar sempre fazendo perguntas e procurando pelas respostas. Aprendi que ter a liberdade de seguir sua própria curiosidade é saudável."

Nem tudo foi de vento em popa. No começo, os Burke foram vítimas de um dos paradoxos da educação em casa:

um grande passo tomado em nome da liberdade pode terminar expondo a criança a um maior monitoramento dos pais. "Mesmo que eu tenha tirado Sean da escola para livrá-lo da cultura da medição, surpreendi-me constantemente avaliando-o em minha mente, porque estávamos quase sempre juntos e agora a responsabilidade por sua educação, de repente, recaíra toda sobre mim." Algumas pessoas que tentam a educação em casa não conseguem superar isto, mas muitas delas, o que inclui os Burke, conseguem. "Finalmente eu recuei, e aí encontramos o equilíbrio", diz Margaret.

Estudos mostraram que a educação em casa produz pessoas com iniciativa, que adoram aprender e mostram bom traquejo social — exatamente o tipo de pessoa que dá certo em um ambiente universitário e mais tarde na Nova Economia. Sean agora está estudando negócios em uma universidade inglesa de primeira linha e recentemente teve um emprego de verão numa companhia de biotecnologia. "Ser educado em casa significa não ser avaliado o tempo todo, de modo que não nos preocupamos de cometer erros ou parecer bobos", diz Sean. "Isso nos permite desenvolver a confiança para assumir riscos e experimentar coisas novas."

A educação em casa proporciona algumas lições úteis para todos os pais. Como já vimos, o que as crianças realmente precisam de nós é tempo e encorajamento. Isso não significa transformar a própria casa em um campo de treinamento escolar, com cada minuto sendo avaliado pelo seu potencial de ensino. Significa muita conversa e curiosidade pelo mundo. Frequentemente as coisas simples funcionam melhor — uma excursão familiar para investigar as borboletas do museu de ciências local, digamos, ou falar com os vizinhos mais velhos sobre como era a vida quando eles eram jovens. Estudos e mais estudos mostram que simplesmente conversar com as crianças constrói sua confiança, seu vocabulário e as torna mais articuladas. Uma criança tem mais probabilidade de apaixonar-se pela leitura se ouve regularmente uma história antes de dormir, contada por Mamãe ou Papai, do que fazendo *downloads* de um iTeddy.

Para a maioria dos pais, porém, encontrar uma boa escola é sempre mais atraente do que a educação em casa. Isso coloca uma grande questão: o que constitui uma boa escola? A maioria de nós reconhece uma quando a vê. Em uma boa escola, os alunos leem por divertimento, não apenas como dever de casa; continuam a debater as ideias surgidas na turma depois que toca a campainha; chegam em casa querendo contar aos pais o que aprenderam durante o dia; desafiam os professores, em vez de anotar cada palavra como se fosse o Evangelho. Quando estão em uma boa escola, as crianças entram na sala de aula com animação, em vez de o fazerem rastejando como um caracol.

A lição que vem de todo o mundo é que tais qualidades não podem ser medidas por pontuações em exames, nem podem ser conjuradas pelo acúmulo de trabalho escolar e de competição na sala de aula. Isso não significa que a pressão e as provas sejam sempre ruins. Estudos mostram que crianças oriundas de ambientes negativamente privilegiados se beneficiam quando a escola lhes dá o tipo de estrutura e de pressão acadêmica que tantas vezes faltam em seus lares. Até mesmo crianças vindas de lares bem-sucedidos precisam de ordem, de disciplina e de direção. As provas podem exigir da mente de uma forma saudável, especialmente nos anos finais. Até mesmo o aprendizado por repetição tem um papel a desempenhar: de que outra forma você pode dominar as tabelas de tempos verbais ou os verbos irregulares em idiomas estrangeiros? As melhores escolas encontram um equilíbrio, emparelhando o domínio do básico com deixar as crianças livres.

Este não é um equilíbrio fácil de alcançar, mas cada vez mais escolas estão tentando. A última parada no meu giro educacional foi a St. John's School and Community College, financiada com recursos públicos. Estabelecida na pequena cidade inglesa de Marlborough, a escola reúne 1.500 alunos entre 11 e 18 anos de idade, provenientes de vários ambientes sociais. Em 2001, seu diretor, Patrick Hazlewood, decidiu que a obsessão por metas e exames estava sufocando tanto os alunos como os professores. Assim, tomou a medida radical de abandonar o Currículo Nacional. Em seu lugar, os alunos agora estudam módulos organizados em torno de um tema único em todas as matérias tradicionais ao mesmo tempo. Durante o módulo *Ir a Lugares*, por exemplo, as crianças podem estudar velocidade em matemática, o impacto ambiental dos aviões em ciências e os textos de viagem de Paul Theroux ou Bill Bryson em língua inglesa. A cada etapa, o objetivo é construir o que a escola chama de cinco "competências": gerenciar a informação, gerenciar a mudança, relacionar-se com pessoas, cidadania global e aprender como aprender. As provas são mantidas em um nível mínimo de frequência.

O aspecto mais importante da mudança na St. John's School é que, assim como na pré-escola de Reggio, lá os estudantes mostram o caminho. Os professores garantem que a aula aborde certos conceitos chave; quanto ao restante, os alunos decidem como explorar tais conceitos, elaborando seus próprios currículos enquanto avançam. Isso acrescenta uma revolução que pode apontar o caminho para outras escolas do século XXI. A escolarização tradicional está construída sobre a ideia de um aluno que pode ser ensinado, inspirado e avaliado de uma forma que agrade ao professor e aos burocratas das instituições educacionais públicas. A St. John's School pôs esse paradigma de cabeça para baixo. "Para nós, as necessidades dos estudantes, seu aprendizado, vêm em primeiro lugar. Em última instância, nosso objetivo é transformar o estudante de uma pessoa que faz provas em alguém que aprenderá por toda a vida." Alguns professores acharam a mudança assustadora, mas a maioria deles deu-lhe as boas-vindas, como se fosse o maná dos céus. "Ver as crianças redescobrirem a alegria de aprender é um sentimento incrível", diz Kathy Pollard, que ensinou tecnologia por 37 anos, 15 dos quais na St. John's School. "Foi para isso que comecei a ensinar."

O novo regime parece estar funcionando. Mesmo que a St. John's School não siga mais o Currículo Nacional, seus alunos são aprovados nos exames padrão com excelentes notas, de 10% a 15% acima da média. A equipe de debate escolar recentemente alcançou as primeiras seis colocações nos campeonatos ingleses, vencendo no caminho o Marlbourough College, a celebrada escola particular do outro lado da colina. Os inspetores governamentais descrevem a St. John's School como "destacada", e seus alunos como aprendizes confiantes, que trabalham bem sozinhos ou em equipe. A violência entre os alunos e o mau comportamento no colégio desapareceram em grande parte, e a incidência de DADH também é muito baixa. Famílias se mudam de toda a Inglaterra para as proximidades da escola, para que suas crianças possam frequentar a St. John's School, e aproximadamente 450 escolas em todo país estão agora seguindo os caminhos que ela apontou. Em 2007, a Inglaterra anunciou planos para diminuir seu Currículo Nacional, de modo a dar aos professores mais liberdade para adaptarem o aprendizado para que fique mais próximo da realidade de seus estudantes.

Fui visitar a St. John's School em uma cinzenta e chuvosa manhã do final da primavera. O edifício da escola é uma caixa melancólica de tijolo e cimento, da época do pós-guerra, mas no interior o ânimo é claro. Existe aquele burburinho de vida que faz falta em tantas outras escolas do mundo. Em vez de arrastarem-se sem vontade para suas aulas, os alunos se amontoam à porta de suas salas, ansiosos para que a aula comece. Algumas vezes repreendem os professores que não chegam no horário. Enquanto espero para entrar, escuto três alunos comentando sobre a última aula. "Não acredito que um dia venhamos deter o aquecimento global enquanto tivermos uma economia capitalista", declara um deles. "Não, eu discordo", diz sua amiga. A terceira criança abana a cabeça: "Talvez devamos fazer com que a turma debata isso amanhã."

Acompanho uma aula de língua inglesa para jovens de 11 e 12 anos. Com fileiras de mesas voltadas para a frente e projetos pregados nas paredes, a sala de aula parece bem convencional, mas a aula não o é. As crianças acabaram de começar um módulo intitulado "Floresta" e estão planejando um passeio pelos bosques vizinhos. Quatro alunos orquestram as coisas diante da sala. O resto está dividido em equipes, cada uma delas encarregada de manejar um aspecto do planejamento, tal como mapear a rota pela floresta, listar o que a turma vai aprender ou fazer o rascunho da carta que explicará a expedição aos pais. O professor fica à margem, dando sugestões de vez em quando, mas essencialmente deixando que as crianças toquem o projeto por si mesmas.

A equipe que escreverá a carta aos pais está preparando um segundo rascunho. Tom parece um editor trabalhando. "Isso não está funcionando", diz ele. "Precisamos fazê-la mais persuasiva, mais simpática para os pais." O que estará ele querendo dizer com isso?

"Bem, poderíamos começar usando palavras mais imponentes que soem mais adultas, como 'propósito educacional' em vez de apenas 'objetivo'." Emma faz coro: "Acho que devemos dar aos pais mais detalhes sobre o que vamos fazer na floresta." A lista já inclui identificação de pássaros e de plantas, medição da altura das árvores e montar uma cena de *Sonho de uma noite de verão,* de Shakespeare.

Em uma mesa que fica duas fileiras atrás, as crianças que planejam a rota se amontoam em volta de um mapa. Elas usam os dedos e uma régua para calcular a distância e depois o tempo que levará a caminhada. Josh observa que a rota atravessa a movimentada estrada A4 e decide avisar a equipe que está fazendo a carta aos pais.

"Precisamos avisar aos pais sobre a A4", diz ele aos colegas. "Talvez possamos conseguir um pai que nos acompanhe." Tom mastiga seu lápis por um instante. "Você acha que devemos mencionar isso no começo da carta ou no fim?" "Acho que funcionará melhor no fim, para não assustá-los logo no começo." Os outros concordam e começam a trabalhar com as palavras.

Depois da aula, converso com alguns alunos de 12 anos, selecionados aleatoriamente. Todos falam com tanto entusiasmo sobre como é divertido vir à escola e aprender que até me pergunto se eles foram instruídos a dizer isso. No entanto, apenas uns poucos minutos com eles são prova suficiente de que realmente pensam assim. Aqueles que foram transferidos para St. John's School de outras escolas estão especialmente encantados de ter deixado para trás as infindáveis provas e as competições implacáveis que elas fomentavam. "Passávamos meses nos preparando para os exames", diz Ella. "Era tanta pressão! Era horrível e tedioso."

Joe admite que alguma pressão e uma pequena competição amigável podem tirar o melhor de um aluno. "Estamos fazendo Guias de Sobrevivência na Floresta como parte de nosso dever de casa para o módulo 'Floresta', e estou trabalhando muito duro no meu porque quero que seja o melhor", diz ele. "E eu estou trabalhando duro no meu porque também quero que seja o melhor", retruca Ella com um sorriso. Mesmo assim, a competição não é um fim em si mesmo na St. John's School, mesmo porque a maior parte dos trabalhos escolares é feita em equipe. "Na nossa antiga escola, tudo era tão competitivo que você fazia toda a revisão sozinho, e era cada um por si", diz Joe. "É muito melhor aqui, porque quando não se está sempre pensando sobre notas e sobre vencer outras pessoas, podemos ajudar-nos uns aos outros e podemos concentrar-nos em aprender e pesquisar o que nos interessa."

Não faz muito tempo, as turmas de 7ª série da escola passaram algum tempo estudando os antigos gregos. Quando isso produziu comparações com os romanos, o professor convidou um aluno da 12ª série para dar uma aula de latim para a turma. Joey ficou entusiasmado. "Gostei tanto que realmente quero estudar latim quando crescer. Adoro a ideia de aprender a falar latim e de ler histórias sobre os romanos." Joey e algumas outras crianças planejam criar um Clube de Latim no ano que vem.

O que aprendi nessa turnê educacional? A primeira lição é que não existe uma receita única para a escola ideal: não se pode transplantar o sistema educacional finlandês para a Itália, para o Canadá ou para a Coreia, porque ele é uma expressão da cultura finlandesa. As escolas sempre variam de país para país e até mesmo de comunidade para comunidade. Mas existem alguns princípios básicos que permanecem verdadeiros em todos os casos: excesso de exames, trabalho duro e competição normalmente são tiros que saem pela culatra; as crianças aprendem melhor quando dispõem de tempo e liberdade para explorar tópicos que lhes interessam com procedimentos que ampliam a imaginação; projetos de trabalho que abranjam múltiplas questões ao mesmo tempo podem propiciar um ensinamento mais rico; o lúdico e o prazer constituem uma parte integrante da educação; os professores precisam ser adequadamente treinados e deve-se confiar neles para que façam seu trabalho sem terem que ficar explicando e quantificando os resultados de cada iniciativa sua; as escolas precisam de mais autonomia para criarem seus próprios currículos e horários. Na educação, como em qualquer outro aspecto da infância, precisamos dar um passo atrás e aprender a deixar as coisas acontecerem, não tentar forçá-las.

Na atualidade, muitos pais não podem pagar, ou sequer descobrir uma escola que preencha esses requisitos, e por isso os políticos devem começar a lutar pela educação pública no século XXI. Para reunir coragem e inspiração, eles poderiam passar um dia com as crianças da St. John's School. Talvez a notícia mais animadora dessa escola pública inglesa é que o entusiasmo dos alunos vai além da sala de aula. Todos eles me falam com prazer dos deveres de casa — de como lhes é oferecida uma escolha de tarefas que realmente estimulam sua imaginação e de como lhes são dados dias e até mesmo semanas para que as realizem. Em vez de exercícios escritos de matemática, podem pedir-lhes que meçam todos os quartos das casas em que moram e que os desenhem em escala. Ou podem ler sobre as mulheres de Henrique VIII e apresentar suas descobertas produzindo um tabloide sobre a época dos Tudor.

"É bastante divertido porque não levamos muito dever para casa, e o que levamos realmente faz a gente pensar de uma maneira nova sobre o que estamos aprendendo", diz Ed. "E isso permite você ser criativo."

Ella concorda. "Dever de casa, aqui, é mais parecido com um hobby."

Mal posso acreditar no que escuto. São crianças de 12 anos elogiando dever de casa. Não há dúvida de que a St. John's School está fazendo alguma coisa certa.

7

DEVER DE CASA: a espada de Dâmocles

Gosto dos professores que dão alguma coisa para você levar para casa e pensar sobre ela, além do dever de casa.

LILY TOMLIN, ATRIZ

PARECE UMA FANTASIA DE MENINO DE COLÉGIO. UM PROFESSOR DE matemática passa dever de casa para as férias de verão, a turma reclama, e aí um dos alunos decide assumir uma posição. Mas ele não contra-ataca cortando os pneus do carro do professor nem vandalizando a casa deste. Não, ele contrata um advogado e vai aos tribunais.

Só que isso não é fantasia. Em 2005, Peer Larson processou seu professor de matemática da Whitnall High School, em Greenfield, no estado norte-americano de Wisconsin, por arruinar suas férias de verão com três projetos sobre cálculo matemático. "Não deve haver nenhum trabalho quando alguém está de férias", explicou Peer, então com 17 anos. "Esse tempo deveria ser meu para eu fazer o que quisesse, sem ter a escola me seguindo quando nem mesmo estamos em período escolar." O pai de Peer, Bruce, o apoiou até o fim. "Esses estudantes ainda são crianças e, no entanto, estão sujeitos a uma pressão crescente para produzir resultados segundo padrões cada vez mais altos em vários cenários. Quando chega o verão, eles precisam de uma pausa."

Os Larson tornaram-se heróis *cult*, com os jornalistas perseguindo-os para obter entrevistas e as crianças em Greenfield usando camisetas com fotografias deles. A direção da escola, por sua vez, não achou tanta graça. Ela denunciou o processo como uma perda de tempo e dinheiro, insistindo em que os professores têm o direito de passar deveres de casa quando quiserem. Finalmente um juiz concordou, e o caso saiu dos tribunais.

Ao mover um processo, os Larson foram longe demais, mas sua cruzada tocou num ponto sensível nos Estados Unidos e em outros países. Por quê? Porque a maioria das crianças, para não mencionar muitos pais, sabe como é sentir-se oprimido pelo dever de casa. Nem todos frequentam uma escola como a St. John's School. "Você trabalha arduamente na escola, depois chega em casa e trabalha outra vez — é como se nunca acabasse", diz Elliot Marsh, um menino de 11 anos de Palo Alto, na Califórnia. "Tenho até mesmo pesadelos nos quais não consigo terminar meu dever de casa."

Meu filho tem 3 anos e, no entanto, as tarefas que ele traz para casa pairam sobre nós como a espada de Dâmocles. Nós cancelamos saídas da família para que ele possa terminá-las a tempo. Algumas vezes ele acaba completando seus deveres durante o café da manhã ou tarde da noite. Outras vezes há lágrimas. E isso só vai piorar. Os pais de crianças mais velhas talvez fiquem supervisionando — ou até mesmo fazendo — os deveres de casa de três a quatro horas por noite. Uma recente reportagem de capa da revista *Time* capturou o ânimo de quase desespero que reina em muitos lares de todo o mundo. O título era *The Homework Ate My Family — Kids are Dazed, Parents Are Stressed* [O dever de casa comeu minha família — as crianças estão aturdidas, os pais, estressados].

Tal ressentimento não é uma coisa nova. O dever de casa tem sido o pomo da discórdia desde que a escolaridade pública se generalizou há mais de um século. Os primeiros críticos preveniram que o dever de casa promoveria a desobediência, por afastar as crianças da igreja e dos pais, e que ele diminuía o tempo para brincar e despedaçava a vida familiar. Nos anos 1890, um herói de guerra norte-americano, pai de dois filhos, denunciou o dever de casa dizendo que este produzia "os meios da exaustão e da agitação nervosa, altamente prejudiciais para o corpo e para a mente". Alguns anos mais tarde, a revista *Ladies' Home Journal* o chamou de "um crime nacional aos pés dos pais americanos". A reação foi ainda mais virulenta do outro lado do Atlântico. Em 1911, uma greve de alunos espalhou-se por centenas de escolas inglesas, com crianças marchando nas ruas em 62 cidades para exigir menos horas de aula e o fim do dever de casa.

Quando os educadores e pedagogos começaram a questionar o valor educacional de levar trabalho escolar para casa, a burocracia intrometeu-se. No começo do século XX, dois terços dos distritos escolares urbanos do ensino público nos Estados Unidos tinham refreado ou banido o dever de casa. Mas este voltou à moda depois da Segunda Guerra Mundial, com os temores de que as superestimuladas crianças soviéticas estivessem ganhando a corrida. Depois declinou no Ocidente durante os anos 1960 e 1970, antes de recobrar forças na metade dos anos 1980, parcialmente motivado pelos temores de que o hábito de trabalhar arduamente dos asiáticos estivesse fazendo-os passar à frente. Hoje, as estatísticas mostram um quadro desigual. Algumas pesquisas sugerem que a carga média de dever de casa das crianças norte-americanas aumentou 50% desde o começo dos anos 1980. Outros estudos apontam um leve declínio. De todo modo, as médias e estatísticas camuflam grandes diferenças entre escolas. O que parece claro é que, em áreas nobres, onde a cultura da competição é mais pronunciada, o dever de casa aumentou muito. Outra mudança é que, atualmente, até mesmo os estudantes mais jovens levam dever para casa. A Inglaterra recomenda uma hora por semana para as crianças de 5 anos desde meados dos anos 1990.

Por que esse aumento repentino? Uma razão é que os políticos veem o dever de casa como forma de elevar os padrões escolares — ou pelo menos de elevar as notas nos exames. Muitos professores consideram as tarefas levadas pelos alunos para casa uma prova de que estão desempenhando bem o seu papel. A ansiedade dos pais também é parte desse quadro. Com um olho nos resultados dos exames e no ingresso na universidade e outro em manter suas crianças livres de problemas e perigos fora da escola, alguns pais importunam os professores e exigem mais tarefas. O dever de casa transformou-se tanto em um símbolo de status como em uma válvula de segurança em muitos lares de sucesso. Consideramos a carga noturna de trabalho escolar como prova de que as escolas de nossas crianças são sérias. E com a sala de aula fora de alcance, o dever de casa dá aos pais do século XXI a chance de assumirem o controle, supervisionando as tarefas do começo ao fim, até mesmo tratando-as como se fossem suas. Aquele projeto de arte da 3ª série parece o trabalho de um programador visual porque é mesmo (Mamãe tem sua própria empresa). Em alguns bairros ricos da América do Norte, o dever de casa chega à escola depois das crianças.

Não poucas vezes Greta Metzger organiza, ou mesmo conclui, as tarefas que seu filho de 10 anos leva para casa de sua escola em Munique. "Sei que ele pode fazê-las sozinho, de modo que algumas vezes apenas corrijo a ortografia e termino as últimas somas para ele. Na verdade, estou imitando a letra dele muito bem."

Mas mesmo quando trabalhamos nos exercícios de matemática de nossas crianças ou sacrificamos o domingo para ajudá-las a terminar aquele relatório de cinco páginas sobre um livro, a pergunta inoportuna permanece em nossa cabeça: Vale realmente a pena?

Uma vez mais, a resposta é que ninguém sabe ao certo. Pesquisas a respeito dos efeitos do dever de casa sobre o desempenho escolar trazem resultados confusos. Um estudo realizado com uma amostra de 6 mil estudantes norte-americanos descobriu que aqueles que começaram fazendo um dever de casa suplementar de matemática de trinta minutos a cada noite quando tinham 11 anos estavam bem à frente de seus pares quando chegavam aos 15 ou 16 anos. Por outro lado, quando dois professores da universidade Penn State compararam notas de matemática e ciências de crianças das 4ª, 8ª e 12ª séries em cinquenta países, encontraram o resultado oposto.

Sua conclusão: "Quase parece que quanto mais dever de casa os professores passam, pior é o desempenho dos estudantes."

Quando se trata de crianças menores, a questão do dever de casa parece ainda mais duvidosa. Estudos internacionais sugerem que ele tem pouco ou nenhum efeito sobre o desenvolvimento escolar das crianças de menos de 11 anos. "As crianças menores tendem a absorver a informação muito mais facilmente aos 6 ou 7 anos, ao passo que as crianças mais velhas precisam trabalhar para aprender. Desse modo, o dever de casa só é realmente útil depois dessa idade", afirma Peter Tymms, diretor do Centro de Currículo, Avaliação e Gerenciamento da Universidade de Durham.

Alguns aboliriam completamente o dever de casa. Argumentam que sobrecarregar as crianças com tarefas que transformam o lar em um campo de batalha pode ser um tiro que sai pela culatra, afastando-as da escola. Esses mesmos também mencionam estudos que mostram como praticar esportes, jardinagem ou até mesmo desincumbir-se de tarefas domésticas pode ajudar mais as crianças do que se atracar com livros todas as tardes e noites. Lembram-se da denúncia de que passar muitas horas em frente das telas eletrônicas está ajudando a alimentar o crescimento global da miopia? Pois bem, alguns colocam parte da culpa disso no fato de as crianças passarem tempo demais dentro de casa, debruçadas sobre livros didáticos e de não passarem tempo suficiente correndo ao ar livre, à luz do sol. Um estudo sobre meninos de 14 a 18 anos realizado em Israel descobriu que os alunos de escolas onde é pesada a ênfase na leitura de textos religiosos tinham taxas de miopia de 80%, comparadas às de 30% dos estudantes de escolas públicas.

Mesmo os mais ardorosos advogados do dever de casa atualmente admitem que ele está sujeito à lei dos lucros decrescentes. Muitos recomendam um máximo diário de dez minutos multiplicados pela série escolar em que a criança está. Isso significa não mais de quarenta minutos por noite para uma criança da 4ª série (de 8 a 9 anos) e duas horas para um estudante secundário — bem menos do que muitos alunos de certas escolas mais exigentes trazem para casa hoje em dia.

Os especialistas também estão repensando que tipo de dever de casa é mais efetivo. A maioria recomenda aposentar o trabalho pesado — exercícios de matemática e de ortografia nos quais é fácil obter notas boas — em favor de projetos que encorajem as crianças a pensar com mais profundidade e ampliem sua imaginação. Isso pode envolver inventar problemas de matemática para testar os colegas, estudar formas de diminuir a emissão de carbono na própria casa ou desenhar um cartaz sobre um animal de estimação ou um brinquedo favorito.

Estarão os alarmes dos especialistas tendo efeitos no mundo real? Podem apostar que sim. Estimulados pelas queixas crescentes de crianças e pais desgastados, e apoiados pelo crescente corpo de evidências, expostas em livros tais como *The Homework Myth: Why Our Kids Get Too Much of a Bad Thing*, as escolas de todo o mundo estão começando a reduzir e reinventar o dever de casa. Muitos distritos escolares dos Estados Unidos estão outra vez redigindo normas para limitar as tarefas que podem ser mandadas para casa. Para dar aos estudantes mais tempo de lazer com os pais e os amigos, muitas escolas do sul da Austrália baniram totalmente o dever de casa. O Diretório Central de Educação Secundária da Índia fez o mesmo para a 1ª e a 2ª séries. Algumas escolas primárias na Inglaterra substituíram os exercícios de ortografia e de adição por atividades familiares, como visitar museus ou fazer pão. Em toda a Ásia, as escolas de elite vêm reduzindo o dever de casa ou banindo-o simplesmente. No jardim de infância Yayuncun Número 2, em Pequim, a equipe defendeu-se da pressão dos pais para que dessem mais tarefas às crianças para depois da escola. "Algumas vezes, temos que ensinar aos pais o que é apropriado para seus filhos", diz Feng Shukan, o diretor. "Digo a eles que também é importante simplesmente passarem o tempo com seus filhos, que isso é necessário para as crianças serem felizes."

Com o propósito de descobrir o que tudo isso significa para as crianças, parti para a pesquisa de campo em algumas das escolas que estão na linha de frente da guerra do dever de casa. A primeira é a Chinese International School (CIS), de Hong Kong, que atende a 1.406 alunos de 4 a 18 anos de idade. Os professores costumavam dar grandes quantidades de dever de casa. Para os pais que pagam as mensalidades escolares, bem-sucedidos chineses e estrangeiros ali residentes, uma mochila cheia de livros era uma visão tranquilizadora. Há cinco anos, porém, ficou claro que muitas crianças estavam sobrecarregadas, se esforçando nos seus deveres de casa até depois da meia-noite e chegando às aulas no dia seguinte cansadas e desatentas. A escola reformulou sua política de dever de casa, impondo limites estritos sobre o número de horas permitido por matéria. A mudança dirigia-se apenas aos alunos mais velhos, mas o *ethos* também atingiu as séries do primário. Para muitas crianças, a carga de dever que levavam para casa caiu 30%.

A escola também desencoraja o recurso a professores particulares, a não ser que a criança tenha um problema real para acompanhar a turma. Nas reuniões de pais e professores, a equipe enfatiza a necessidade das crianças terem um tempo longe dos livros. “Nós queríamos nos contrapor à crença amplamente difundida de que trabalhar mais tempo e mais dedicadamente os conteúdos acadêmicos garante sempre melhores resultados”, diz Daniel Walker, chefe dos representantes dos professores. “Quando se trata do dever de casa, há limites no que faz sentido para as crianças, porque elas necessitam de equilíbrio em suas vidas.”

Nem todos os pais concordam. Alguns ainda fazem campanha por mais deveres de casa ou mandam seus filhos diretamente da escola para a aula de reforço com professores particulares. Mas uma mudança cultural ocorreu dentro da escola. Recentemente, a turma com crianças em torno de 11 anos fez o que pareceria impensável: eles se queixaram de que a carga de dever de casa havia aumentado outra vez. “Estavam certos — tínhamos perdido o controle —, de modo que tivemos que diminuir os deveres de casa outra vez. Não queremos crianças sobrecarregadas, que fiquem até altas horas acordadas para concluírem seu dever de casa.”

Hoje o regime de menos é mais revela bons resultados. A Chinese International School (CIS) agora está entre as mais cotadas escolas internacionais de Hong Kong, tanto pelos resultados dos exames quanto pela taxa de ingresso de seus alunos nas universidades. As crianças também parecem mais relaxadas, querendo deixar tempo em seus horários para atividades que não sejam debruçar-se sobre uma mesa. Um quadro de avisos perto da secretaria oferece um rico leque de atividades extracurriculares: *tae kwon do*, tênis, velejar, ginástica, futebol de salão, culinária, pingue-pongue, excursões, uma sociedade literária. "Adoro saber que, enquanto estou jogando *squash*, meus amigos de outras escolas ainda estão fazendo seu dever de casa", diz David Wei, um menino de 15 anos com um sorriso aberto. "Especialmente quando minhas notas também são boas."

No recreio da manhã, o pátio da CIS é um formigueiro de atividades, os meninos jogando bola e as meninas pulando corda ou brincando de pique. As vozes e o riso ecoam ao longo das escadarias ao ar livre ao lado do edifício da escola. Walker observa a cena e sorri: "Agora existe mais *joie de vivre* aqui, e certamente mais do que você encontra nas escolas de alta pressão, onde se exagera no dever de casa." Ele acha que seus alunos também se tornaram mais abertos, com mais vontade de libertar-se das expectativas dos pais e escolher suas próprias carreiras.

O controle do dever de casa até mesmo transformou a CIS em modelo. Escolas da China continental estão indo investigar os procedimentos ali seguidos. Muitos pais de Hong Kong, tanto ocidentais quanto chineses, escolhem agora a CIS por sua preocupação em dar às crianças tempo e espaço para respirar fora da sala de aula. A lista de espera para matrículas da escola é mais longa do que nunca. "Em cada nível, os resultados falam por si mesmos", diz Walker.

Outras escolas descobriram formas diferentes de resolver o problema do dever de casa. Cargilfield é uma prestigiosa escola particular para crianças entre 3 e 13 anos, instalada numa região de florestas nos arredores de Edimburgo. Em 2004, a escola chegou às manchetes dos jornais por haver banido o dever de casa. A ideia era libertar as crianças (assim como seus pais) da tarefa de fazer deveres com uma frequência que pouco contribuía para o seu aprendizado — e dar-lhes mais tempo para relaxar e se divertir.

Cargilfield não é o paraíso dos preguiçosos; o horário escolar pode estender-se até as 18 horas, e os professores estão disponíveis para oferecer ajuda suplementar na preparação para as provas. Banir o dever de casa foi pensado para encorajar as crianças a assumirem o controle de seu próprio estudo pessoal, depois das horas de aula. Mas o resultado final foi que a carga de trabalho diminuiu, e a recompensa mostrou-se similar à da CIS de Hong Kong. As notas das provas de matemática e ciências aumentaram até 20% desde que o dever de casa formal foi abolido. As crianças também têm mais tempo para outras atividades. Aumentaram as inscrições em cursos extracurriculares, como xadrez, futebol e caiaque. "Tem muito a ver com as crianças se divertirem enquanto ainda são crianças, sem transformar o dia delas em uma longa e árdua tarefa", diz John Elder, diretor de Cargilfield. "Estamos aqui para nos divertir e nunca teremos a oportunidade de reviver nossa juventude."

Tanto a Chinese International School como a Cargilfield são escolas particulares para a elite. Diminuir o dever de casa tem os mesmos resultados no ensino público? Para averiguar isso, fui até Vernon Barford, minha velha escola secundária em Edmonton, no Canadá. Quando eu estudava lá no começo dos anos 1980, dever de casa nunca foi tema de discussão. Tínhamos deveres para fazer em casa, mas passávamos a maior parte do nosso tempo fora da escola, praticando esportes ou vagando por aí. Em 2006, porém, Vernon Barford havia chegado ao ponto mais alto da apologia ao dever de casa. Toda manhã, uma fila de crianças, entre elas alunos de nota máxima, dirigia-se à sala do diretor para ser punida por não haver terminado o último gráfico ou cartaz. E todos os dias pais telefonavam para queixar-se da carga de trabalho. "Todos havíamos participado daquela ilusão de que muito dever de casa cria bons hábitos de estudo para o futuro", diz Judy Hoeksema, antiga professora de matemática de Vernon Barford. "Mas finalmente descobrimos que não fazia muita diferença."

No verão de 2006, a equipe pedagógica reuniu-se para encontrar uma solução. Para romper o hábito de passar dever de casa apenas por passar, foi elaborada uma lista de perguntas a serem feitas antes de passar qualquer dever: essa tarefa elevará o aprendizado e incitará a imaginação? É uma quantidade razoável? Quanto dever de casa meus colegas estão dando hoje? Os professores também se dispuseram a dar às crianças uma escolha de tarefas e a encorajarem os alunos a trazerem perguntas para serem respondidas na sala de aula.

O resultado final foi que a carga média de dever de casa caiu pela metade. Os estudantes da 9ª série têm agora 45 minutos por dia, e os da 7ª e 8ª séries apenas trinta minutos. Os pais tinham a liberdade de pedir mais deveres, só que nenhum o fez, embora alguns murmurem às escondidas que agora não há dever suficiente. Os professores receberam bem o novo regime, porque têm mais tempo para preparar as aulas e inventam tarefas criativas para levar para casa. As notas médias subiram 4%, um grande salto em vista do bom padrão que a escola já obtinha. "Eu não pensei que as notas pudessem subir ainda mais, mas elas subiram", diz Stephen Lynch, o diretor. Mas a mudança vai muito além de notas mais altas. A atmosfera da escola mudou. As relações entre os alunos, a equipe pedagógica e os pais são menos tensas. As crianças também parecem mais empenhadas.

Mike Hudson, aluno da 8ª série, gostou da carga de trabalho ter diminuído. "Não tenho mais tantas brigas com minha mãe por causa do dever de casa." Mike usa o tempo livre que lhe sobra para praticar skate com os amigos. "Há um melhor equilíbrio agora entre a escola e o resto da minha vida. Também durmo mais nos fins de semana."

Outros alunos dão as boas-vindas aos projetos que estimulam os fluidos criativos. Morgan Belsek, de 14 anos, fala com animação sobre fazer uma história em quadrinhos baseada na Revolução Russa para sua aula de estudos sociais da 9ª série. "Para condensar tudo desta forma, você realmente tem que saber a matéria bem", diz ela. "Quando você volta a ver o que aprendeu de uma forma mais profunda como essa, aquilo fica gravado em sua mente, de modo que, mais tarde, você pensa: 'Sim, eu me lembro de que usei estes conhecimentos daquela forma no meu projeto e agora posso usá-los de outro modo para responder a esta pergunta.'"

Quais são as lições a serem tiradas disso? A primeira é que o dever de casa não é sempre ruim, especialmente depois dos anos do ensino elementar. Como diz Stephen Lynch, diretor de Vernon Barford: "Algumas vezes, a verdadeira compreensão acontece quando você está trabalhando em casa, a sós com seus pensamentos." Mas também existem limites. O dever de casa funciona melhor quando é passado em quantidades razoáveis, que não impeçam o tempo de descanso, de brincadeiras e de socialização. Ele também precisa ter um objetivo claro, que vá além de manter as crianças ocupadas e fazer os professores e pais sentirem-se em paz consigo. Em casa, os pais devem aprender a moderar-se, o que significa ajudar quando forem solicitados em vez de tomar a iniciativa de dar as respostas e de corrigir cada erro.

Além das razões acadêmicas para manter o dever de casa com rédeas curtas, está a questão mais profunda de para que serve a infância. Se quisermos que seja um tempo de brincadeira, liberdade e encantamento, decerto sobrecarregar as crianças com dever de casa não é o melhor a fazer. Quais são as lembranças mais felizes da sua infância? Aposto que não têm relação com calcular frações ou copiar listas de ortografia. As minhas são de longas tardes brincando de hóquei de rua com os amigos em nossa garagem, deixar suas portas como um quadro de Pollock, cheias de marcas das bolas de tênis; as brincadeiras de guerra no quintal com estilingues; ou o Maze Craze, um jogo de batalha que inventamos usando peças de Lego e bolas de gude. Muitos dos meninos com os quais compartilhei essas tardes ainda são meus amigos. Nenhum de nós conseguiu se lembrar de uma única tarefa de dever de casa.

É claro que, quando se trata de preencher o tempo livre das crianças com trabalho escolar, o dever de casa é apenas parte da equação. A outra são os professores particulares que, desde os anos 1990, constituem uma crescente indústria global. Na minha infância no Canadá nos anos 1970 e começo dos anos 1980, poucas crianças tinham professores particulares. As que tinham normalmente eram as que passavam por problemas na escola e faziam segredo disso. Hoje em dia, um quarto das crianças canadenses tem algum tipo de ensino particular, e as pesquisas indicam níveis similares em muitos países do Ocidente. Em Manhattan, bons professores, especializados nos SAT, cobram até mil dólares por hora — isso se você conseguir chegar ao topo da lista de espera. Orientadores particulares oferecem seus serviços para preparar crianças para o ingresso no curso secundário ainda com a idade de 11 anos. Há empresas que cobram 21 mil dólares para garantir uma vaga em Harvard ou Yale. Na Ásia oriental, os professores particulares são ainda mais difundidos. Os pais da Coreia do Sul gastam o equivalente à metade do orçamento público para a educação com aulas particulares para seus filhos. Os professores particulares de elite em Hong Kong têm marcas próprias e anúncios em *outdoors* e nos ônibus. Um deles apareceu recentemente em um comercial de televisão, vestido com as vestes tradicionais de um herói mítico chinês. Lançado por um pai japonês nos anos 1950, o Kumon cresceu e transformou-se em uma corporação multinacional que atende 4 milhões de crianças em todo o mundo. Você pode inclusive contratar até um professor particular usando uma *webcam* na internet. E assim como outras indústrias transferem seus negócios para países com economias de baixa renda, muitos desses professores particulares cibernéticos estão sentados diante de terminais de computadores na Índia.

Diferentemente do dever de casa, o crescimento das aulas particulares é causado sobretudo pelos pais. Alguns querem compensar as falhas do sistema educacional, mas outros estão apenas tentando levar suas crianças até a frente do rebanho.

E uma vez que um número expressivo de pessoas contrata professores particulares para seus filhos, a pressão social para imitá-las pode ser irresistível. Janice Aurini, uma especialista canadense em negócios de educação, argumenta que o recurso a professores particulares veio acrescentar-se à missão dos pais modernos, sempre em permanente expansão: "É parte do repertório de coisas que um bom pai tem que fazer hoje em dia. É preciso que os filhos estudem piano, tênis e futebol, e você tem que arranjar um professor particular. É claro, a suposição subjacente a tudo isso é que as crianças não podem mais fazer o que quiserem."

Um pouco de ajuda profissional nas horas vagas certamente pode ser uma dádiva de Deus para estudantes com dificuldades na escola. Mas isto significa que é bom para todos? Assim como no caso do dever de casa, o quadro é confuso. Um crescente corpo de pesquisas sugere que o recurso a professores particulares também está sujeito à lei dos rendimentos decrescentes.[6] Um estudo de 2005, realizado em Cingapura, concluiu que muitas crianças de famílias com alto nível de desempenho agora estão sobrecarregadas, e que "contrariamente ao modo de ver que prevalece no país... ter um professor particular pode ser contraproducente". Estudo similar desenvolvido na Coreia do Sul descobriu que estudar o currículo escolar antecipadamente, com professores particulares, não aumenta as notas. Seus autores sugerem que

[6] Lei econômica que afirma que aumentando-se a quantidade de um fator variável, permanecendo fixa a quantidade dos demais fatores, a produção a princípio cresce a taxas crescentes; então, após certa quantidade utilizada do fator variável, passará a crescer a taxas decrescentes; aumentando essa quantidade ainda mais, a produção decrescerá.

ter paixão por aprender é um indicador do sucesso escolar mais confiável do que ter um professor particular. E o bom-senso nos diz que uma forma de sabotar essa paixão é fazer a criança passar a maior parte do seu tempo livre estudando demais.

A caminho de encontrar-me com pais e alunos da Forest School, em Taiwan, compartilhei uma breve viagem em um elevador com um grupo de alunos de 9 anos que iam para uma sessão vespertina em uma instituição de reforço escolar em Taipei. Todos eles olhavam para o chão em silêncio, dissimulando bocejos, as costas curvadas sob o peso de mochilas cheias de livros. Uma menina apoiou-se contra a parede do elevador e fechou os olhos. Quando a porta abriu, ela acordou sobressaltada. Como prisioneiros andando para as galés, as crianças abaixaram a cabeça e entraram na escola em fila indiana. Lembremo-nos de Shakespeare, em *Como gostais*, "qual caracol, sem o desejar, se arrasta para a escola".

Outros estudos sugerem — e muitos pais sabem disso por experiência própria — que o ensino particular pode ajudar as crianças a obterem melhores resultados em alguns exames. Isso não é surpreendente, dado que os professores particulares são comumente julgados pela quantidade de pontos que podem adicionar às notas das provas de uma criança. Como já vimos, no entanto, fazer do desempenho nas provas a única medida do sucesso pode deixar de lado formas de aprendizagem mais valiosas. O sistema Kumon, por exemplo, está amplamente baseado em aprendizagem por repetição, por meio de apostilas de exercícios. Em Taiwan, os esforços oficiais para estimular um pensamento mais amplo em matemática têm sido estorvados por professores particulares que ensinam as crianças a se valerem de truques e atalhos para chegar às respostas certas.

Isso nos leva de volta a uma questão mais básica: qual é o objetivo da educação? Se for conseguir as notas mais altas possíveis nas provas, então o professor particular tem um papel a desempenhar. Mas se for encorajar as crianças a terem iniciativa, com uma vida rica e variada e sede de aprender, para ajudá-las a acender seu próprio fogo intelectual, então talvez ele não tenha função. As aulas particulares podem subtrair das crianças o desafio — e a alegria — de dominarem novos conhecimentos por si mesmas. Também pode mascarar fraquezas do sistema escolar e criar um campo de jogo desigual entre os alunos.

Mesmo assim, fazer retroceder a tendência quase irreversível de recorrer a professores particulares não será fácil. Esforços oficiais para pôr um freio a essa prática em países como Taiwan e Coreia do Sul têm sido frustrados pela resistência dos pais. Não é realista esperar que eles renunciem aos professores particulares quando tantas escolas oferecem uma educação abaixo dos padrões e as notas das provas permanecem tão importantes.

No entanto, o alívio pode estar a caminho. À medida que comecemos a dar menos importância às provas, o professor particular pode vir a parecer menos importante. Como a escola Chinese International School em Hong Kong, mais escolas agora desencorajam as aulas particulares, exceto em casos de emergência. Um amigo meu compareceu a um encontro de professores de escolas secundárias particulares em Londres há algum tempo, e todos eles pediam aos pais para reduzirem as aulas particulares ao mínimo possível ou para cancelá-las simplesmente. "É nosso trabalho ensinar aos seus filhos. Deem às suas crianças algum tempo livre no final do dia."

Em alguns lares, essa mensagem está começando a calar fundo. Gloria Neasden contratou um professor particular para ajudar em álgebra sua filha Abigail, que estuda em uma escola secundária de São Francisco. Mas quando a menina aprendeu, as aulas foram suspensas. Gloria, ela mesma professora, acha que o professor particular pode tornar-se uma muleta para as crianças. Considera-o como um último recurso — e um sinal de que a escola, não o aluno, está falhando em cumprir suas obrigações.

"Existe algo errado com o sistema educacional, e provavelmente com a sociedade em geral, se nossas crianças precisam passar tanto tempo fora da escola presas aos livros. Existe um número limitado de horas no dia, e as crianças necessitam de algum descanso."

O problema é que, em nossa cultura da superocupação, cheia de horários, o descanso vai contra a corrente. Se as crianças não estão tendo sucesso nos estudos, a tentação é inscrevê-las em uma atividade extracurricular, ou duas, ou três...

8

ATIVIDADES EXTRACURRICULARES: READY, SET, RELAX!

Ai, meu Deus! Ai, ai, meu Deus. É tarde!
O Coelho Branco, em Alice no País das Maravilhas

Ridgewood é o tipo de lugar em que pensamos quando se fala do Sonho Americano. Aninhada nos bosques ao norte de Nova Jersey, essa tranquila e verdejante cidade de 25 mil habitantes respira abundância e bem-estar. Seus moradores trabalham muito em postos de poder em Manhattan, mas aproveitam o fruto de seu trabalho em casas grandes e bonitas situadas em terrenos espaçosos, dotados de balanços e camas elásticas. Carros luxuosos e brilhantes veículos 4x4 deslizam ao longo de largas ruas adornadas de carvalhos, macieiras e amendoeiras. Uma frase colocada nos para-choques locais proclama: "Ridgewood arrasa!"

Examinado mais de perto, porém, esse alegre quadro começa a desgastar-se pelas bordas. Nos portões da escola, nas mesas do restaurante local e no estacionamento do supermercado, ouve-se o povo de Ridgewood expressar a mesma queixa: podemos estar vivendo no Jardim do Éden do século XXI, mas estamos ocupados demais para desfrutá-lo.

Muitas famílias aqui são vítimas dos horários. Capturados entre o trabalho e o lar, os pais lutam para encontrar tempo para os amigos, a vida amorosa ou até mesmo uma decente noite de sono. Seus filhos estão no mesmo barco, preenchendo as horas que não foram ocupadas pelo trabalho escolar com atividades extracurriculares organizadas. Algumas crianças de 10 anos são tão ocupadas que usam agendas eletrônicas para não perderem seus compromissos. Aqui é comum jantar ou fazer o dever de casa no carro, enquanto se vai para a natação ou para o clube de equitação. Uma mãe manda e-mails com o horário familiar atualizado para o marido e os dois filhos todas as noites. Outra mantém quadros de horários afixados na porta da frente e na parte de baixo do para-sol de seu carro. Com tantos horários para lidar, com tanta coisa acontecendo, até mesmo reunir os filhos para uma data festiva pode ser um pesadelo logístico. Uma das minhas tiras de quadrinhos preferidas, do *New Yorker*, parece inspirada em lugares como Ridgewood. Duas meninas esperavam o ônibus escolar, cada uma segurando sua agenda eletrônica. Uma dizia para a outra: "Muito bem, eu adianto uma hora o balé, mudo o horário da ginástica e cancelo a aula de piano... Você muda sua aula de violino para quinta-feira e falta ao treino de futebol... Isso nos dá de 15h15 até 15h45 na quarta-feira, dia 16, para brincar."

À diferença de outras cidades, porém, Ridgewood assumiu posição contra horários sobrecarregados. O que começou com algumas mães resmungando ao tomar café na mesa da cozinha floresceu em um minimovimento social. Em 2002, Ridgewood foi pioneira em um evento anual chamado Ready, Set, Relax! [Preparados, prontos, relaxem!]. A ideia é que um dia por ano essa cidade alfa recupere seu fôlego: os professores não passam deveres de casa, as atividades extracurriculares são canceladas, e os pais fazem questão de chegar cedo em casa. O objetivo é livrar-se da tirania dos horários, deixar que as crianças descansem, brinquem ou apenas sonhem acordadas, e dar às famílias algum tempo para se reunirem que não seja dentro do carro, indo para o próximo treino de vôlei ou ensaio da banda.

Centenas de lares abandonam suas agendas para tomar parte no Ready, Set, Relax!, e o evento inspirou outras cidades dos Estados Unidos, nem todas na mesma situação de Ridgewood, a imitá-la. Para ajudar as famílias estressadas, a junta escolar de Sidney, um pequeno povoado de trabalhadores do estado de Nova York, a 200 quilômetros de Ridgewood, não marca mais qualquer atividade extracurricular ou reunião depois das 16h30 das quartas-feiras. Em 2007, a pequena cidade madeireira e mineira de Amos, no noroeste do Quebec, estabeleceu seu primeiro dia livre de atividades, com base no modelo de Ridgewood. Márcia Marra, mãe de três filhos, que ajudou a fundar o Ready, Set, Relax! junto a uma agência local de saúde mental espera que a maré esteja mudando. "As pessoas estão começando a ver que, quando suas vidas e as de seus filhos estão dominadas pelos horários, todos sofrem. As atividades estruturadas podem ser boas para as crianças, mas as coisas acabam saindo de controle."

Esse não é um pânico novo. Alertas sobre as crianças estarem sobrecarregadas de horários, correndo de uma atividade altamente enriquecedora para outra, apareceram pela primeira vez já no começo do século XX. Dorothy Canfield Fisher, uma conhecida escritora-e-guru-da-educação alertou, em 1914, que os pais norte-americanos estavam despojando a infância de sua "abençoada espontaneidade" ao colocarem "uma pressão constritiva sobre as crianças para que usassem até mesmo as frestas e fragmentos de seu tempo de modo a garantirem realizações que achavam ser vantajosas para elas". Em 1931, Ruth Frankel, uma especialista em câncer, pioneira do Canadá, descreveu como "a criança moderna, com seus dias organizados em programações padronizadas, vai docilmente de uma aula para a outra, estuda arte, música, francês e dança... até que não lhe sobre nenhum minuto". O medo dela era que essas crianças sobrecarregadas de horários crescessem tão esgotadas que, quando adultas, iriam desesperadas se meter "no cinema da esquina num esforço para escapar do tédio".

Essa mesma preocupação tornou-se febre na última geração. Livros com títulos como *The Hurried Child* e *The Overscheduled Child* conseguiram espaço nas estantes das bibliotecas de educação moderna. Até a seção infantil encarou o assunto. No livro *The Berenstain Bears and Too Much Pressure*, a famosa família de ursos cai vítima de uma crise de estresse porque a Irmã e o Irmão Ursos têm atividades extracurriculares em demasia. Decerto parte dessa angústia vem do pânico geral no que diz respeito à infância. Mas também parece que muitas crianças, particularmente as de famílias de classe média, estão mais sobrecarregadas do que nunca.

Um estudo muito citado do Instituto para Pesquisa Social da Universidade de Michigan descobriu que, entre o final dos anos 1970 e 1997, as crianças norte-americanas perderam 12 horas por semana de tempo livre. A maior parte desse tempo foi preenchida com esportes e outras atividades organizadas pelos adultos. Hoje, o candidato mediano para o Massachusetts Institute of Technology (MIT) enumera 12 atividades extracurriculares em seu *curriculum vitae*. Apesar de estudos comparativos sugerirem que as crianças dos Estados Unidos estão entre as mais sobrecarregadas do mundo, outros países tomam o mesmo rumo.

Por que tantas crianças estão tão ocupadas hoje em dia? Uma das razões para isso foi o aparecimento da mãe que trabalha fora. Quando mamãe ficava em casa, era mais fácil deixar as crianças brincarem ali por perto. Mas quando as mulheres ingressaram no mercado de trabalho, e a família extensa se dissolveu, alguém teve que enfrentar esse abandono no *front* do cuidado das crianças. As atividades extracurriculares preencheram esse espaço perfeitamente, prometendo não só tomar conta das crianças, como também enriquecê-las pessoalmente. No entanto, submeter as crianças a horários estritos nem sempre é a resposta para lacunas no cuidado com elas. Muitos pais e mães que ficam em casa também matriculam seus filhos em infindáveis atividades. Em parte isso é feito em defesa própria: quando todas as outras crianças da vizinhança estão absorvidas por atividades extracurriculares, quem vai se permitir um tempo de lazer com o filho que não tem um horário a cumprir? Em nossa sociedade atomizada, em que jogamos boliche sozinhos, as atividades organizadas também são uma boa forma — algumas vezes a única — de se encontrar com outros pais. Também não ajuda o fato de que muitas atividades extracurriculares possam tornar-se um escorrega: você inscreve sua filha de 4 anos em uma aula semanal de dança e, antes que possa fazer alguma coisa, ela já está tendo aulas todas as noites e viaja por todo o país para festivais e competições. Em vez de reclamar, porém, nós preferimos nos convencer de que muitas atividades com horários são exatamente o que as crianças precisam e querem, mesmo quando nos dizem o contrário. Outro dia observei uma mãe arrastar sua filha de 3 anos de uma creche perto de nossa casa. A criança estava chorando. "Não quero ir ao balé. Quero ir para casa brincar."

A roda-viva extracurricular também parece uma boa forma de manter as crianças longe de problemas. Afinal de contas, não se pode fumar maconha ou perder a virgindade quando se está na aula de lacrosse ou de dança. O temor do que os jovens farão se deixados entregues a si mesmos é muito antigo. O *Office of Christian Parents*, um manual puritano publicado em 1616, alerta que as crianças com muito tempo à sua disposição correm o risco de tornar-se "ociosas... pessoas vis e abjetas, mentirosas, ladras, feras do mal, preguiçosas e imprestáveis". Durante a era vitoriana, defensores do trabalho infantil argumentavam que as longas horas nas fábricas mantinham as crianças longe das travessuras. No século XXI, avesso ao risco e centrado nas crianças, quando a ânsia de protegê-las contra tudo, inclusive contra o moderno pecado de desperdiçar o tempo, é maior do que nunca, um horário ocupado faz muito sentido.

É claro que o *boom* extracurricular não é alimentado apenas por adultos ansiosos. Boa parte da pressão por horários sobrecarregados vem das próprias crianças. Os jovens querem ser ativos, querem estar com seus amigos, querem ser como todos os outros — e em nossa cultura de fazer-valer-cada-segundo isso significa estar ocupado. Quando Matt Kowalski, de Chicago, filho único, completou 11 anos, começou a ressentir-se da recusa de seus pais em matriculá-lo em mais de uma atividade extracurricular ao mesmo tempo. Com todos os seus amigos sendo levados de um clube a outro, ele sentiu-se excluído. Assim Matt seduziu seus pais para que o pusessem no carrossel extracurricular. Agora, aos 14 anos, Matt passa mais de 20 horas por semana jogando em três times de esportes e atuando em um grupo de teatro. "Gosto de todas as atividades que faço, mas às vezes sinto que estou tão ocupado que quase não tenho tempo para dormir. Nem posso culpar meus pais; é culpa minha que eu esteja tão sobrecarregado."

Ninguém está dizendo que as atividades extracurriculares são ruins. Pelo contrário, elas são parte integrante de uma infância rica e feliz. Muitas crianças, particularmente de famílias de baixa renda, na verdade se beneficiariam com atividades mais estruturadas. Muitas crianças, sobretudo adolescentes, podem se desenvolver com um horário intenso. Mas assim como ocorre com outros adornos da infância moderna, do dever de casa à tecnologia, que estão sujeitos à lei dos rendimentos decrescentes, há perigo em sobrecarregar os jovens com horários. Quando se trata de atividades extracurriculares, muitas crianças estão recebendo excessivamente uma coisa que é boa.

Ou não? Alguns pedagogos e pesquisadores argumentam que a criança sobrecarregada de horários, estressada, é um mito da mídia. Um estudo de 2006 sobre o impacto de atividades depois da escola, realizado pela Society for Research in Child Development [Sociedade para Pesquisa do Desenvolvimento da Criança] com sede nos Estados Unidos, caiu como uma bomba nos círculos de educação de crianças. Os pesquisadores examinaram dados de 2.123 crianças norte-americanas de 5 a 18 anos e concluíram que horários sobrecarregados são raros. De forma ainda mais controversa, concluíram que as crianças mais ocupadas tinham as melhores notas na escola, davam-se bem com os pais e tinham menos tendência a dedicar-se ao álcool, ao fumo ou às drogas. A mídia tirou daí uma conclusão perfeita. Uma manchete do *Boston Globe* declarou: "Quanto mais atividades melhor."

Examinado mais de perto, porém, o estudo não diz exatamente isso. Joseph Mahoney, professor assistente de psicologia em Yale, o principal pesquisador, mostra-se mais circunspeto quanto aos resultados. "Isso não pretende sugerir que as crianças envolvidas nessas atividades devem ser pressionadas a fazer mais". explica. "Nem pretende sustentar que o tempo com a família e o tempo de lazer não são importantes."

Existem razões para encarar esses resultados com cuidado. Como um dedicado defensor dos programas extracurriculares, Mahoney tinha chamado a atenção para o fato de que muita conversa sobre crianças sobrecarregadas poderia dar aos políticos a desculpa necessária para cortar verbas de certos programas. Os críticos assinalam que o estudo se baseou em dados reunidos por pesquisadores que os obtiveram para outros projetos de pesquisa, que Mahoney ignorou as horas gastas indo e vindo das atividades e até mesmo atenuou aspectos inconvenientes dos dados que sugeriam que uma pesada carga de atividades extracurriculares destruía o tempo das crianças com a família e estimulava o uso de bebida alcoólica por menores de idade. Mahoney e sua equipe nunca perguntaram às crianças se seus horários as fatigavam ou estressavam.

Ao mesmo tempo, impõem-se novas evidências de que muitas crianças estão de fato demasiado ocupadas. Segundo um estudo realizado também nos Estados Unidos, publicado por KidsHealth.org, apenas algumas semanas antes do relatório de Mahoney, 41% dos que responderam, com idades entre 9 e 13 anos, disseram que se sentiam estressados a maior parte ou todo o tempo porque tinham coisas demais para fazer. Quase 80% deles desejavam ter mais tempo livre. Um relatório de 2006 da American Academy of Pediatrics alertou que crianças apressadas e sobrecarregadas correm o risco de contrair doenças relacionadas com o estresse.

Talvez o mais importante de tudo seja que o Relatório Mahoney ganhou aceitação popular na experiência de pais, crianças, professores e médicos de todo o mundo. Em muitos lares, os horários superlotados dos filhos transformaram a vida familiar em uma interminável corrida contra o relógio. Quando as cidades dos Estados Unidos instalaram câmeras para fotografar os motoristas que avançavam sinais, os principais transgressores não foram rapazes apostando corridas em carros turbinados, mas mães de classe média transportando seus filhos para a próxima atividade.

Enquanto pesquisava para seu livro *Unequal Childhoods: Class, Race and Family Life*, Annette Lareau descobriu que crianças pertencentes a famílias abastadas com horários superlotados mostravam-se mais cansadas, mais entediadas e com menos tendência a iniciar brincadeiras por si próprias do que colegas com menos atividades, provenientes de famílias de baixa renda. Wayne Yankus, que exerce a pediatria em Ridgewood desde o começo dos anos 1980, calcula que 65% de seus pacientes agora são vítimas de excesso de horários. Diz que os sintomas incluem dores de cabeça, desordens do sono, problemas gástricos causados pelo estresse ou por alimentar-se muito tarde da noite e fadiga. "Há 15 anos era raro ver uma criança de 10 anos cansada. Agora é comum." Recentemente ele contratou um terapeuta para passar um dia por semana em seu consultório para conversar com as famílias sobre a necessidade de podar as agendas de suas crianças.

Outra desvantagem de superlotar os horários é que as crianças, como os adultos, ficam sem tempo para pensar. Temas mais urgentes vêm antes, do tipo: "Onde estão minhas caneleiras, estamos atrasados para o futebol!" Quando tudo tem seu horário, não se aprende nunca como apresentar ideias próprias ou como criar sua própria diversão. Lori Sampson nota isto em sua própria família, em Ridgewood. Ela mantém sua filha Megan ocupada desde cedo, mandando-a de uma atividade para outra. No entanto, quando seu filho Michael nasceu, três anos depois, Lori estava exausta demais para fazer o mesmo, e assim ele cresceu com muito mais tempo livre. Hoje as duas crianças, com 14 e 11 anos, são essencialmente diferentes. "Megan vem ao nosso quarto à noite perguntar se deve ler um livro; Michael simplesmente vai para o seu quarto e lê. Ela está sempre esperando por nossas ideias e orientação sobre como usar seu tempo; ele simplesmente age."

Quando o tempo livre é limitado, o sucesso nas atividades — troféus de esportes, medalhas de dança, bolsas de estudo de música — pode tornar-se a forma principal de conseguir aprovação. Uma adolescente de Ridgewood diz que se sente como um "sumário ambulante". "Sempre sinto que preciso enumerar todas as coisas que faço para que as pessoas me respeitem." Isso significa que muitas crianças terminam inscrevendo-se em atividades extracurriculares simplesmente para impressionar Papai e Mamãe. Ou para dar brilho aos seus currículos. "Muitos de meus amigos praticam esportes, frequentam clubes ou fazem trabalho voluntário não porque estejam interessados, mas porque sabem que é bom para preencher um formulário para ingresso na faculdade", diz outra adolescente.

O carrossel extracurricular também pode colocar a família em um círculo vicioso. Os pais se ressentem com as crianças por exigirem deles tanto tempo e custarem tanto dinheiro — os ingleses gastam 12 bilhões de libras por ano com os hobbies de seus filhos, metade dos quais é abandonada em cinco semanas. E as crianças se ressentem do ressentimento dos pais. A sobrecarga de atividades também limita o tempo para as coisas simples e sem horário que mantêm as famílias unidas, como conversa informal, carinho, refeições compartilhadas ou apenas conviver em amistoso silêncio. Annette Lareau também descobriu que irmãos e irmãs brigam com mais frequência em famílias com horários superlotados. Wayne Yankus nota essa falta de conexão em muitos lares de Ridgewood. "Quando a neve chega e as atividades são canceladas, todos ficam apavorados porque subitamente ficam presos em casa e têm que lidar uns com os outros.

Simplesmente não sabem como conviver bem quando não há horários."

Ridgewood não adere totalmente ao dia de Ready, Set, Relax! Alguns moradores consideram o evento bobo ou complacente. Os jogos esportivos marcados contra distritos vizinhos não são cancelados, e a proibição do dever de casa não é sempre tão estritamente imposta como deveria ser, especialmente no curso secundário. No entanto, a cidade sente-se diferente no grande dia. Com menos mães de classe média avançando os sinais, o tráfego é menos frenético. As pessoas tendem mais a parar e conversar do que apenas fazer um breve cumprimento com a cabeça antes de apontar para o relógio e correr para o próximo compromisso. Para muitas famílias, o Ready, Set, Relax! tem sido uma revelação. Mais de um terço daqueles que participaram em 2006 podaram seus horários depois disso.

Vejamos o caso da família dos Given. As três crianças costumavam estar matriculadas em tantas atividades extracurriculares que quase não havia tempo para comer, dormir ou falar. Embora Jenny, a mãe, se sentisse sufocada e muitas vezes se descobrisse correndo pelo supermercado para economizar alguns segundos, de certo modo ela sentia que era seu dever manter a família comprometida com as atividades extracurriculares. "Você quer que seus filhos tentem cada atividade que aparece e teme estar falhando com eles se não estiverem ocupados a cada segundo. Você quer o melhor para eles, é claro, mas sempre, lá no fundo de sua mente, mesmo que não admita, tem a fantasia de que eles poderão se tornar brilhantes em alguma coisa e de que, matriculando-os em uma atividade, pode revelar um gênio latente."

Eu lhe conto sobre minha suspeita de que meu filho possa ser o próximo Picasso, e ela ri. "Viu, é assim que começa, com um pequeno pensamento como esse. Quando você se dá conta, está matriculando os filhos em todas as atividades que existem."

No lar dos Given, isso se traduziu em uma infinidade de aulas de arte, lições de espanhol, futebol, lacrosse, softbol, voleibol, basquetebol, beisebol, tênis, escotismo e clube do livro. Todo fim de semana, os pais se dividiam para levar as crianças para suas várias atividades. Em casa, o tempo e o bom humor faltavam. O Ready, Set, Relax! chegou como um chamado para acordá-los. Na primeira noite, os Given fizeram juntos comida mexicana e biscoitos de chocolate. Depois pegaram o Cadoo, um jogo de tabuleiro que estava na estante sem ser usado desde o Natal. A noite se passou em um tumulto de risos e afeto. "Foi uma revelação surpreendente para todos nós", diz Jenny. "Foi um alívio tão grande não ter que correr para a próxima atividade na lista do que fazer."

Depois da noite do Ready, Set, Relax! a família Given reduziu suas atividades, conservando apenas aquelas pelas quais as crianças eram apaixonadas. Hoje, Kathryn, de 16 anos, tem aulas de arte e de espanhol e frequenta um clube do livro. Chris, de 14 anos, joga basquete e beisebol, e Rosie, de 12 anos, pratica futebol, tênis e lacrosse. Toda a família está mais relaxada, e as crianças têm melhor desempenho na escola desde a redução de atividades. "Vamos jogar Cadoo" é o código dos Given para "vamos ficar juntos". "Estamos bem mais calmos e mais próximos", diz Jenny. "Fazemos as refeições juntos quase toda noite e conversamos mais uns com os outros."

Outras famílias de Ridgewood contam histórias similares sobre a fuga do Inferno dos Horários Superlotados. Certa mãe finalmente tomou coragem para tirar a filha de 13 anos, obsessiva por dança, de uma academia que reprovava qualquer um que faltasse a uma aula, mesmo por conta de eventos familiares. A reação da filha foi: "Por que você não me tirou antes?" A família Carson decidiu dar às crianças o limite de duas ou três atividades extracurriculares, em vez de cinco ou seis. Kim, de 11 anos, agora joga tênis e voleibol e participa de um grupo de teatro. "É suficiente", diz ela. "Minha vida ficou muito melhor agora que tenho algum tempo para descansar. É muito bom não passar todos os fins de semana fazendo coisas."

O Ready, Set, Relax! inspirou a família Tindall a mudar sua forma de encarar as férias de verão. Com os pais tendo que trabalhar, as atividades programadas para as duas crianças, de 9 e 11 anos, tornam-se essenciais. Mas depois de vários exaustivos verões de sobrecarga extracurricular, os Tindall mudaram sua linha de ação. Agora matriculam as crianças em cursos de férias que não ocupam cada momento do dia com horários e deixam as noites e fins de semana em aberto, para descansar, ver amigos e passar tempo com a família. Jeff, de 11 anos, adora isso. "O último verão foi impressionante. Fiz um monte de coisas legais e não fiquei entediado, mas também não fiquei muito ocupado."

O espírito de Ready, Set, Relax! alastrou-se para outras iniciativas em Ridgewood. Toda quarta-feira, se o clima permite, quase 80 crianças, entre 4 e 7 anos de idade, são deixadas soltas no parquinho da escola primária local. É o Dia de Brincadeiras Livres, e os pais ficam do outro lado das grades. Deixadas à própria sorte, as crianças pulam corda, brincam de esconde-esconde e pique, inventam histórias, jogam bola, cantam e lutam corpo a corpo. O ruído é alegre, o equivalente a uma Parede de Som[7] feita por crianças. Para muitos pais é uma revelação. "Nunca me ocorreu fazer isso; apenas deixá-las brincarem assim", diz uma mãe. "Sempre se pensa que é preciso organizar alguma coisa para elas, mas. na verdade, não é necessário."

Existe alguma coisa de absurdo — até mesmo de um pouco trágico — em ter que preencher o tempo que sobra, mas, dado o mundo em que vivemos, provavelmente esse é o impulso de muitas famílias. E o movimento Ready, Set, Relax! claramente reflete um modo mais amplo de repensar tudo isso. Na Ásia, o ex-presidente da Coreia do Sul, o Prêmio Nobel da Paz Kim Dae-jung, falou da necessidade de "libertar os jovens das atividades extracurriculares". As universidades de elite estão transmitindo a mesma mensagem. A reforma do formulário de acesso ao Massachusetts Institute of Technology (MIT) confere menos ênfase ao número de atividades extracurriculares e mais ao que desperta a paixão do candidato, e isso já está se mostrando eficiente. Marilee Jones calcula que a turma de calouros de 2007-2008 acolheu 70 estudantes que teriam sido eliminados em outra época. "Mil rapazes e moças ingressam a cada ano, de modo que não é um resultado impressionante, mas é um começo. Sinaliza que o MIT quer seres humanos, não desempenhos humanos."

Harvard também estimula os novos calouros a reverem seus excessos de horário já na porta de entrada. No site da

[7] Técnica de gravação desenvolvida por Phil Spector.

universidade, uma carta aberta de Harry Lewis, um ex-decano de graduação, avisa os estudantes para o fato de que eles obterão mais da faculdade, e da própria vida, se fizerem menos coisas e se concentrarem no que realmente acende sua paixão: "[Você] terá mais probabilidade de sustentar o intenso esforço necessário para realizar um trabalho de alto nível em uma dada área de estudos se permitir a si mesmo ter tempo de lazer, alguma recreação, algum tempo de solidão, em vez de atulhar seus horários com tantas atividades até que não tenha tempo para pensar sobre por que está fazendo o que faz." Lewis também se opõe à noção de que tudo que os jovens fazem deve ter um resultado mensurável ou contribuir para a confecção do *curriculum vitae* perfeito. "Você pode equilibrar melhor sua vida se participar de algumas atividades só por prazer, não para adquirir um papel de liderança que possa se tornar uma credencial distintiva para um emprego depois que estiver formado. Os relacionamentos humanos que você estabelece no tempo livre com seus colegas de quarto e amigos podem ter uma influência mais forte sobre sua vida do que o conteúdo de alguns dos cursos que você frequenta." O título da carta soa como um desafio direto à cultura do excesso de horários. Chama-se *Diminua seu ritmo: Ganhe mais em Harvard fazendo menos.*

Por toda parte no mundo, as famílias estão prestando atenção ao chamado. Para os Kessler, em Berlim, o momento decisivo chegou quando seus dois filhos — Max, de 7 anos, e Maya, de 9 — começaram a brigar constantemente. A mãe deles, Hanna, decidiu que o abarrotado horário extracurricular das crianças — violino, piano, futebol, tênis, esgrima, voleibol, *tae kwon do*, badminton e aulas particulares de inglês

— estava introduzindo uma cunha entre eles. "Quando eu estava crescendo, tinha muito tempo livre com meus irmãos e nos dávamos bem, e ainda é assim", diz ela. "Quando olhei o horário de nossa família, compreendi que Max e Maya não tinham praticamente nenhum tempo livre juntos, como irmão e irmã, porque um ou o outro estava sempre correndo para alguma atividade."

Hanna decidiu limitar a carga horária a três atividades extracurriculares para cada um. As crianças não sentem falta dos clubes que abandonaram, e a harmonia entre irmãos parece haver surgido no lar dos Kessler. "Nós nos damos melhor agora", diz Maya. "Nós nos divertimos muito juntos", afirma Max, revirando os olhos. Maya olha-o de modo penetrante, e por um momento parece que as velhas hostilidades vão recomeçar. Mas as duas crianças começam a rir. Hanna sorri exultante. "Nunca mais quero estar ocupada o tempo todo."

Assombrados com suas próprias lembranças da sobrecarga extracurricular, outros pais estão enfrentando a pressão para empurrar seus filhos cedo demais para atividades. David Woo, um analista financeiro de Cingapura, ainda está traumatizado com as aulas de piano e violino impostas por seus pais. Ele tinha talento e passou em exames de alto nível nos dois instrumentos, mas sempre sentiu que a música era uma tarefa que o impedia de brincar com seus brinquedos e amigos. O horário de David, repleto de lições, horas de estudo e concertos, pairava sobre a família como uma nuvem escura. Depois que deixou a casa dos pais, não tocou piano nem violino por vinte anos. "A música é maravilhosa, e, no entanto, a alegria de tocar me foi tirada porque tudo era hiperorganizado", ele diz. "Eu queria evitar isso com meus próprios filhos." Woo tem uma filha chamada Nancy. Quando ela era muito pequena, ele sempre punha músicas clássicas para tocar no aparelho de som da casa e a levava a eventos musicais, mas recusou-se a colocá-la em aulas particulares até que ela demonstrasse interesse. Quando o fez, mandou colocar um piano na sala e conseguiu um professor que levava a menina a desfrutar a música em vez de obrigá-la a labutar longas horas para passar em exames o mais rápido possível. Três anos depois, Nancy, agora com 10 anos, adora passar o tempo brincando com o teclado e toca pequenos trechos de Beethoven para seus pais no café da manhã. O prazer que ela extrai do piano até mesmo inspirou Woo a recomeçar a usar as teclas de marfim. "Nancy adora tocar e exercitar-se, e penso que isso se deve ao fato de ela ter chegado a isso no seu próprio tempo, sem se sentir pressionada. Também é bom que, como família, nossas vidas não precisem girar em torno de seu horário de aula ou estudo de piano."

E se esse começo relativamente tardio implica que Nancy seja uma criança prodígio fracassada? Woo não está preocupado com isso. Sabe que o verdadeiro gênio sempre se afirma no final das contas. Leonard Bernstein, por exemplo, começou a tocar piano aos 10 anos de idade. "Se Nancy vier a se tornar uma musicista brilhante, será ótimo. Do contrário, pelo menos ela chegará à vida adulta com uma paixão genuína por tocar e deleitar-se com a música."

A maior parte das famílias que diminui a carga extracurricular dos filhos acaba levando mais tempo para fazer as refeições em comum. Em uma cultura apressada, hiperprogramada, na qual jantar *al desko*,[8] diante da televisão ou do computador, na rua ou no carro é um lugar-comum, a refeição familiar com frequência fica postergada. Um estudo revelou que um quinto das famílias inglesas nunca come junto. A ironia é que muitos dos benefícios que as atividades extracurriculares, inclusive o dever de casa, pretendem trazer podem na verdade ser conseguidos pelo simples ato de compartilhar o pão *en famille*. Pesquisas realizadas em muitos países mostram que crianças que têm refeições familiares regulares estão mais propensas a serem bem-sucedidas na escola, desfrutam de boa saúde mental e comem alimentos nutritivos; também são menos inclinadas a iniciar sua vida sexual antes da idade adulta e a usar drogas ou álcool. Um estudo de Harvard concluiu que as refeições familiares promovem o desenvolvimento da linguagem até mesmo mais do que a leitura de contos em família. Outra pesquisa descobriu que o único denominador comum entre National Merit Scholars, alunos que recebem bolsa da National Merit Scholarship Corporation, concedidas depois de avaliação nos Estados Unidos, sem importar a raça ou a classe social, era ter jantado regularmente com a família. É claro que falamos aqui de refeições nas quais tanto os pais como os filhos fazem perguntas, discutem longamente ideias, contam piadas; não aquelas em que todos se limitam a ver televisão e resmungar "passa o sal".

Por que refeições familiares civilizadas têm tão bons rendimentos? Quando se trata da dieta, a resposta é óbvia. É mais provável que um menino de 9 anos acabe de comer suas

[8] Refeições feitas à mesa (desk em inglês). Brincadeira feita com o advérbio italiano alfresco, ao ar livre. (*N. do T.*)

verduras, ou mesmo coma alguns legumes, na frente de Papai e Mamãe do que quando está comendo sozinho em seu quarto, em frente do computador. Sentar-se à volta da mesa de jantar, tomar parte na conversa, também ensina às crianças que elas são amadas e queridas por quem são, não pelo que fazem. Elas aprendem a falar, a ouvir, a pensar e a transigir — todos esses ingredientes essenciais para um alto coeficiente emocional. É claro que ninguém supõe que as refeições em família sejam sempre um mar de rosas. Algumas vezes, elas são um verdadeiro inferno. Reunir crianças pequenas, cansadas, adolescentes mal-humorados e pais estressados em volta da mesa pode ser a receita para uma guerra declarada. Mas lidar com o conflito também é parte da vida.

Apesar de suas desvantagens, a refeição em família está voltando a ficar em evidência. Lançado em 2004, o programa de televisão *Fixing Dinner*, que mostra às famílias como cozinhar e jantar juntos, atrai milhões de espectadores no Canadá, nos Estados Unidos e na Austrália. Um relatório de 2005 do grupo Mintel de pesquisa de consumidores mostrou um aumento no número de famílias inglesas cujos integrantes se reúnem para jantar. Inspiradas por iniciativas com nomes como *Putting Family First* ou *National Family Night*, muitas famílias norte-americanas estão tendo o mesmo efeito. Para a família Bochenski, de Minneapolis, fazer força para que todos jantem juntos pelo menos quatro noites por semana veio com uma diminuição das atividades extracurriculares. Cada um dos três filhos adolescentes deixou de lado uma atividade, e agora todos dormem mais e têm melhores resultados na escola. Os Bochenski também estão se dando melhor como família. "É no jantar que nos conectamos outra vez, apenas falando e estando juntos", diz Angela, de 15 anos. "É um alívio não estar fazendo coisas o tempo todo."

Algumas pessoas acusam famílias como a dos Bochenski de adotarem o jantar em comum e os horários mais leves por razões equivocadas, isto é, de diminuir os horários sobrecarregados e aumentar o tempo passado com a família não por eles mesmos, mas porque as pesquisas sugerem que isso pode aumentar as notas nos exames. Pode haver algo de verdade nisso. Não há dúvida de que algumas famílias estão apenas tentando diminuir o ritmo, mas certamente isso é melhor do que a overdose extracurricular. E com frequência as famílias que começam a desprogramar-se por razões erradas acabam continuando a fazê-lo pelas razões certas. "Qualquer que seja a motivação original, logo você entende que o mais precioso benefício de cortar as atividades extracurriculares é apenas ter mais tempo como família e como indivíduos", diz Simon Bochenski, pai de Angela. "Tempo para que os pais convivam um com o outro também é importante."

A carga de atividades extracurriculares dos filhos certamente pode cobrar um alto tributo dos pais. Quando toda a vida familiar gira em torno das crianças, quando o pai e a mãe não têm tempo para si mesmos, a relação sobre a qual a família é construída pode desmoronar, o que significa más notícias para todos. Queixas sobre a intromissão das crianças no tempo dos adultos são mais velhas do que a Terra. Qualquer um que tenha suportado uma refeição com pais que só têm olhos e ouvidos para seus próprios filhos simpatizará com o mal-humorado relatório de James Boswell sobre um jantar do século XVIII parcialmente arruinado por uma dupla de crianças: "Elas brincavam, tagarelavam e não deixavam que ninguém fosse ouvido além delas... Langton e sua mulher beijavam suas crianças com triunfante insensibilidade e só ouviam com prazer o que elas diziam." Tais cenas são lugar-comum hoje em dia. Todos nós já nos sentamos à mesa com crianças, às vezes bem pequenas, e lutamos para intercambiar mais do que algumas palavras com os outros pais. Graças à roda-viva extracurricular, porém, as crianças agora sequestram o tempo dos adultos até bem depois da primeira infância. Por todos os lados há pais que se queixam de que seu tempo juntos como um casal e para ver seus amigos é sacrificado no altar dos horários abarrotados de seus filhos.

Perguntem a Benjamin e Sally Roger, que dirigem uma companhia de abastecimento no Brooklyn, em Nova York. Nos primeiros anos de paternidade, o casal contratava babysitters e saía regularmente, mas isso ficou para trás quando os horários de seus dois filhos tornaram-se mais pesados. Uma vez por semana transformou-se em uma vez por quinzena e depois em uma vez por mês. Michael, agora com 12, e Jackie, com 14, estavam matriculados em quatro ou cinco atividades extracurriculares cada um. "Um dia verifiquei minha agenda e descobri que Ben e eu não tínhamos saído juntos, como um casal, havia mais de um ano", diz Sally. "Fora as noites de reuniões de pais na escola, é claro, mas isso não conta." É claro que houve um ônus. Os Roger começaram a discutir e a afastar-se. "Nossas vidas inteiras eram vividas através das crianças, e elas estavam se transformando na única coisa que tínhamos em comum", diz Benjamin. "Aquilo estava drenando a vida do nosso casamento." Quando amigos em situação semelhante pediram divórcio, os Roger decidiram agir.

No primeiro dia das férias escolares de verão, a família toda se reuniu em torno da mesa da cozinha. Concordaram que seus horários haviam ficado demasiado centrados nas crianças e que era tempo de abrir algum espaço para Papai e Mamãe. Michael abandonou o hóquei — "eu nem gostava tanto assim", admite ele — e Jackie passou a jogar em um time de voleibol que viajava menos. Isso liberou tempo suficiente para garantir aos Roger mais velhos pelo menos uma noite por semana para saírem sozinhos.

O casal agora se dá muito melhor. "Estávamos fazendo tanto para dar-lhes a melhor infância possível que isso, na verdade, estava matando nosso casamento", diz Sally. "É ótimo agora que toda a família está menos ocupada."

Michael concorda, mas a sua ideia sobre as alegrias de diminuir a carga extracurricular é um pouco mais egoísta. "Sabe qual é a melhor parte de estar menos ocupado?", pergunta ele, agarrando seu iPod e dirigindo-se para seu quarto. "Poder dormir mais."

É claro que diminuir a carga apenas parcialmente significa desenvolver a sanidade às horas extracurriculares das crianças. A outra parte é repensar como as atividades são organizadas e realizadas. Nessa idade hipercompetitiva, as elevadas expectativas transformaram tudo, do piano à cerâmica, em uma batalha pela supremacia. Uma mãe confioume recentemente que fica deitada à noite planejando formas para que seu filho ganhe o maior número de medalhas em sua tropa de escoteiros.

E ainda tem o esporte — a mais popular atividade extracurricular de todas e a que atiça, como nenhuma outra, o fogo competitivo.

9

ESPORTES: joguem bola

"O que realmente importa é o moleque e a bola, a bola e o moleque."

CHICO BUARQUE, COMPOSITOR/ESCRITOR

CHRISTOPHE FAUVIAU QUERIA MUITO QUE SEUS FILHOS TIVESSEM sucesso no tênis. O ex-piloto de helicóptero comprou os melhores equipamentos para seu filho e filha, pagou treinadores particulares e compareceu a todos os jogos que eles disputaram. À medida que a dupla subia no *ranking* de jovens tenistas na França, ele os seguia pelo circuito europeu. Depois de algum tempo, no entanto, sua dedicação transformou-se em algo mais sinistro. Sem o conhecimento de seus filhos, Fauviau começou a colocar Temesta, um ansiolítico que causa tonturas, nas garrafas de água dos oponentes deles. Isso aconteceu por quase três anos, com pelo menos 20 opositores sucumbindo à fadiga e à visão turva. Finalmente, o golpe veio à luz depois que uma vítima bateu com o carro e morreu a caminho de casa após um jogo contra o filho de Fauviau. Em 2006, o diabólico pai do tênis foi sentenciado a oito anos de prisão.

O caso foi manchete em todo o mundo e deu origem a muitas reportagens preocupadas com as razões de tudo isso. O caso de Fauviau foi apresentado como uma lenda admonitória, um alerta aos pais de todo o mundo sobre os riscos de se deixarem envolver até a loucura com os esportes de seus filhos. "Este caso apresenta um espelho para o pai moderno que transforma cada aspecto da existência de seu filho numa questão de vida ou morte", entoou um comentarista francês. "Todos corremos o risco de fazer o que Fauviau fez."

É claro que há exagero nessa afirmação, mas é verdade que os adultos estão mais envolvidos nos esportes das crianças — logística e emocionalmente — do que jamais estiveram. Esportes organizados para a juventude começaram nas escolas durante o século XIX e prosperaram depois da Segunda Guerra Mundial. Em muitos países, unir-se a um time local de recreação, muitas vezes treinado por um pai, tornou-se um rito de passagem para a geração do *baby boom*. Não obstante, as crianças continuaram a praticar esportes informalmente em seu tempo livre, até mesmo porque costumavam ter muito mais tempo livre. Em um campo ou rua vazios, eles combinavam as regras, escolhiam os times e apitavam o jogo — sem uniformes, sem deixar no banco os jogadores mais fracos, sem quadros de táticas, sem adultos dizendo-lhes o que fazer. Passei a maior parte da minha infância jogando hóquei, futebol canadense, futebol, basquete e tênis sem nenhum adulto à vista. Tudo mudou quando uma nova geração de adultos trouxe o velho ciclo de expectativas crescentes para o campo dos esportes juvenis. Quando as escolas mudaram seu foco do culto ao atletismo para o trabalho acadêmico, os times de jovens tornaram-se privados — e caíram nas mãos de gente como Fauviau.

E vejam o efeito disso. Em muitos países, as crianças agora praticam esportes como profissionais em miniatura, com ligas organizadas, estatísticas pessoais, treinamento especializado e um *ethos* de vencer a qualquer preço. Crianças recém-saídas das fraldas são treinadas em escolinhas de esporte, e até crianças de 4 anos viajam pelo país para disputar com outras da mesma idade. Muitos desses times agora jogam o ano inteiro, com temporadas mais longas do que as das próprias ligas profissionais. Para incitar os times de seus filhos a entrar em forma, os pais procuram treinadores caros e contratam professores particulares. De acordo com uma pesquisa, os pais norte-americanos agora pagam mais de 4 bilhões de dólares por ano por treinamento esportivo para seus filhos.

Mas nem tudo isso é necessariamente ruim. Os esportes organizados podem ser maravilhosos para as crianças, conservando-as longe dos Xbox e de outras tentações, proporcionando-lhes exercícios e valiosas lições sobre trabalho em equipe, disciplina e os altos e baixos de ganhar e perder. O treinamento particular pode aperfeiçoar o lançamento, a recepção da bola, o equilíbrio e outras habilidades. O problema é que muitos treinadores e pais ficam arrebatados. Como refrear adultos fora de controle agora é um tema constante do Congresso Internacional de Esportes Juvenis, que se reúne anualmente.

Em todo o mundo encontramos mães e pais tentando intimidar treinadores para que alterem a seleção dos times, as táticas e o treinamento de modo a melhor adaptá-los a seus filhos. Até mesmo os esportes universitários recebem telefonemas de pais irados exigindo saber por que o filho deles está jogando futebol na lateral e não como atacante ou por que a filha deles ainda não é a capitã do time de voleibol. "Cada vez que minha secretária me diz que há um pai na linha, meu coração dispara", diz um técnico de uma universidade norte-americana. "Eu sei que vou passar pelo inferno por não ter entendido que o filho dele é o próximo Michael Jordan."

Muitos pais são uma ameaça nas laterais do campo. Escolas se queixam de dias de gincana arruinados por mães e pais gritando com seus filhos para irem mais rápido nas corridas de saco. Em todos os cantos do mundo podemos ver pais repreendendo seus filhos por deixarem cair a bola, errar um chute ou um passe. Os ocasionais insultos que ouvi quando era árbitro de futebol nos anos 1980 evoluíram atualmente para um verdadeiro coro grego que lança vitríolo pela boca — ou pior.

Com o objetivo de atrair a atenção para o problema, o professor de direito da Universidade de Missouri e antigo treinador de hóquei no gelo para jovens, Douglas Abrams, envia um boletim diário, por e-mail, com artigos de revistas e notícias de jornais relatando os piores exemplos de mau comportamento de adultos em todo o mundo. Aqui está uma amostra de histórias recentes: a polícia foi chamada para uma partida de rúgbi de menores de 16 anos, quando mais de 20 pais começaram a brigar depois do apito final; uma mãe foi perpetuamente proibida de frequentar jogos de basquete para jovens na Carolina do Norte, depois de ter pulado em cima de um juiz e arranhado seu rosto e pescoço; um pai apontou uma arma para um treinador de futebol americano da Filadélfia porque achou que seu filho de 6 anos não jogou o tempo suficiente. Tal é a ameaça representada por pais superzelosos que alguns juízes de ligas juvenis agora levam celulares para o campo para pedir ajuda se atacados, enquanto outros pedem escolta para sair dos estádios. Os excessos das multidões são tão danosos em Edimburgo que as ligas de futebol juvenis não conseguem mais encontrar árbitros em número suficiente para atuar nos jogos.

Por que isso acontece? Talvez porque o esporte estimule os impulsos competitivos mais do que as atividades acadêmicas e outras atividades extracurriculares. Ou talvez porque alguns pais estejam desesperados e queiram que seus filhos ganhem bolsas de estudo por méritos de atleta para que possam se livrar dos crescentes custos da faculdade. Uma razão subjacente, no entanto, é que muitos de nós vivemos por meio das façanhas esportivas de nossos filhos. Já não é suficiente que a criança tenha prazer ao jogar: ela precisa ser uma atleta brilhante, que ganha troféus e aparece no jornal local. Durante o julgamento de Fauviau, o promotor descreveu o réu como "um adulto que transformou seus filhos em objetos de suas próprias fantasias de sucesso". O próprio Fauviau declarou ao tribunal: "Eu me sentia como se estivesse sendo permanentemente julgado pelo desempenho de meus filhos." Diane Wiese-Bjornstal, professora de psicologia do esporte da Universidade de Minnesota, acha que muitos pais chegam a esperar que seus filhos tenham a experiência esportiva perfeita. "Esta é uma mentalidade de merecimento. Muitos pais tratam seus filhos como mercadorias ou investimentos. Pensam que tudo isso é devido a eles — tempo de lazer, bolsas de estudo e status. É a concorrência entre os pais, vivida por meio dos filhos." Em outras palavras, o esporte juvenil não tem mais as crianças como sujeitos. É um jogo de adultos.

E assim como em qualquer outro terreno da infância, da escola aos brinquedos, quando os adultos vêm primeiro, as crianças perdem. Desesperados para serem o atleta da vez ou por viverem de acordo com as expectativas dos pais, ou por ambos, muitas crianças estão arriscando sua saúde ao usar drogas que melhoram o desempenho. Um estudo descobriu que o número de estudantes secundários norte-americanos que usa esteroides anabólicos triplicou desde 1993. Crianças de até 11 anos foram surpreendidas engolindo pílulas para aumentar sua força, velocidade e resistência. Esse *ethos* de vencer-é-tudo também penetra na sala de aula. O estudo mais recente feito pelo Instituto Josephson de Ética, dos Estados Unidos, descobriu uma crescente disposição, entre atletas jovens, para trapacear na escola. A conclusão foi que, hoje em dia, "para a maior parte dos jovens, o esporte promove a trapaça, em vez de desencorajá-la".

A sobrecarga de atividades esportivas também está causando sérios danos a um número crescente de crianças. Meninos de até 8 anos são submetidos a cirurgias por conta de danos nos ombros e fraturas por esforço nas costas. Considerem o caso de Budhia Singh, que se tornou o mais jovem maratonista do mundo depois que começou a competir aos 3 anos de idade. Suas façanhas foram manchete em todo o mundo, e ele apareceu em vários comerciais de televisão. Até mesmo foi apelidado de "o Forrest Gump indiano". Mas o começo precoce logo o surpreendeu. Em 2006, Budhia foi instado a parar de correr depois que os médicos descobriram que ele estava subnutrido, anêmico e sofrendo de pressão alta e estresse cardíaco.

Assim como forçar o aprendizado escolar cedo demais pode ser contraproducente, também o é uma overdose de um único esporte desde uma tenra idade. Ao longo de sua carreira de jogador de golfe, Severiano Ballesteros sofreu de problemas nas costas causados por treinar demais depois de ter sofrido uma lesão na infância. Mesmo assim, os pais ouvem os especialistas que explicam que são necessárias 10 mil horas de prática para dominar um esporte e pensam que quanto antes seus filhos acumularem essas horas melhor. Os treinadores também forçam uma especialização precoce, porque ela pode dar uma vantagem competitiva, especialmente em esportes como ginástica ou patinação no gelo. O problema é que, no final das contas, é melhor para as crianças começar experimentando tudo, testando seus corpos em uma gama diversificada de esportes antes de se concentrarem, mais tarde, em um único. A maior parte dos cientistas desencoraja a especialização antes dos 13 anos. "Estreitar a variedade de atividades físicas antes que uma base atlética tenha sido estabelecida pode colocar em risco o desenvolvimento a longo prazo e sufocar mais tarde o real potencial", afirma Tommi Paavola, diretor de programas de condicionamento para jovens do Elite Athletic Performance Institute, de Ramsey, no estado norte-americano de Nova Jersey. "Com muita frequência tentamos criar jogadores sem criar atletas primeiro."

A especialização precoce também exclui, pela força dos números, os que se desenvolvem tardiamente. Todos conhecem a lista de chamada das crianças prodígio, de Tiger Woods às irmãs William, que chegaram ao topo da pirâmide esportiva pelo esforço de pais dedicados, que se sacrificam. Mas o que realmente dá destaque a esses prodígios-transformados-em-superestrelas é a exceção à regra. Para cada Michelle Wie, existem centenas de outras crianças atletas criadas em estufas cujo fogo se extingue ou que perdem o interesse ao longo do trajeto. E existem aquelas — como a estrela do tênis Jennifer Capriati que veio a se tornar ladra de lojas — que chegam ao topo somente para autodestruir-se. E Tiger Woods, o santo padroeiro dos prodígios esportivos, não foi tão pressionado como muitos supõem. Ele jogou um torneio PGA dos Estados Unidos aos 16 anos, três entre 17 e 18 anos, quatro aos 19 e três aos 20 anos, antes de tornar-se profissional quando já tinha 21 anos de idade. Seu pai, Earl, fez questão de não apressar seu desenvolvimento: "Eu tinha uma regra: nunca forçá-lo além do que ele pudesse fazer. Por que sujeitá-lo a isso?"

A verdade é que o talento esportivo precoce não é garantia de façanhas futuras. Sei disso por experiência pessoal. Comecei a andar cedo, hesitantemente, aos 8 meses e a jogar bola algumas semanas mais tarde. Meu pai pensou que havia gerado o novo Pelé, mas não passei de um jogador de futebol mediano. A verdade é que as crianças se desenvolvem segundo ritmos diferentes, e a puberdade pode mudar tudo. O garoto desajeitado que era sempre o último a ser escolhido para o time no recreio do curso primário desabrocha como a estrela do time no secundário, ao passo que o prodígio do futebol de 9 anos mal consegue acompanhar o jogo aos 15. Muitos atletas famosos acertaram seu passo, ou seguiram o chamado, em idade mais avançada do que aquela a partir da qual as ligas juvenis de hoje em dia desistem de recrutar novos talentos. Jack Nicklaus pisou pela primeira vez em um campo de golfe no curso secundário. Theo Walcott, o garoto maravilha do Arsenal, só começou a jogar futebol em torneios aos 11 anos. Michael Jordan foi cortado do seu time do secundário; alguns anos — e alguns quilos e centímetros — mais tarde, ele provavelmente foi o melhor jogador de basquete que o mundo já viu.

Lena Nyberg, que tem o cargo de Ouvidora das Crianças na Suécia, defrontou-se com o mesmo problema recentemente, com seu próprio filho. O menino dedicou-se a vários esportes enquanto crescia, mas aos 12 anos decidiu concentrar-se no futebol. O único problema é que todos os clubes de Estocolmo disseram-lhe que ele já era velho demais. "Se você tem que começar um esporte aos 5 anos e especializar-se aos 10, a sociedade tem uma visão completamente errada de como lidar com a infância", diz Lena.

Bob Bigelow, autor de *Just Let the Kids Play* e ele mesmo um ex-jogador da NBA, preocupa-se com o fato de que muitos atletas em potencial estão sendo postos de lado pela nossa obsessão de classificar as crianças o mais cedo possível. O próprio Bigelow ainda era um desajeitado varapau aos 14 anos. "Hoje em dia eu nunca teria conseguido ser um jogador de basquete profissional, porque minhas habilidades teriam sido avaliadas e consideradas insuficientes por pais que pensam que entendem do esporte, mas não entendem. Quantas futuras estrelas não estão sendo descartadas já no ensino básico por contadores, advogados, açougueiros, padeiros e fabricantes de castiçais?"

Uma vez que passamos pela seleção, os adultos com frequência tornam o próprio jogo excessivamente competitivo. Estudos sobre esportes selecionados mostram que a prioridade das crianças é manter a bola para a frente e os times bem formados. Nas ligas organizadas, os adultos estão mais inclinados a deixar os meninos no banco e a dar tempo de jogo extra aos jogadores astros. Para muitos pais, o resultado — como os resultados dos exames na escola — torna-se mais importante que o próprio jogo. Não é de admirar que alguns treinadores de jovens tratem seus jogadores como criados contratados. Um deles recentemente tirou uma menina de um time de lacrosse de Nova York porque ela participou de um retiro religioso. Uma obsessão com estatísticas individuais também pode tirar a alegria do esporte. Sally Cheng, de 14 anos, participa de competições de badminton em Pequim. Seu pai comparece a todos os seus jogos, faz um sermão sobre as falhas de seu desempenho no caminho para casa e pendura seus resultados na porta da geladeira em casa. "Se tive um jogo ruim, isso me incomoda a semana inteira, porque vejo o resultado no café da manhã todos os dias, bem ali na porta da geladeira. Embora seja óbvio que não sou um talento de nível mundial, meu pai tem a obsessão de um dia me mandar para as Olimpíadas."

Tal como no que diz respeito às notas de exames escolares, dar grande importância às estatísticas pode deformar as prioridades nos esportes. Um treinador de hóquei de Calgary, no Canadá, conta como o melhor jogador de seu time de meninos de 10 anos de repente parou de fazer passes nas jogadas ofensivas. Depois que ele arrancou o disco de um colega de equipe para fazer o gol sozinho, o técnico finalmente perguntou por que ele estava procedendo assim. O menino explicou que seu pai "adicionava cinco dólares à sua mesada a cada gol que fizesse".

Mas isso não significa que observar os resultados ou as estatísticas é sempre uma coisa ruim. A competição pode ser emocionante para as crianças e estimulá-las a jogar melhor, também pode ensiná-las a ganhar e a perder. Mas quando o resultado final torna-se o mais importante, quando a primeira pergunta depois do jogo é sempre "você venceu?", outras coisas ficam de fora. Competição demais obriga as crianças a jogarem até as últimas forças, em vez de levá-las a trabalhar suas fraquezas. Os calendários das ligas hoje em dia estão abarrotados de tantos jogos competitivos que sobra pouco tempo para aprender o básico. Convencidos de que o que é bom para os profissionais é bom para nossas crianças, nós as colocamos soltas em campos, quadras e rinques dimensionados para adultos, onde elas passam menos tempo tocando a bola ou o disco e mais tempo correndo para um lado e para o outro, tentando nos impressionar. "O que a rotina de atletas de elite de 19 a 34 anos tem a ver com ensinar meninos de 8 anos?", pergunta Bigelow. "É como tentar ensinar álgebra às crianças no primário: há toda uma gama de níveis de conhecimento matemático a atravessar antes que estejam prontas para a álgebra. Acontece o mesmo nos esportes. É preciso treiná-las lentamente, tratá-las como crianças, não como miniprofissionais."

Assim como acontece na sala de aula, a pressão constante para vencer, para bater recordes mundiais, pode ser um empecilho à criatividade. Na brincadeira das crianças não existe o erro, apenas diferentes formas de experimentar as coisas, mas quando os adultos se metem, passam a existir o modo certo e o modo errado. As crianças têm menos possibilidades de tentar um drible de Ronaldo no campo de futebol, um passe por trás das costas ao estilo de Sidney Crosby no hóquei ou um passe por baixo da perna como os de Vince Carter na quadra de basquete quando há um treinador ou um pai apontando para o placar e gritando para que não corram riscos desnecessários. Buck Showalter, ex-empresário dos Yankees de Nova York, acredita que as crianças da América Central jogam beisebol com mais liberdade e intuição do que os meninos norte-americanos altamente treinados. Olheiros de outros esportes notam uma tendência similar. John Cartwright passou vários anos trabalhando com futebol para jovens na Inglaterra. Sendo ele próprio um ex-jogador profissional, pensa que os meninos que surgem agora são menos hábeis e inventivos porque estão excessivamente treinados e passam muito pouco tempo apenas jogando bola com os amigos. "Quando estávamos crescendo, não precisávamos de traves de gol, de uniformes, de gente para nos treinar. Colocávamos alguns casacos no chão, jogávamos um futebol caótico com nossos sapatos comuns, aguçando o controle da bola e a tomada de decisões. Todos os grandes tiveram essa experiência: Stanley Matthews, nas ruas da cidade inglesa de Stoke; Pelé, crescendo nas ruas empoeiradas de um entroncamento ferroviário no Brasil; Maradona, em uma área carente de Buenos Aires. Na Inglaterra, o futebol de rua desapareceu há muito tempo. Em seu lugar, temos um sistema que simplesmente não funciona bem."

É claro que a maioria das crianças nunca crescerá para tornar-se atleta profissional. O melhor que podemos esperar é favorecer nelas uma paixão duradoura pelo esporte. Mas está acontecendo o contrário. Pesquisas feitas nos Estados Unidos mostram que 70% das crianças que praticam esportes juvenis os abandonam na idade de 13 anos, e muitas mais o fazem quando completam 15. Nas pesquisas, os meninos dizem que a exaustão, as dores musculares e a atmosfera de panela de pressão criada pelos treinadores e pais acabam por tirar a graça dos esportes.

Até mesmo os jogadores de elite exibem melhor desempenho quando sentem prazer. O ponto de partida para o sucesso nos esportes, para ganhar troféus e quebrar recordes, para tirar os espectadores de seus assentos, é a simples emoção infantil do jogo. Vejam o futebol brasileiro. Muito embora a maior parte das estrelas brasileiras do gramado seja treinada em clubes privados desde tenra idade, ganhar os jogos é, para eles, secundário em relação a aprender a jogar, e muitos meninos não começam a jogar com times de 11 de cada lado e arcos de tamanho oficial até que estejam com quase 13 anos. Eles também passam horas e horas lapidando sua habilidade e criando seus truques pessoais na rua e na praia, longe de treinadores e pais. Muito dessa grande aventura de criança vai com eles para o campo nos jogos de verdade. O conhecido compositor brasileiro Chico Buarque resumiu em uma entrevista a força e a glória das crianças que jogam sem tomar conhecimento das regras, rotinas e arengas dos adultos: "O que realmente importa é o moleque e a bola, a bola e o moleque."

Por trás de tudo isso está a maior tristeza de todas. Em nossa precipitada corrida para criar pequenos atletas astros, estamos matando a arte de praticar esporte simplesmente pelo esporte: tirem a organização, as estatísticas, a posição da liga, e não vemos mais a razão para praticá-lo. Há pouco tempo, dois times de meninos de 7 anos de idade se encontraram em um estádio em Cleveland, no estado norte-americano de Ohio. Todos os ingredientes estavam lá disponíveis para uma tarde de sábado de futebol: grama recém-cortada, céu azul e uma multidão de garotos uniformizados e com desejo de jogar. O único problema foi que o juiz não apareceu. O que fizeram os pais? Colocaram as crianças de volta nos carros e foram embora.

Será possível fazer com que os adultos recuem um pouco e devolvam os esportes juvenis às crianças? A resposta é sim. Em todo o mundo, as ligas, os pais, os atletas astros e os políticos estão encontrando formas de dar prioridade ao moleque e à bola. Uma lenda viva do beisebol norte-americano, Cal Ripken Jr, está liderando uma cruzada para mudar a cultura dos esportes juvenis, dizendo a qualquer um que queira ouvir que "todos precisam se lembrar de que quem está em jogo são as crianças, não os adultos". Cal diz aos pais que a primeira pergunta que devem se fazer é: "Meu filho se divertiu?" De modo similar, as ligas de jovens em todos os Estados Unidos estão estabelecendo códigos de conduta e pedindo a mães e pais para que assinem compromissos ou frequentem *workshops* sobre como se comportarem. Muitas cidades agora organizam "Sábados silenciosos" e "Domingos silenciosos", nos quais os pais e técnicos ficam proibidos de elevar a voz acima de um sussurro. Segundo o sistema de "lateral silenciosa" da Austrália, os espectadores dos jogos de rúgbi para crianças só podem torcer e gritar palavras de encorajamento. Em 2007, um novo grupo ativista britânico chamado Give Us Back Our Game [Devolvam nosso jogo] lançou uma campanha para recuperar o futebol juvenil das mãos de técnicos e pais autoritários. Uma de suas propostas é organizar jogos com quatro jogadores de cada lado, nos quais as crianças sejam seus próprios juízes. Em Lancashire, muitos meninos de menos de 12 anos já estão jogando futebol em campos menores onde não vigora a regra do impedimento. O resultado é menos xingamento vindo das laterais do campo e mais tempo de bola para as crianças. As ligas juvenis também estão começando a enfrentar o crescente problema da exaustão. A Comissão de Críquete da Inglaterra e de Gales criou regras limitando o número de derrubadas que os menores de 18 anos podem fazer em um único dia. Em 2007, a Little League, liga infantil de beisebol, limitou o número de lançamentos que as crianças podem fazer em um jogo.

Até mesmo os mais severos pais de esportistas estão aprendendo a relaxar. O advogado de Barcelona Vicente Ramos costumava patrulhar as laterais sempre que seu filho Miguel, de 11 anos, jogava futebol. Na maior parte do tempo Vicente ficava gritando: "Corra! Passe a bola! Cubra aquele cara! Volte!" Na volta para casa, ele dissecava o jogo, dando notas ao filho. Um dia, Miguel, que é forte, rápido e abençoado com um pé esquerdo endiabrado, anunciou que ia deixar de jogar. "Fiquei chocado", diz Vicente. "Houve muitos gritos, discussões e choro, mas finalmente descobri que Miguel estava cheio de me ter sempre colado nele."

Vicente decidiu se controlar. Ainda fica nas laterais, mas reduziu seus comentários ao mínimo. Na volta para casa depois dos jogos, não dá mais notas ao desempenho do filho, e algumas vezes os dois falam de outras coisas além de futebol. Vicente ficou surpreso e aliviado ao descobrir que sua própria disposição de ânimo para a semana não é mais influenciada pela sorte de seu filho no campo. Mais importante ainda, Miguel redescobriu seu amor pelo futebol e sente que se tornou um jogador melhor. "Agora só penso no jogo e no que vou fazer com a bola, em vez de me preocupar com o que o meu pai vai gritar. Foi o maior alívio."

Do outro lado do Atlântico, outro pai está transformando este mesmo modo de pensar em uma cruzada pública. Danny Bernstein vive em Scarsdale, um subúrbio nobre de Nova York, a uma hora de trem ao norte de Manhattan. Muitos dos que ali moram têm ótimos empregos e levam para casa o mesmo espírito de "o vencedor merece tudo" que reina nas empresas em que trabalham. Dar às crianças vantagens competitivas está no topo da ordem do dia de muitos lares. No dia em que cheguei, uma revista local, *Westchester Family*, trazia uma reportagem de capa intitulada Criando Filhos na Era da Ansiedade.

Bernstein é alto, magro e parece mais jovem que os 40 anos que de fato tem. Como muitos atletas amadores, ele tem uma energia contida que sugere que a qualquer momento ele pode saltar no ar ou começar uma corrida. Agora é pai de duas crianças e ainda joga futebol e basquete com os amigos no seu tempo livre. Bernstein observou, porém, que as crianças de Scarsdale não praticam mais esportes do jeito que ele e seus amigos o faziam uma geração antes. Há poucas peladas no quintal de casa ou nos campos da escola, e os aros das cestas de basquete nas entradas das garagens das casas estão enferrujados pela falta de uso. A maior parte das crianças está matriculada em aulas de esportes organizadas, dirigidas por pais zelosos.

Para restaurar o equilíbrio, Bernstein deixou seu trabalho como gerente do negócio familiar de confecção e criou uma companhia chamada Backyard Sports [Esportes de quintal]. Seu objetivo: trazer de volta a mágica simples do moleque e da bola.

Só que Bernstein não é nenhum tolo. Ele percebe a ironia que há em um adulto criar uma empresa para libertar as crianças dos adultos. "Sei que é um paradoxo, mas chegamos a um estágio tal que temos que organizar a liberdade para as crianças. É possível entender os valores da brincadeira livre, em que as crianças aprendem umas com as outras, dentro de um ambiente supervisionado e estruturado. E pode ser que, vendo quanta alegria encontram aqui, elas comecem a jogar em seus próprios quintais outra vez." Bernstein também entende que, não importa o quanto os pais modernos falem sobre a importância da diversão, eles querem é conseguir outra coisa com os esportes juvenis. "Infelizmente, ainda é preciso vender isso a eles como meios para um fim. Temos que dizer aos pais que além da diversão, também ensinaremos aos seus filhos confiança e habilidade com a bola e que eles aprenderão muito sobre táticas, formação de equipe e competição. Coisas que podem ajudá-los a ser bem-sucedidos no mundo exterior."

Para ver como funciona esta "liberdade organizada", passei por uma das escolinhas de basquete de Bernstein que funcionam no domingo de manhã. O lugar não é um quintal, mas o ginásio de uma escola. As paredes estão cobertas de fotografias de estrelas dos esportes: David Beckham, Michelle Kwan, Serena Williams, Brett Favre. Um cartaz pendurado na porta diz: "Se você se divertiu, você ganhou!" Apesar do desejo de Bernstein de salvar as crianças da interferência dos pais, vários papais e mamães ficam observando tudo do palco que fica na extremidade do ginásio.

A aula começa com uma dúzia de garotos de 7 e 8 anos se reunindo no meio da quadra de basquete. "Algum de vocês já jogou bola no quintal? Vocês sabem, onde só estão os seus amigos e não há nenhum adulto dizendo o que fazer?", pergunta Bernstein, ajoelhado no chão. Algumas das crianças aprovam com a cabeça, outras parecem perplexas. "Quero que vocês imaginem que este ginásio é o seu quintal. Vamos nos divertir."

Parte do *ethos* da Backyard Sports é resistir à pressão dos pais — e das crianças — para jogar amistosos competitivos desde muito jovens. Em vez disso, Bernstein se concentra nos exercícios, encorajando cada criança a aprender no seu próprio ritmo. As crianças movem a bola entre os dedos, passam-na entre as pernas, depois a fazem quicar no mesmo lugar. Praticam segurar a bola e pivotar sobre um pé, depois a driblar e a defender. Em vez de esperar que lancem a bola em cestas de dimensões regulamentares, Bernstein prende bambolês a pequena altura nas paredes. Esse é o tipo de técnica que parece uma perda de tempo para um pai que já imagina seu filho num *flash* de programa esportivo, mas as crianças claramente adoram. Elas se revezam fazendo jogadas. Um menino luta para fazer uma cesta, tenta uma vez e outra, até que consegue. "Você conseguiu!", exclama Bernstein. As outras crianças o cumprimentam. "É isso aí, cara", diz um dos melhores jogadores. Os pais permanecem calados enquanto o som de riso jovem enche o ginásio.

O encontro matinal culmina com uma competição de lançamentos. As crianças se dividem em dois times e tentam marcar tantas cestas quantas possam acertando nos bambolês pendurados dos aros verdadeiros. Bernstein soma os resultados das duas equipes e foram 14 cestas. Aí ele desafia as crianças a ultrapassarem o total do "time" deles, isso é, de todos. Desta vez eles fazem 17 cestas, e 12 vozes dão vivas.

No final do evento, Bernstein pergunta se alguém quer mostrar o que aprendeu. Doze mãos se levantam, todas as crianças pedem para ser escolhidas. Cada criança demonstra um movimento ou um truque aprendido durante a aula de 90 minutos. Bernstein então deixa as crianças brincarem algum tempo sozinhas. Elas correm em volta do ginásio, driblando, lançando e gritando umas com as outras acima do barulho feito por 12 bolas que trovejam no chão.

Nas laterais, no entanto, nem todos estão convencidos. Um pai me diz que, apesar da ideia por trás da Backyard Sport ser nobre, os pais em Scarsdale são competitivos demais para abraçar a causa. "Eles podem dizer que os esportes são para as crianças, mas quando a coisa pega fogo, quando o que está em jogo é a escolha do time ou os troféus, jogam tudo pela janela... Os pais daqui são tensos demais para deixar os filhos brincarem assim, sem interferir." Outros, porém, são mais otimistas. O corretor da bolsa Michael Phillips está aqui com a filha. Ele é técnico de futebol e de lacrosse para crianças e está familiarizado com a pressão para colocá-las logo em jogos competitivos, antes mesmo que sejam capazes de lançar ou pegar adequadamente uma bola. "Isto é bem restaurador. As crianças obviamente estão se divertindo, estão aprendendo, e ninguém as está forçando a uma disputa da qual não tirarão nada de bom. Sem dúvida aprendi algumas coisas aqui que vou incorporar aos meus treinamentos."

Sally Winton concorda. Seu filho é o menino que finalmente conseguiu fazer a cesta. No final da aula, ele chega correndo, o rosto corado, para perguntar se pode ficar para o próximo horário. "É legal mesmo", diz ele antes de correr para juntar-se aos outros. Sally está assombrada. "Nunca o vi tão entusiasmado. Geralmente ele quer ir direto para casa."

Mais de cem famílias matricularam seus filhos de 4 a 14 anos na Backyard Sports, que certamente está no centro de uma tendência mais ampla. Helyn Goldstein fez parte do conselho da associação de esportes de Scarsdale nos últimos dez anos. Também é a mãe de três filhos atléticos com 10, 13 e 17 anos. Ela detecta o começo de uma mudança nas atitudes dos pais. "As pessoas estão começando a falar que estão fartas de tantas viagens, da seleção e dessa coisa de que-garoto-é-melhor-o-meu-ou-o-seu. Estão cansadas disso tudo, e os pais mais jovens definitivamente têm menos tempo para toda essa loucura." Algumas ligas esportivas da área de Scarsdale já começaram a deixar a seleção para quando as crianças forem mais velhas.

Mesmo assim, cruzados como Bernstein ainda enfrentam uma árdua batalha. Escolinhas como a sua pouco significarão a não ser que os pais comecem a dar às crianças tempo e espaço suficientes para praticar esportes no quintal, na garagem da casa ou no parque — e isso implica uma mudança tectônica nas atitudes dos pais, nos horários da família e no recurso à tecnologia. No domingo em que visitei Scarsdale, o tempo estava firme e ensolarado, e, no entanto, as quadras de basquete dos parques públicos estavam vazias. As crianças estavam em outros lugares, em atividades planejadas ou encerradas em casa. O maior desafio enfrentado por Bernstein talvez seja o de convencer os pais de que colocar a diversão e a brincadeira livre em primeiro lugar pode, na verdade, transformar seus filhos em melhores jogadores a longo prazo. "O mundo adulto só cuida de competição e de vencer, de medir e valorar as pessoas umas em relação às outras, mas isso não funciona com crianças. Vai levar tempo para convencer as pessoas de que é quando se divertem com os esportes que as crianças estão realmente se desenvolvendo."

Esse princípio nasceu com o Humbar Valley Sharks, um time de hóquei no gelo juvenil de Toronto. Quando Mike McCarron, advogado e pai, assumiu a direção técnica do time em 2002, decidiu quebrar o padrão. Em vez de seguir a norma do hóquei juvenil de dar mais tempo no gelo para os astros, McCarron decretou que cada Tubarão, fosse qual fosse sua capacidade, teria o mesmo número de minutos. Se uma jogada importante ou a cobrança de uma penalidade aparecesse, e fosse a sua vez, você jogava. Mesmo que o time estivesse dependendo de um gol no último momento, McCarron sempre enviava os mesmos jogadores na mesma ordem. Também aboliu as estatísticas pessoais, para impedir que todos, crianças e pais, ficassem obcecados com quem fazia mais pontos ou conseguia a melhor qualificação. Apesar de certos rapazes emergirem como líderes sobre e fora do gelo, os Tubarões não têm um capitão oficial. Essa afirmação de que o time vem em primeiro lugar e de que divertir-se e aprender o jogo é mais importante que ganhar vai de encontro à ultracompetitividade de muitos esportes juvenis. "Muitos pais acham que ganhar é um fim em si mesmo, mas para os garotos ganhar é importante somente em termos de traçar e alcançar suas metas. A prioridade deve ser jogar e aproveitar o jogo, e deixar o escore por conta dele mesmo."

O enfoque valeu a pena. Mesmo não abençoados com os jogadores melhores ou mais rápidos, os Tubarões se uniram tão fortemente como um time que sua camaradagem, sua estratégia de posições e seu jeito para mover o disco como uma unidade mereceram aplausos de pais de times rivais. Os meninos se esforçavam no treinamento, mas também contavam com a liberdade de tentar uma nova jogada ou um novo truque durante um jogo, ou simplesmente de cometer um erro sem terem medo de ser postos no pelourinho ou no banco de reservas. Thomas Skrlj, agora com 13 anos, passou dois anos como defensor nos Tubarões e adorou cada minuto. "As pessoas não ficavam julgando o tempo todo nem se preocupando com o resultado, e você podia errar e não ficar nervoso. Isso mudou completamente minha maneira de jogar. Aprendi muito e tornei-me um jogador muito melhor."

A ironia é que, ao assumirem uma posição contra a competição excessiva, os Tubarões terminaram conseguindo o tipo de recorde que impressiona até mesmo o mais competitivo dos papais do hóquei. Em três anos, o time perdeu apenas um jogo oficial da temporada. Ganharam mais de 20 torneios, inclusive os campeonatos dos Estados Unidos de costa a costa. Nada mal para um time para o qual vencer está em segundo lugar.

Os pais dos Tubarões teriam ficado tão contentes com os métodos de McCarron se o clube fosse perdedor? É difícil dizer. Mas é claro que os jogadores desabrocharam naquele regime que dava precedência ao moleque e ao disco, ao disco e ao moleque.

Como a maior parte de seus colegas de time, Skrlj foi jogar em uma liga superior — e sente falta da época dos Tubarões.

"Agora é diferente. O hóquei é mais divertido quando vencer não é tudo."

Quando nos permitimos tempo para ouvir, essa é a mensagem que nos chega de todos os cantos. Que a competição é boa, mas não quando tira a diversão dos esportes. Que as crianças querem que compartilhemos seus altos e baixos no atletismo sem que tomemos conta delas o tempo todo. Que o esporte, em sua forma mais pura, é sempre uma questão de moleque e de bola.

Como sabem todos aqueles que alguma vez observaram seus próprios filhos correndo atrás de uma bola em um campo, é preciso muita disciplina para adotar essa ideia e resistir à pressão de se transformar em um maníaco que esbraveja nas laterais. O problema é que, nos dias de hoje, a disciplina anda em baixa.

10

DISCIPLINA: apenas dizer não?

Se você nunca foi odiada por seu filho, você nunca foi mãe.

BETTE DAVIS, ATRIZ

POUCO DEPOIS QUE VOLTEI DOS CAMPOS ESPORTIVOS DE SCARSDALE, defrontei-me com um tipo diferente de ansiedade em relação às crianças. O cenário é um centro comunitário de um recanto abastado de Londres. Cartazes sobre campanhas de vacinação e cursos de arte para crianças enchem as paredes. Uma velha máquina de café borbulha sonolenta num canto. Seis mães entre 30 e 40 anos vieram frequentar um *workshop* sobre criação de filhos. Todas são mulheres com carreira profissional e a maior parte delas tem experiência em dizer a outras pessoas o que fazer no local de trabalho. O tema desta tarde é como dizer não ao seu filho.

Ao estilo das reuniões dos Alcoólicos Anônimos, as mulheres se revezam compartilhando reveses recentes. "Outro dia eu deixei meu filho levar seu Game Boy para a escola, embora eu não quisesse deixá-lo fazer isso", diz a primeira mãe. "Eu não pude encarar uma briga com ele na porta da escola, na frente de todo mundo."

As outras inclinam a cabeça, com uma mistura de simpatia e identificação. Outra mulher, que está grávida, concorda. "Meu marido e eu basicamente desistimos de fazer nosso filho de 5 anos ir para a cama à noite. Ele adormece conosco na sala, muito depois de estarmos morrendo de vontade de ver-nos livres dele."

Bem-vindos ao paradoxo central da infância moderna. Por um lado, muitos de nós damos horários, empurramos, polimos e protegemos nossos filhos até o limite de nosso orçamento e de nossa capacidade. Mas quando se trata de impor disciplina, estabelecer limites, dizer não a esse capricho ou àquele desejo, ficamos um pouco vacilantes.

June Walker testemunhou essa mudança da última geração em sua prática de terapia familiar em Sydney: "Vejo muitos casos agora em que pais bem-educados e profissionais não sabem dizer não aos filhos, e crianças de 7 anos de idade acabam praticamente comandando a casa."

Como qualquer outra preocupação sobre o estado da infância moderna, essa queixa não é nova. Gerações anteriores também resmungavam que as crianças estavam ficando impunes. "Nossa Terra degenerou nesses últimos dias... Os filhos não obedecem mais aos seus pais; e o fim do mundo evidentemente se aproxima." Assim diz a inscrição em uma tábua de argila assíria de 2800 a.C. Nos anos

1530, Conrad Sam emitiu um lamento similar em Ulm, na Alemanha: "As crianças de hoje são mal-educadas", escreveu ele. "Não só os pais consentem qualquer desejo egoísta delas, mas até mesmo lhes ensinam o caminho para isso." Especialistas em educação de crianças passaram a maior parte do século XX alertando que os pais estavam perdendo o controle.

Na última geração, no entanto, esta profecia acabou por realizar-se. Colunas de aconselhamento dos jornais de todo o mundo estão repletas de cartas de leitores incapazes ou sem vontade de disciplinar seus filhos. Os horários da televisão estão repletos de programas como *Supernanny*, que mostram pirralhos fora de controle aterrorizando os pais. Pela primeira vez na história humana, em muitos lares as crianças realmente parecem dominar.

Isto significa que o comportamento das crianças hoje é pior do que foi no passado? É difícil dizer, mas há sinais perturbadores. Um importante estudo descobriu ser provável que ingleses de 15 anos de idade mintam, roubem ou desobedeçam figuras de autoridade mais do que o dobro das vezes que o faziam em 1974. Em um relatório de 2004 da ONG norte-americana Public Agenda, aproximadamente 80% dos professores dos Estados Unidos relataram que alunos os haviam avisado de que seus pais poderiam processá-los caso os filhos fossem disciplinados muito severamente ou seus direitos fossem violados. Em 2006, a Kidscape, uma instituição de caridade inglesa, culpou os pais permissivos por criarem uma nova praga nos parquinhos: os valentões de classe média. "Eles vêm de lares onde foram tão mimados que chegam à escola e se comportam como pequenos deuses, que pensam que tudo gira em torno deles e que as outras crianças devem temê-los como suas próprias famílias o fazem", diz Michelle Elliott, a diretora da instituição. "Eles esperam que todos os professores e as outras crianças mostrem submissão a eles. Se não o fazem, começam a intimidar as crianças." No Japão, uma palavra para intimidação, *ijime*, ingressou na língua japonesa nos anos 1980.

Como chegamos a isso? Um dos fatores é o hábito moderno de colocar nossos filhos em um pedestal. A regra número um parece ser dizer-lhes, tantas vezes quanto seja possível, como são perfeitos. Você é tão inteligente, dizemos com entusiasmo. Você é lindo, maravilhoso. Você pode ser qualquer coisa que queira. Nas creches, as crianças cantam "Frère Jacques" com a letra mudada para: "Eu sou especial. Eu sou especial. Olhem para mim. Olhem para mim." Qualquer rabisco vai para a porta da geladeira, todo troféu de esportes, para o console da lareira. Observem a tendência de celebrar as minúcias da vida das crianças registrando-as em álbuns sofisticados ou de contratar profissionais para filmar e editar vídeos familiares. O objetivo é criar um retrato perfeito da infância, uma homenagem ensolarada, um retrato no qual tudo que não é bonitinho é camuflado.

Como pai, posso entender o impulso. Todos nós queremos lembrar-nos das coisas boas. E queremos que nossos filhos sejam felizes e se sintam bem consigo mesmos. Muitos de nós absorvemos a ideia de que uma boa autoestima é o trampolim para o sucesso — que se uma criança cresce acreditando que é uma estrela, ela acaba sendo mesmo.

Mas será que isso é mesmo verdade? Uma recente revisão de mais de 15 mil estudos concluiu que autoestima elevada não melhora notas nem perspectivas de carreira, não impede uso do álcool, nem freia comportamento violento. Obviamente, a autoconfiança é um trunfo, mas as crianças que são elogiadas demais podem terminar mais preocupadas em manter sua imagem e mais inclinadas a prejudicar seus pares de modo insidioso, assim como tendem mais a procurar pais e professores buscando aprovação. Em vez de fazer as coisas acontecerem, elas ficam sentadas, esperando ansiosamente que o mundo se adapte à visão delas de como ele deveria ser. Quando tudo que você faz é louvar os céus, você também pode começar a acreditar no que diz: que os reveses não são parte de sua vida, que todos o amam, que você é tão incomparavelmente fabuloso que o mundo deve tudo a você. Esse tipo de narcisismo pode ajudar no *American Idol* — apesar de que mesmo ali pode ser contraproducente —, mas não funciona no mundo real. Os gerentes de recursos humanos se queixam de que muitos dos novos graduados têm dificuldades para serem pontuais, respeitosos perante os outros ou para trabalharem em equipe. Eles esperam grandes recompensas sem trabalhar para merecê-las e vão embora se não fizerem com que se sintam suficientemente especiais. Isso pode ser aceitável em uma economia pujante, mas o que acontece quando vem uma crise?

Um crescente número de evidências sugere que colocar uma criança em um pedestal torna mais difícil para ela assumir riscos, experimentar, lidar com uma tarefa difícil, errar e aprender com os erros — porque qualquer coisa que lembre fracasso desapontará seus pais e, portanto, manchará suas credenciais de criança alfa. Em 2006, uma competitiva escola secundária da Califórnia, chamada Monta Vista, começou a publicar um boletim mensal no qual os alunos podiam manifestar seus sentimentos de forma anônima. Notavelmente, o tema do primeiro número foi "Ansiedade e Medo". Muitos dos colaboradores assinalaram o efeito paralisante de ouvir sempre que "você é perfeito, e o mundo gira em torno de você". Eis um lamento típico de um aluno: "Tenho horror de fracassar. Sempre me disseram que posso fazer qualquer coisa nesse mundo e que posso realizar tudo o que me disponha a fazer. Essa ideia, apesar de maravilhosa, me aterroriza. Meu irmão é uma dessas pessoas que tem todo o potencial do mundo, mas não o usa. Acho que é porque ele pensa que é melhor fingir que não se importa do que tentar e possivelmente falhar. Isso foi efetivamente inculcado em mim e no meu modo de ver as coisas. Sempre me surpreendo questionando minha capacidade e desistindo antes que fique muito difícil, porque tenho medo do que as pessoas pensarão se eu não tiver sucesso. Temo como reagirão se eu não corresponder às suas expectativas. Não quero ficar constrangido com o meu fracasso... Estou descobrindo que, enquanto continuo nesta espiral de certa forma descendente, está ficando mais e mais fácil apenas ir levando e desistir. Tenho medo de que, ao fim e ao cabo, eu pare completamente de tentar e falhe de forma triste." Outro aluno diz: "Estou certo de que você concorda que ninguém quer falhar. Mas o que acontece se esse tipo de medo chega a um nível inteiramente novo? A ponto de você ficar temeroso até mesmo de tentar, porque existe a possibilidade de falhar e assim desapontar todos os que desejam que você seja algo mais? Talvez, se eu afrouxar o passo, possa usar isso como desculpa para o meu fracasso."

A pesquisa sugere vigorosamente que elogiar uma criança somente por sua capacidade ("Você é tão inteligente") pode ser contraproducente a longo prazo. Quando as coisas ficarem difíceis, é mais provável que ela desista, acreditando que seu talento inato atingiu seus limites e não pode levá-la mais além. Já uma criança que foi elogiada por seu esforço ("Você fez aquilo tão bem!") conta com recursos que podem ser acionados quando as coisas pioram: ela pode esforçar-se mais.

Outra consequência negativa de colocar uma criança em um pedestal é que fica mais difícil dizer não a ela. Se a nossa criança maravilha é um modelo de talento e virtude, se a felicidade dela é o mais importante, então qual é o ponto de sua trajetória em que caímos fora?

Tampouco ajuda que nossa cultura de Peter Pan tenha erodido a própria ideia de autoridade dos adultos. Envelhecer — e por extensão crescer — agora saiu de moda. À medida que as famílias tornaram-se menos autoritárias e toda a cultura mais indulgente, impor limites a nossos filhos tornou-se anátema para as mamães e os papais em contato com sua criança interior. Como membro da geração do viver-e-deixar-viver, sinto-me um pouco incomodado até mesmo ao escrever a palavra "disciplina". O que ela significa? Quando ela é necessária? E a liberdade e a brincadeira?

Mesmo quando desejamos obediência de nossos filhos, outras coisas nos impedem de estalar o chicote. Podemos estar cansados demais de nossas próprias vidas agitadas para reunir a energia necessária para tomar certas atitudes. Vejo isso em minha própria família. A hora de ir para a cama em nossa casa é com frequência uma luta de Sísifo. Minha mulher e eu começamos por anunciar, com um tom de súplica na voz: "É hora de apagar as luzes e ir para a cama." As crianças gritam lá de cima: "Dez minutos mais!" Suspiramos e respondemos: "Está bem, dez minutos mais." Dez minutos mais tarde, o mesmo ciclo recomeça.

Muitos de nós preferimos dar uma folga aos filhos porque nos sentimos culpados por não passar tempo suficiente com eles, pela pressão que exercemos sobre eles para que sejam bem-sucedidos, pelo constante monitoramento e pela intromissão que eles suportam em grande parte de suas vidas. Também queremos desenvolver uma relação mais próxima com eles do que a que tivemos com nossos pais. Queremos que a vida familiar seja suave e harmoniosa — e nada estraga mais um momento Kodak do que um pai ou mãe que diz: "Não, você não pode fazer isso" ou "Você está de castigo".

"Nós usamos as crianças como Prozac", diz o psicólogo infantil Dan Kindlon, da Universidade Harvard, autor de *Too Much of a Good Thing: Raising Children of Character in an Indulgent Age*. "As pessoas não necessariamente se sentem contentes com seu cônjuge ou com seu trabalho, mas os filhos são o momento radiante de seu dia. Elas não querem estragar esse momento único com gritos. Não querem ferir, não querem sentir-se mal. Desejam obter satisfação de seus filhos. Eles são tão preciosos para nós — talvez mais do que para qualquer geração anterior. E o que termina sendo jogado pela janela são os limites. É muito mais fácil recolher a toalha que eles deixaram largada no chão do que fazê-los abandonar seu PlayStation para pendurá-la."

O autor de *Teenagers: What Every Parent Has to Know*, Rob Parsons, concorda: "O problema não é que não amemos nossos filhos o suficiente, mas que os amemos em demasia. Queremos tudo para eles — os professores particulares, as férias, as botas de esqui feitas sob medida para não incomodar. Em vez de dizermos "Vá conseguir um trabalho aos sábados, se quiser ir à boate", vemos os pais dando-lhes o dinheiro — e depois perguntando aos adolescentes se podem ir junto com eles. Isso pode parecer bonitinho, mas não é bom. Como pais, devemos estar preparados para receber o choque da impopularidade."

Essa relutância em exercer a autoridade se reflete fora da família igualmente. A noção de que os adultos devem desempenhar um papel de proteger e modelar todas as crianças de sua comunidade — que, como diz o provérbio africano, "é preciso uma aldeia para criar uma criança" — parece agora não estar em sintonia com os tempos. Em nossa cultura do eu-primeiro, é cada pai ou mãe por si. Nós refreamos o impulso de repreender os filhos dos outros por jogarem coisas no chão ou gravarem suas iniciais em um ponto de ônibus, porque eles podem nos xingar ou puxar uma faca. E seus pais podem voltar-se contra nós.

O novo equilíbrio de poder entre crianças e adultos não é de todo mau. Excluir o autoritarismo da vida familiar aproximou os pais dos filhos de modo maravilhoso em vários sentidos. Também liberou os adultos dos estereótipos enfadonhos do passado. Damos vivas por isso! Mas o pêndulo oscilou além da conta. As crianças só podem ser crianças quando os adultos são adultos. Isso não é um apelo para trazer de volta o matriarcado vitoriano ou o papai *nerd* dos anos 1950. Significa apenas exercer a autoridade de adulto de vez em quando.

A primeira coisa a lembrar é que quase todo especialista em crianças concorda que os jovens se desenvolvem dentro de regras e limites. "As crianças necessitam de limites para seu comportamento porque elas se sentem melhor e mais seguras quando vivem dentro de certa estrutura", diz o professor de psicologia Laurence Steinberg, da Universidade Temple, na Filadélfia, autor de *The Ten Basic Principles of Good Parenting*. "Como adultos, não gostamos quando outras pessoas nos dizem o que podemos fazer ou não. Com as crianças, não é assim." Impor limites ensina a criança a respeito de suas próprias forças e fraquezas e a prepara para a vida em um mundo construído sobre regras e consensos. Sem limites, as crianças nunca aprendem a lidar com o desapontamento ou a adiar a gratificação.

No entanto, a mudança está no ar. A disciplina está fazendo sua *rentrée*. Livros como *Silver Spoon Kids* e *No — Why Kids of All Ages Need to Hear It and Ways Parents Can Say It* estão sendo publicados em todo o mundo. Uma variedade cada vez maior de shows de TV, *workshops* e sites da internet oferecem conselhos sobre como dizer não. A disciplina é parte tão importante do fenômeno *Supernanny* que sua estrela,

Jo Frost, encontra-se com a família da semana vestida como uma severa matrona.

Muitos pais estão pondo o conselho em prática. Comumente isso significa menos tempo tentando ser o melhor amigo de seus filhos e mais tempo aplicando as regras. Até mesmo Madonna, a santa padroeira do mau comportamento, se gaba de impor limites a seus próprios filhos. Em uma edição recente de *Harpers&Queen*, ela apareceu como uma "disciplinadora" que impõe regras estritas sobre obrigações, dever de casa e conservar os quartos arrumados. "Minha filha tem problemas para arrumar o quarto dela. Se ela deixa suas roupas no chão, quando voltar elas terão desaparecido. E Lola tem que recuperá-las mudando sua conduta, sendo organizada, fazendo a cama, pendurando suas roupas no armário."

Castigos similares acontecem nas casas das pessoas comuns. Os Marshall decidiram que era tempo de começar a dizer não quando seu filho de 12 anos, Dylan, atendeu uma chamada em seu celular durante o funeral de um parente em Cleveland, no estado norte-americano de Ohio. "Tínhamos desistido de tentar fazer com que ele parasse de usar o celular o tempo todo, mas quando o vi conversando com um amigo durante a cerimônia, eu simplesmente estourei", conta sua mãe Kathy, uma enfermeira. "Eu pensei que aquilo tinha ido longe demais e que precisávamos impor alguns limites." Assim, ela e o marido esboçaram um conjunto de regras para Dylan: desligar seu celular, sua televisão e seu computador quando lhe pedissem, pôr o lixo para fora uma vez por semana e colocar todas as suas roupas sujas na cesta da lavanderia, em vez de deixá-las espalhadas pela casa. Se não fizesse esportes, seus pais deixariam de pagar a conta do seu celular. Houve muitos protestos e resmungos sobre como tudo aquilo era injusto, mas eles diminuíram após algumas semanas. Dylan está seguindo as regras agora, e a família se dá melhor do que antes. "Temos altos e baixos, discussões, mas assim é a vida, não é? Sinto-me muito melhor agora que não tenho que me inclinar relutante para fazer tudo que Dylan quer."

Em Edimburgo, a família Clapton passou por transformação similar com suas gêmeas de 7 anos, Alice e Morag. "Elas realmente mandavam em casa", diz a mãe, Maggie. Ocupados com suas carreiras, ela e seu marido não queriam discussões para perturbar o tempo em família. "Eu admito que nós cedemos, fizemos a opção mais fácil, porque queríamos harmonia." Apesar de ambos os pais sentirem-se envergonhados por evitar a questão da disciplina, apesar de insinuações de desaprovação dos avós, os Clapton apreciavam a ausência de brigas familiares. O alerta veio quando a diretora da escola primária em que Alice e Morag estudam queixou-se de que as meninas estavam sendo rudes com os professores e agressivas com os colegas. "Eu fiquei chocada", disse Maggie. "Fiquei tendo visões das meninas transformando-se naqueles pirralhos mimados que você vê no programa *Supernanny.*" Os Clapton decidiram mudar sua linha de ação. Em vez de ceder a cada desejo das gêmeas, eles agora fazem questão de dizer "não" várias vezes por dia. As meninas não podem mais ver televisão quando querem e precisam arrumar seu quarto antes de dormir. Também não podem mais decidir quais vão ser os programas da família à noite ou no fim de semana. Três meses depois, as meninas estão se comportando melhor na escola, e os pais recuperaram sua autoestima. "Nós chamamos isso de 'o poder do não'", graceja Maggie. "Quando estamos criando os filhos em uma sociedade de gratificação instantânea, a lição mais valiosa que podemos dar-lhes é comedimento e respeito pelos outros, e a única forma de alcançar isso é fazendo com que as crianças sejam crianças e os adultos sejam adultos."

Como em todas as outras dimensões do que é criar os filhos, a disciplina não é uma receita em que a mesma medida sirva para todos. O princípio de que as crianças precisam de limites é universal, mas onde e como uma família escolhe traçar as linhas variará, porque cada criança, cada pai e cada mãe são diferentes. No entanto, existem algumas normas. A primeira é esquecer-se de tentar ser um aplicador resolutamente consistente e equânime de justiça e disciplina. Erros e certa inconsistência são inevitáveis e não danificarão seus filhos por toda a vida.

A maior parte dos especialistas recomenda que, quando estamos disciplinando crianças, devemos sempre explicar os motivos. Mas isso não significa que seja o fim do mundo se algumas vezes a regra for aplicada com um curto "Porque eu disse!". Nem é uma catástrofe perder a calma ocasionalmente. Gurus da educação que declaram que sempre devemos permanecer tranquilos e calmos quando lidamos com crianças vivem em outro planeta. Mães e pais são humanos, e isso significa que perdem as estribeiras. E de todo modo, ver Mamãe e Papai fora de si ensina às crianças que outras pessoas têm sentimentos e limites.

Por outro lado, igualmente precisamos resistir à tentação de abrir o armário de remédios ao primeiro sinal de capricho. Usar remédios para controlar os filhos não é novidade. Na Inglaterra do século XVIII, os pais acalmavam crianças indisciplinadas usando soluções baseadas em ópio com nomes como O Ajudante da Mãe, Tranquilidade da Criança e Xarope Calmante. Em 1799, um médico inglês alertou que milhares de bebês estavam sendo mortos por amas e enfermeiras "que continuamente faziam descer por suas pequenas gargantas o Cordial de Godfrey, um forte derivado do ópio e tão letal quanto o arsênico. Elas faziam isso para acalmar a criança — e assim muitas foram aquietadas para sempre".

Os xaropes calmantes de hoje são feitos para ajudar as crianças de todas as idades a sentar-se em silêncio e concentrar-se. Cerca de 10% das crianças de 12 anos nos Estados Unidos vivem sob os efeitos de Ritalina ou de alguma outra droga que combata o Déficit de Atenção/Desordem de Hiperatividade (DADH). As receitas aumentaram em número dez vezes na Inglaterra durante a última década. Em todo o mundo, o uso de drogas contra DADH, como a Ritalina, triplicou desde o começo dos anos 1990.

Por que esse interesse pela hiperatividade? Muitos médicos pensam que a DADH é uma condição genético-neurológica que sempre afetou entre 3% e 5% da população e que apenas somos mais capazes de detectá-la agora. Uma descrição inicial dos sintomas pode ser encontrada em *The Story of Fidgety Philip*, um poema escrito por Heinrich Hoffman em 1845:

He won't sit still;
He wriggles and giggles...
See the naughty restless child,
Growing still more rude and wild.[9]

Muitas crianças reconhecem o mérito de drogas como Ritalina para ajudá-las a levar vidas mais normais. Mas existe uma perspectiva oposta. Os céticos questionam se a DADH realmente é uma condição neurológica e se drogas deviam ser utilizadas para tratar os sintomas associados a ela. Muitos clínicos têm tido sucesso curando a hiperatividade com terapia e aulas para os pais ou alterando a dieta e a rotina de exercícios da criança.

De todo modo, existe um consenso de que muitas crianças estão sendo diagnosticadas como portadoras de DADH por razões equivocadas. Isso é parte de uma mudança cultural mais ampla. Nos dias de hoje, mais do que mudar o ambiente em que vivemos, preferimos reacomodar nosso cérebro para adaptar-nos ao ambiente. Timidez, raiva, tristeza e outras emoções ou traços "indesejáveis" cada vez mais são vistos não como uma dimensão natural da condição humana, mas como doenças, sintomas de um desequilíbrio na química do cérebro, problemas a serem solucionados com drogas. Isto acontece particularmente com as crianças, com relação às quais as expectativas cada vez maiores estreitaram a definição do que é normal e aceitável. Senão, como explicar pais que mandam seus filhos para psicólogos para serem "cura-

[9] Ele não fica quieto;/ Ele se contorce e ri afetadamente.../ Vejam a travessa criança inquieta,/ crescendo ainda mais rude e selvagem. (*N. do T.*)

dos" de acessos de raiva? "Não estamos preparados para viver com a diversidade como estávamos no passado", diz o professor David Healy, diretor do Departamento de Medicina Psicológica de Gales do Norte. "Queremos que as crianças se adaptem a ideais baseados muitas vezes nas inseguranças e ambições dos pais."

Talvez isso explique por que a Ritalina é tão generalizada nas escolas de alto nível. Tranquilizar alunos arrogantes pode parecer uma opção atraente para professores sobrecarregados com turmas grandes e desesperados por melhorar as notas dos exames. Os médicos relatam uma crescente pressão dos pais para dar a seus filhos medicamentos que possam ajudá-los a ter um comportamento e um desempenho escolar melhores. Para alguns, a DADH pode ser uma desculpa para uma criança com mau desempenho: "Não é sua (ou nossa) culpa que ele esteja falhando na escola; é um desequilíbrio neuroquímico." E existem outras vantagens em culpar um cérebro que falha pela tendência a sonhar acordado ou a fazer bagunça no fundo da sala. Em alguns países, as escolas recebem financiamento extra por toda criança diagnosticada com DADH, e as crianças afetadas recebem ensino particular grátis e o direito de fazer provas em condições mais fáceis. A Ritalina também ganhou uma reputação de droga "ativa", e os estudantes secundários e universitários usam esse remédio para ficarem atentos durante sessões de estudo que duram a noite inteira.

A postura do consultório médico é fácil de entender. Que pai ou mãe não fantasiou dar a seu filho uma pílula para preparar-se-mais-rápido-para-a-escola-de-manhã ou um comprimido para ir-dormir-por-doze-horas-agora-mesmo? Eu fiz isso. O perigo é que agora estamos jogando roleta-russa com a mente de nossos filhos. Algumas pesquisas sugerem que a Ritalina reduz a criatividade, a espontaneidade e a capacidade de assumir riscos calculados. E um ponto de interrogação ainda paira sobre os possíveis efeitos colaterais das drogas que mexem com a química do cérebro. Algumas crianças já sofreram alucinações e até mesmo tiveram problemas de coração depois de tomar Ritalina. Outro temor é que expor crianças pequenas a drogas para o cérebro possa estabelecer um padrão para o vício a drogas mais adiante na vida. Tanto Courtney Love como Kurt Cobain usaram Ritalina quando crianças, e ambos falavam de levar essa mentalidade da "pílula alegre" para a vida adulta. "Quando você é uma criança e consegue essa droga que faz você se sentir assim, como vai se virar quando for adulto?" Courtney Love contou a um entrevistador: "Era uma euforia quando você era criança — essa memória não vai ficar marcada em você?"

Alguns pais cujos filhos usam drogas para alterar o comportamento estão decidindo que o preço é muito alto. Foi isso que aconteceu à família Shaw, de Londres. Seu filho Richard foi diagnosticado com DADH e começou a tomar Concerta depois do seu 12º aniversário. A droga curou sua hiperatividade, mas também matou seu apetite e lhe causou insônia. Richard deixou de ser um feixe de energia e passou a levar tardes inteiras jogando no computador como um zumbi. Victoria, sua mãe, ficou estarrecida. "De repente, tínhamos aquele menino perfeitamente bem comportado, que fazia tudo que dizíamos, mas que parecia ter sido lobotomizado. Você olhava nos olhos dele e sentia que sua alma tinha sido levada."

Victoria deixou de dar Concerta a Richard e passou a dar a ele comprimidos de óleo de peixe com ômega-3. Ele ainda tem momentos de demasiada exaltação, mas sua hiperatividade está bem controlada agora. "O pior de tudo passou, mas como ele não é mais um zumbi, ele resiste, e há conflito", diz a mãe. "Mas a vida familiar normal é assim, não é?" O mais importante é que seu filho voltou a ser ele mesmo. "Agora temos o nosso menino de volta", diz ela.

Richard concorda: "Eu discuto com meus pais sobre o que me permitem fazer, mas isso não é problema. Pelo menos agora eu me sinto mais eu mesmo."

Talvez a maior lição seja a de que não existe fórmula mágica para controlar as crianças, nem deveria existir. Pensem nisso por um segundo: existe algo mais assustador que uma criança que se comporta impecavelmente todo o tempo? Ou uma família que não briga nunca? Revoltar-se contra a autoridade faz parte do crescimento — todos sabem disso instintivamente —, e o conflito é uma característica da vida familiar. Pode não ser agradável quando as crianças ficam de mau humor, batem as portas ou murmuram "eu te odeio", mas suportar isso faz parte da criação delas.

Uma vez que aceitemos que as crianças precisam de limites, o próximo passo é que cada um de nós decida onde ficam esses limites, para encontrar o equilíbrio entre disciplina e indulgência que melhor se adapte à nossa família. Um alerta para ter em mente é que não existem atalhos quando se trata de exercer a autoridade do adulto. O bom comportamento, assim como os resultados das provas ou os troféus de esporte, não deve ser um fim em si mesmo. Algumas vezes precisamos ir mais fundo. Isso significa esforçar-se, em primeiro lugar, para descobrir por que uma criança está se comportando mal — estará ela infeliz, preocupada ou assustada? — antes de mandá-la de castigo para um canto ou dar-lhe uma pílula. E só podemos fazer isso quando passamos menos tempo gerenciando nossos filhos e mais tempo falando com eles e ouvindo-os.

O problema é que a negociação lenta, complicada e pouco glamourosa de construir relacionamentos entra em choque com a cultura da gratificação instantânea do consumidor.

11

CONSUMISMO: o poder do "compra, compra!" das crianças e o caixa eletrônico ambulante

"Quem morrer com mais brinquedos ganha."
FRASE QUE SE VÊ NOS PARA-CHOQUES DE CAMINHÕES INGLESES

É SÁBADO À TARDE, E O MAIOR SHOPPING DO MEU BAIRRO LONDRINO está repleto de gente. Muitos parecem estar desfrutando o "Passeio Fantástico!" prometido nos folhetos de propaganda. Casais andam de mãos dadas, tomando café. Mulheres jovens sentam-se nos bancos, rindo e fazendo comentários, com montes de bolsas de compras a seus pés. Parece uma gravura pastoral de consumidores bem-aventurados — até que se nota a guerra declarada que se trava no interior das famílias.

Entre os vasos de plantas e as fontes, muitos pais estão travando uma batalha sem tréguas contra o "me compra, me compra!" das crianças. Um menino arrasta a desenganada mãe até uma loja, para ver o último modelo do PlayStation. Outra menina dá um chilique quando o pai se recusa a comprar um bracelete em um quiosque de joias. Uma mulher bem-vestida está envolvida em uma contenda do lado de fora de uma loja de brinquedos. Seu filho, que parece ter 6 anos, empurra-a na direção de uma vitrine com os brinquedos da linha Lego Bionicles.[10] A boca da moça se contorce de uma forma que sugere que ela está no limite de suas forças.

"Pare de pedir coisas", diz ela em voz baixa. "Você acabou de ganhar um monte de presentes de aniversário."

"Mas eu também quero um Bionicle", geme o menino.

Este é um cenário bem conhecido de quase todos os pais do mundo, mas hoje eu pretendo evitá-lo. Minha filha de 5 anos e eu viemos comprar roupas de ginástica para ela, de modo que não há necessidade de passar por perto de uma vitrine de brinquedos. No entanto, logo que entramos na loja de roupas para crianças, a batalha começa. As canções de Natal estão nos alto-falantes, disparando uma reação pavloviana. "É uma canção de Natal — vamos ganhar nossos presentes logo", diz minha filha. "Posso..."

Meu coração desfalece. Mal terminei de pagar as compras de Halloween, e o Natal já aparece no radar. Não é um pouco cedo para começar a carnificina da época de Natal? Olho meu celular para verificar a data: 9 de novembro!

Vivemos em um mundo consumista. Marcas e logotipos são usados como cores tribais, o canto das sereias da propa-

---

[10] Biônicos. Linha de brinquedos da Lego que consiste em heróis com modificações biônicas. (*N. do T.*)

ganda transforma cada desejo em premente necessidade, e você é o que você possui. Comprar é considerado como a panaceia para qualquer doença. Quando a economia fraqueja, os políticos nos exortam a gastar dinheiro para elevar o PIB. Quando os ânimos estão caídos, é hora de uma pequena terapia de compras. Quando um relacionamento tropeça, compramos chocolates ou flores. Até mesmo pagamos "personal shoppers", profissionais especializados contratados para nos ajudarem a comprar melhor. Comprar não é mais um meio para um fim, tornou-se um fim em si mesmo. Uma recente pesquisa da Nielsen realizada em 42 países descobriu que três quartos dos consumidores compram simplesmente pelo prazer de comprar.

Com o passar do tempo, o consumo tornou-se uma característica central da infância moderna. Não queremos dizer que antes as crianças não desejavam coisas. No começo do século XV, um cardeal chamado Giovanni Dominici comentou que os jovens de Florença eram escravos de "cavalinhos de madeira, atraentes címbalos, réplicas de pássaros, tambores dourados e mil diferentes tipos de brinquedos". Mas hoje em dia algumas crianças crescem sob uma influência nunca antes vista na história da humanidade. O que teria dito Dominici na manhã de Natal em uma casa do século XXI?

O consumo começou a ganhar espaço maior na infância durante o século XVII, com roupas, livros, brinquedos e jogos feitos especialmente para crianças que inundaram o mercado na Europa. Não é coincidência que as queixas contra o poder do "Compra, compra!" das crianças tenham se multiplicado logo depois. O filósofo inglês, ideólogo do liberalismo, Locke escreveu em 1693: "E conheci uma criança tão perturbada com a quantidade e a variedade de seus brinquedos que todos os dias deixava sua babá exausta só de cuidar deles, e estava tão acostumada à abundância, que nunca pensava ter o suficiente, e estava sempre perguntando: Que mais? Que mais? Que nova Coisa terei?" Parece alguém que vocês conhecem?

Nem mesmo Locke poderia ter previsto como a infância se tornaria comercializada hoje em dia. No começo do século XX, os anunciantes começaram a atingir os jovens diretamente, com estrelas pré-adolescentes como Shirley Temple, Judy Garland e Mickey Rooney, que promoviam marcas de roupas para crianças ou lançavam suas próprias linhas. Os especialistas louvavam as compras como uma forma das crianças desenvolverem suas personalidades e gostos. Em 1931, o *New York Times* opinou que "o menininho que coloca todos os seus vinténs no seu cofrinho de metal não é mais considerado... como o brilhante exemplo financeiro para a infância".

Depois da Segunda Guerra Mundial, quando a televisão começou a bombardear os lares com anúncios de brinquedos e cereais, surgiu a primeira mania de consumo das crianças. O humilde bambolê vendeu centenas de milhões de unidades em todo o mundo quando irrompeu em cena no ano de 1958. O tédio chegou a ser considerado uma praga para a infância, e a cura seria gastar dinheiro em brinquedos e atividades. O dinheiro gasto com propaganda dirigida para as crianças nos Estados Unidos é hoje 150 vezes o que era no começo dos anos 1980. Outros países deram um salto similar.

Como antropólogos estudando uma tribo remota do Amazonas, os marqueteiros atacam as crianças em seu hábitat natural — nas pracinhas, nos parques, nos shoppings, nas salas de aula e até mesmo em seus quartos. O objetivo é entrar na mente dos jovens de forma a planejar campanhas de anúncios que as seduzam. Como presidente do Comitê de Televisão e Mídia da Academia Americana de Psiquiatria de Crianças e Adolescentes, Michael Brody compara esse sobrevoo corporativo com a preparação levada a cabo pelos predadores sexuais: "Assim como os pedófilos, os marqueteiros se transformaram em especialistas em crianças."

Como resultado, a propaganda agora alcança quase todos os cantos da vida das crianças. As escolas reservam espaço nas paredes para cartazes sobre os últimos lançamentos de filmes, convidam representantes de empresas patrocinadoras para dias de esporte e produções de teatro e aceitam excursões grátis para visitar instalações como as da Domino's Pizza. Em escolas de todos os Estados Unidos, cerca de 8 milhões de alunos assistem aos programas de interesse comum de 12 minutos (incluindo dois minutos de anúncios) fornecidos pelo Channel One. Até mesmo o tradicional trajeto de ônibus até a escola foi afetado. Em 2006, uma companhia chamada Bus Radio começou a veicular música, notícias e anúncios em 800 ônibus escolares em 12 cidades dos Estados Unidos.

Nem mesmo o currículo está a salvo agora. Nos anos 1920, os fabricantes de escovas de dentes, as fábricas de cacau e outras companhias estabeleceram uma cabeça de ponte na sala de aula norte-americana ao enviar equipes para dar palestras e depois fornecerem filmes "educativos", tudo com a mesma mensagem subjacente: comprem nosso produto! Hoje em dia essa infiltração é muito mais radical. Algumas escolas dos Estados Unidos usam materiais de alfabetização fornecidos por Pizza Hut, Kmart e outras companhias, cheios de mensagens de propaganda. Um "módulo de aprendizagem" patrocinado pela Revlon explica as nuances dos dias bons ou ruins e pergunta aos alunos que três produtos eles levariam para uma ilha deserta.

Além da sala de aula, o consumismo invadiu áreas da vida das crianças que antes pareciam intocáveis. Até o simples fato de dormir na casa de um amigo é agora uma oportunidade de propaganda, com empresas como a Girls Intelligence Agency patrocinando festas de dormir na casa de amigas onde as adolescentes experimentam novos produtos e preenchem questionários. A companhia Toys R U organiza suas próprias colônias de férias de verão, dentro das lojas, para crianças de até 3 anos. A Cheerios publica um livro de matemática para crianças e as convida a colocarem suas pequenas rosquinhas de cereais em pequenos espaços abertos na página. Os trabalhadores do McDonald's visitam alas de crianças de hospitais na Inglaterra para distribuir brinquedos e bolas, assim como panfletos que fazem propaganda de sua comida. Juntem tudo isso, e a conclusão é que inúmeras crianças agora encaram a bateria de aproximadamente 40 mil anúncios por ano.

Além disso, o tom da propaganda mudou. Os marqueteiros recorrem ao clima Peter Pan, denegrindo os adultos, ao retratá-los como desmancha-prazeres que se colocam entre as crianças e a diversão. O subtexto é que o "compra, compra!" das crianças é uma força real.

O efeito final é que as crianças agora são consumidores totalmente preparados, que conhecem e têm preferências por marcas, esperam que seus caprichos de comprar sejam satisfeitos e têm voz nas decisões de gastos da família, que variam de para onde ir nas férias até que sofá comprar. Nos

Estados Unidos, crianças com menos de 14 anos têm influência sobre gastos de até 700 bilhões de dólares cada ano, o que inclui dois terços de todas as vendas de carros. Não é de admirar que canais de TV para crianças, como o Disney-ABC e o Nickelodeon, tenham anúncios de minivans e de balneários de férias no Caribe, ou que a Hummer e outros fabricantes de carros ofereçam páginas para colorir e "jogos de propaganda" em seus sites da internet. Grupos de famílias em todo o mundo industrial alertam que crianças até mesmo de 10 anos agora podem ser consideradas viciadas em compras.

Por que deixamos isso acontecer? É bastante óbvio que o comércio mira nos jovens para aumentar os lucros e que as escolas abrem suas portas para o discurso das empresas porque precisam do dinheiro. Mas as razões pelas quais os pais se entregam ao consumismo são mais complexas e contraditórias. Em parte é para exibir-se. De botinhas Prada ao iPod Nano, o que nossos filhos possuem tornou-se, ainda mais que antes, uma forma de pavonear nosso próprio status, nossa afluência e nosso bom gosto. O restante fica por conta do velho hábito de seguir a corrente: se as crianças de todo mundo consomem, por que as nossas não devem fazer o mesmo? A pressão dos pares também desempenha seu papel. Todos nós conhecemos aquele sentimento de estar passeando com outras famílias quando surge o pedido de sorvete ou Coca-Cola. Quando um dos pais cede, todos os outros sentem que é muito mais difícil ficar firme. E aí vem o desejo de dar aos nossos filhos o melhor de tudo e de fazê-los felizes: se fazer compras nos deixa alegres, por que negar o mesmo prazer às nossas crianças? Muitos de nós também nos sentimos culpados por não passar tempo suficiente com os filhos ou pela pressão que eles enfrentam — e assim lhes compramos coisas para compensar.

Relutando em dizer não, preferimos puxar a carteira a nos arriscar a irritar nossos filhos ou provocar uma confusão. Tenho muita experiência em ceder ao "me compra, me compra!" das crianças. Em nossa família, a frase "presente especial" agora é pronunciada com um traço de ironia — os presentes são dados tão frequentemente que há muito deixaram de ser tanto "especiais" e até "presentes". Talvez os pais modernos também sejam assombrados pela lembrança de terem sofrido com a negação de bens de consumo quando eram crianças. Ainda me ressinto por meus pais terem se recusado a comprar-me uma bicicleta BMX — uma daquelas com falsos amortecedores e o selim acolchoado longo e negro — quando eu tinha 9 anos. Quando mencionei isso a um colega, ele confessou ter o mesmo sentimento em relação aos pais dele, que lhe negaram uma bicicleta Raleigh Chopper quando tinha a mesma idade. Ele inclusive encontrou um site na internet onde homens discutem como acertar as contas com suas infâncias sem bicicletas Chopper. Talvez prefiramos dizer sim porque não queremos que nossos filhos, daqui a 20 anos, lembrem-se de nós como sendo avarentos, como o reles Scrooge, do conto de Charles Dickens.

É claro que nem todo consumo é mau. As crianças, como os adultos, podem obter prazer inofensivo de bens materiais. Muitos dos garotos da escola primária do meu filho colecionam figurinhas do Dr. Who. Toda manhã, no pátio da escola, eles se reúnem para trocá-las. Desenvolveram um complexo sistema de regras para determinar o valor relativo de cada figurinha: dois Daleks pelo Grupo da Guarda Imperial, três Cybermen por um Lobisomem. Colecionar e trocar faz parte da brincadeira. Lembro-me de ter feito a mesma coisa com figurinhas de hóquei no meu tempo.

Devemos, portanto, mostrar-nos céticos diante dos gritos de alerta de que a cultura do consumo eliminou a infância. Mas isso não significa acreditar que a propaganda é inofensiva e que cada criança deve sair comprando até não aguentar mais. Como os brinquedos que fazem coisas demais, o consumo desenfreado pode estreitar a experiência que as crianças têm do mundo que as rodeia. Quando o autor Frank Cottrell Boyce recentemente perguntou a um grupo de alunos de escola primária de Londres o que fariam se lhes fosse dada uma grande quantia de dinheiro, todos mencionaram rapidamente uma lista de artigos da moda que comprariam. Nenhum falou em construir uma espaçonave ou qualquer outra coisa que lembrasse aventura ou imaginação. Boyce afirma: "Todo esse consumismo está oprimindo a capacidade de fantasiar, de mergulhar em um outro mundo, que você próprio cria."

Estudos realizados em todos os países vinculam imersão na cultura do consumo à depressão, ansiedade, desordens alimentares, baixa autoestima, uso de drogas e outros problemas.

Em seu livro *Born to Buy*, a professora de sociologia do Boston College Juliet Schor levou a cabo uma pesquisa entre crianças na faixa de 10 a 13 anos. Seus dados mostraram claramente que "um envolvimento menor com culturas de consumo produzia crianças mais saudáveis e um envolvimento maior levava à deterioração do bem-estar psicológico delas". Outra pesquisa sugere que as crianças se ressentem da ansiedade em face de seu status social e econômico mais agudamente do que os adultos. Publicada em 2006, Shopping Generation, uma pesquisa de referência realizada pelo Conselho Nacional do Consumidor da Grã-Bretanha, descobriu que os jovens ingleses se sentem sobrecarregados com mensagens de marketing e que metade deles deseja que seus pais ganhem mais dinheiro para que possam comprar mais coisas.

Recentemente vi minha filha de 5 anos entrar em uma crise de consumidor dentro de um armazém. Tínhamos entrado para comprar bebidas para levar ao parque em um dia quente e estávamos parados diante de uma gigantesca geladeira com mais de 30 marcas de sucos e refrigerantes diferentes. Minha filha olhou para aquela parede de opções e ficou congelada. Seus olhos passeavam pelas prateleiras, movendo-se de uma etiqueta brilhantemente colorida para a próxima e de volta para a anterior. A maioria das garrafas e embalagens tinha desenhos de Shrek e outros personagens que ela conhece bem. Insisti em que ela escolhesse, mas ela ficou parada no lugar, chupando o polegar e parecendo mais e mais perplexa. Depois, começou a chorar. "Eu não sei qual deles eu quero. Só sei que quero um", soluçou ela, com lágrimas nos olhos.

Dar a uma criança "o melhor de tudo" tira dela a chance de aprender a fazer o melhor uso do que tem. Essa observação aplica-se a todos os aspectos da infância, da educação aos esportes, mas particularmente para navegar na cultura do consumidor. Mais tarde em sua vida, a criança mimada pode transformar-se em um adulto financeiramente incontinente, que gasta primeiro e pergunta depois. Um quinto das pessoas que estão em bancarrota na Inglaterra e no País de Gales tem entre 18 e 29 anos. Financiamentos mais altos para estudos universitários e os preços das propriedades, é verdade, não ajudam, mas a "Geração Falida" parece viver em uma eterna farra de gastos. Vejamos o caso de Cheryl Tawiah, consultora de embalagens de 24 anos que cresceu em um lar de classe média em Tampa, no estado norte-americano da Flórida. Ela terminou a faculdade com poucas dívidas e entrou direto em um emprego de um ano em Charlotte, na Carolina do Norte, ganhando US$ 55 mil por ano. Três anos depois, ela está no vermelho: US$ 18 mil. "Minha geração não pratica a gratificação posterior. Se vemos algo que queremos, nós compramos, mesmo que não tenhamos o dinheiro." Cheryl parece admirada e levemente divertida por sua própria incapacidade de deixar na gaveta o cartão de crédito. "Isso significa que eu sou, digamos, mimada?", pergunta ela.

Nessa cultura do "porque eu mereço", colocar o gênio do consumidor de volta dentro da lâmpada não vai ser fácil. No entanto, uma reação está se formando. Jerry O'Hanlon passou quase 20 anos fazendo anúncios para crianças em várias agências de Nova York. Depois que seu filho nasceu em 2005, ele começou a conviver com outros pais e instantaneamente sentiu uma frieza social. "Quando conto às pessoas o que faço para viver, posso vê-las pensando: 'Este é o cara malvado que faz com que meu filho venha me pedir comida ruim e brinquedos demais.' Hoje existe muita revolta contra essa ideia de vender produtos a crianças, muito mais do que quando comecei nesse negócio." Agora, vítima dos pedidos de seu próprio filho, O'Hanlon decidiu assumir uma posição. Está procurando um emprego no qual tenha de anunciar apenas produtos para adultos.

De modo similar, alguns psicólogos começaram a denunciar colegas que usam seus conhecimentos para ajudar empresas a vender para crianças. O cantor canadense Raffi e outras celebridades simpáticas às crianças juntaram suas vozes ao coro. Escolas em todo o mundo agora fazem seminários sobre como as famílias podem combater a birra das crianças. Quando uma escola primária apresentou um fórum sobre essa questão em um shopping de Hong Kong, dezenas de pais desconectados com a escola compareceram. Por toda a parte, grupos como o Alerta Comercial organizam marchas, boicotes e campanhas de abaixo-assinados contra as companhias que têm como alvo as crianças. Sob a pressão dos pais, de políticos e de outros membros da campanha, muitas escolas nos Estados Unidos expulsaram o Channel One de suas salas de aula, o que diminuiu o lucro da empresa para menos da metade de seus níveis mais elevados de meados dos anos 1990.

A indústria de *junk food* é o alvo mais apreciado. Escolas de todo o mundo estão removendo as máquinas de vender comida e bebida, ou pelo menos baixando o tom dos anúncios que as acompanham. Em 2000, a Letônia tornou-se o primeiro país europeu a impor uma proibição à venda e à comercialização de *junk food* em todas as suas escolas públicas. Alguns meses depois, a Inglaterra proibiu anúncios de *junk food* nos intervalos dos programas dirigidos a menores de 16 anos.

Isso vai continuar avançando? Em muitos países, os grupos de consumidores pressionam exigindo uma proibição de todos ou da maior parte dos anúncios para crianças. A Suécia e a Noruega já proibiram anúncios na televisão para crianças menores de 12 anos, e a província de Quebec, no Canadá, o fez para menores de 13 anos. Outros países, inclusive a Grécia, a região flamenga da Bélgica e a Nova Zelândia também impuseram restrições. O efeito real disso está em discussão. Um dos problemas é que a televisão é apenas uma das muitas plataformas para a propaganda, juntamente com a internet, os celulares e até os jogos de computação. Outro problema é que as crianças não se limitam mais a ver televisão para crianças. Na Inglaterra, o programa mais visto por menores de 16 anos é *Coronation Street*, uma novela bem pesada dirigida a adultos.

Mas, mesmo assim, com a mudança de ânimo do público, as empresas estão encontrando dificuldades para vender para as crianças. No Natal de 2006, a Wal-Mart lançou um site na internet no qual dois elfos instigavam as crianças a clicar SIM quando um brinquedo aparecia na tela. "Se vocês nos mostrarem o que querem em sua lista de desejos, nós o mandaremos direto para seus pais", prometia o elfo com voz esganiçada. Grupos de consumidores criticaram o site por promover o "me compra, me compra!", e até mesmo leitores da *Advertising Age*, a bíblia da indústria da propaganda, mostraram receio: mais da metade deles admitiu que a Wal-Mart tinha ido longe demais.

Até na Feira de Brinquedos de Londres encontrei empresas tocando o tambor do anticonsumismo. Uma empresa familiar, chamada Charlie Crow, expõe fantasias que deliberadamente evitam ligações com personagens da TV ou do filme mais recente. Há fantasias de criadas, soldados, leões, ovelhas, reis e rainhas, mas nenhum Homem Aranha ou Batman. Existe uma princesa, que não é a princesa Lea, uma bruxa, que não é a Hermione Granger. A diretora de marketing Sue Crowder me diz que o objetivo é pôr freio ao consumismo na infância. "Você passeia por essa feira e, de certa maneira, sente que a criança é a parte menos importante desse processo, que o negócio aqui é vender, não brincar. Queremos pôr à sua disposição fantasias que não imponham uma fórmula, para que a história e a personagem fiquem por conta das crianças. Só assim é que a imaginação delas realmente corre solta." No mercado há quatro anos, as fantasias da Charlie Crow vendem muito na Inglaterra e no exterior, preferidas pelas escolas que querem encorajar o desempenho de papéis históricos e pelos pais cansados de fantasias de marca que levam a infindáveis demandas por mais acessórios ("Eu preciso da varinha *e* da vassoura para a minha fantasia de Harry Potter!").

Pode parecer paradoxal que uma empresa se proponha ser a campeã do anticonsumismo, mas esse é o mundo em que vivemos. O consumo é parte da vida. Quando ele chega às crianças, o desafio não é impedi-lo totalmente, mas impor limites.

Afinal de contas, muito disso dependerá dos pais encontrarem forças para dizer não — e talvez estejamos começando a aprender como fazê-lo. Sophie Lambert, consultora de relações públicas em Paris, costumava comprar para suas duas filhas pequenas qualquer coisa que elas pedissem. Ela se alegrava com a gratidão delas, até que um dia as escutou inventando histórias com suas bonecas. Uma personagem dizia à outra: "Eu não quero carinho, quero que você me compre um presente. Comprar alguma coisa para mim quer dizer que você me ama." Sophie ficou paralisada. "Foi como levar um choque elétrico. Subitamente entendi que eu estava ensinando a elas que as coisas materiais eram mais importantes que o amor." Sophie pôs na gaveta o cartão de crédito e ajoelhou-se no chão para brincar com as filhas. Ela agora compra presentes apenas ocasionalmente e sente que sua relação com as meninas é muito mais rica. "Nós fazemos menos compras e conversamos mais. Elas também aproveitam mais os brinquedos porque não estão sempre pensando na próxima compra."

O que as crianças realmente precisam e querem de nós é o que mais achamos difícil dar: nosso tempo e nossa atenção, sem condições. Quando não conseguem isso, elas vão atrás de dinheiro. Malcolm Page aprendeu essa lição quando seu filho Noah, de 7 anos, levou para casa um projeto escolar chamado "Por que amo meus pais". Na primeira página havia uma longa lista das coisas que sua mãe fazia, entre as quais fazê-lo rir, cozinhar coisas boas para comer e beijá-lo e abraçá-lo quando ele se machucava. Na página do pai, Noah simplesmente havia escrito: "Ele me compra coisas." Malcolm, que trabalha como analista financeiro em Londres, sentiu como uma punhalada a revelação que lhe veio quando leu aquilo. "Sempre quis ter uma relação mais próxima com Noah do que a que tive com meu pai, mas de alguma forma nunca encontrei tempo suficiente ou a energia necessária para fazer com que isso acontecesse. Acho que considerei os presentes uma oferta de paz ou uma forma de amenizar minha consciência por não ser um pai melhor." Malcolm decidiu que só havia uma forma de romper o círculo vicioso: gastar menos dinheiro e mais tempo com Noah. Ele começou a levar o filho para a escola uma vez por semana, ao parque nos fins de semana, e a voltar para casa mais cedo para ler histórias junto à cama do menino na hora de dormir. Também diminuiu os presentes. Seis meses depois, a relação deles havia mudado. "Antes, quando ficávamos só nós dois, ele estava sempre me pedindo para comprar isso ou aquilo. Mas essa história praticamente acabou. A última vez que fomos ao parque ele passou todo o tempo falando sobre como seria viver na Lua — comer, ir à escola, jogar futebol e até ir ao banheiro. Foi cômico e assombroso. E foi um alívio não ter a pergunta 'O que vamos comprar agora?' pairando sobre nós todo o tempo."

Melinda Ball, uma mãe solteira de Nova York, usou um caminho mais formal para moderar sua filha Hannah, uma adolescente que se tornara *shopaholic*, ou seja, viciada em compras. Ela instituiu o café da manhã como zona oficial livre do "me compra, me compra!". As regras: não pedir dinheiro, não falar sobre bens de consumo, e todo o resto vale. Algumas vezes mãe e filha sentam-se diante de seus pratos de cereal num silêncio mal-humorado, mas certas vezes falam sobre a escola, sobre seus amigos ou sobre os planos de Hannah de ser uma arquiteta quando crescer.

"É legal não ser tratada como um caixa eletrônico ambulante, de modo que é um alívio que Hannah esteja começando a ser um pouco menos obsessiva com fazer-me comprar coisas para ela, mesmo fora do café da manhã. Na verdade, estou pensando em transformar o jantar também em zona oficial livre do 'compra!'."

Na luta contra o consumismo na infância, a festa de aniversário destaca-se como uma frente de batalha importante. A própria ideia de celebrar a data do nascimento de uma criança é moderna. No começo da Idade Média, a Igreja denunciava as festas de aniversário como pagãs e tentou erradicá-las. Mas o ritual gradualmente se difundiu na era moderna e, no século XIX, as famílias burguesas e de classe média assinalavam o dia do nascimento de seus filhos reunindo alguns familiares em casa. Depois da Segunda Guerra Mundial, as festas ficaram mais elaboradas, com passeios com os amigos a uma piscina ou a outro lugar. Mais recentemente, os orçamentos das festas aumentaram, com os super-ricos ostentosamente contribuindo para os preços decolarem. David Brooks, o presidente de uma fábrica de coletes à prova de bala dos Estados Unidos, chegou às manchetes em 2006 por ter supostamente gasto 10 milhões de dólares no 13º aniversário de sua filha. Um time dos sonhos de artistas, que incluía Tom Petty, Stevie Nicks e 50 Cent, fez uma apresentação para 300 garotas no Rainbow Room em Nova York. Os convidados foram para casa com os brindes da festa: bolsas que tinham dentro câmeras digitais e iPods. Aumentar a festa de aniversário até mesmo se tornou uma forma de diversão em si mesma, graças ao *My Super Sweet 16*, um *reality show* da MTV que mostra adolescentes mimados planejando festas e bailes com extravagâncias de tirar o fôlego. Embora muitos assistam ao programa para rir dos excessos, outros claramente o consideram uma fonte de ideias.

Até mesmo pais que não são milionários sentem a pressão de fazer cada festa de aniversário mais espetacular, mais pródiga e mais memorável que a anterior. Pensem em jardins zoológicos de mascotes no pátio, serviço de limusine para crianças de 5 anos e bolos temáticos dignos de um baile de formatura. Como tantas outras características da infância moderna, a festa de aniversário "perfeita" dirige-se muito mais para os adultos do que para as crianças. Um site norte-americano da internet instituiu um concurso mensal que recompensa pais que tragam as "melhores ideias para festas". Uma pesquisa de 2006 descobriu que, na corrida para o grande dia, os pais ingleses estão três vezes mais propensos a ter dores de cabeça, enjoos e outros sintomas de estresse do que seus filhos. A pesquisa também descobriu que, enquanto dois terços dos adultos pensam que seu filho quer convidar toda a turma para um espaço alugado com diversão profissional, 59% das crianças na verdade prefeririam convidar alguns poucos amigos para divertir-se em casa. Uma mãe de Londres recentemente compareceu a uma festa de aniversário na qual oito meninos de 4 anos visitaram um quartel de bombeiros, fizeram esculturas de Play Doh, montaram e comeram suas próprias pizzas e viram um show de fantoches profissional — tudo isso em duas horas. O aniversariante adormeceu durante o show de fantoches. "Foi tão confuso que acho que os meninos realmente não registraram o que estava acontecendo. Não estou segura nem mesmo de que eles tenham entendido que estavam ali para celebrar o aniversário de alguém."

Algumas vezes a disputa para promover a Melhor Festa Já Realizada pode ser até perigosa. Em 2006, uma família de Coral Gables, na Flórida, contratou uma companhia para levar um grupo de animais selvagens para entreter os convidados do aniversário de seu filho de 7 anos. Quando o treinador soltou o puma de sua jaula, a fera agarrou uma menina de 4 anos pela cabeça, arrancou parte de sua orelha e lacerou suas pálpebras e bochechas.

Exaustos e amedrontados pela tarefa hercúlea, muitos pais estão começando a diminuir a escala da festa de aniversário dos filhos. Susan Sawchuck, de São Francisco, decidiu voltar ao básico quando seu filho Jack completou 5 anos. Ele havia estado em algumas festas bastante elaboradas, uma das quais tinha até uma excursão privada por um aquário e um profissional engolidor de chamas. Jack voltou com saquinhos de brindes que continham de tudo, desde entradas para o jogo de beisebol dos Giants até um aparelho de MP3. "Foi o MP3 que me fez decidir. Eu pensei: isso está fugindo ao controle. Essas crianças nem estão na escola ainda — para que precisam de um MP3?"

Ela tomou uma resolução. No quinto aniversário de Jack, ela convidou seis dos amigos mais próximos do menino para passar algumas horas na casa do aniversariante. Eles brincaram de tudo que os animadores de festas profissionais tratam com superioridade e que muitos pais assumem que já não é suficiente para manter felizes as crianças modernas, inclusive de esconde-esconde, rabo-de-burro e jogo da memória. Susan também organizou uma caça ao tesouro, e o tesouro era o direito à primeira fatia do bolo de aniversário. Durante os trinta minutos finais, as crianças brincaram de karaokê com um CD dos Beatles. Nenhum dos garotos se queixou de que nos saquinhos de brindes houvesse apenas um livro para colorir e um pirulito, e todos voltaram muito alegres para casa. Vários meses mais tarde, Jack lembra-se desse dia com um grande sorriso. "Foi a melhor festa a que já fui. Brinquei muito com meus amigos."

Susan sentiu a gélida desaprovação dos pais que optam pelos grandes orçamentos, mas planeja fazer a mesma coisa no ano que vem. "Você tem que ignorar a pressão do grupo, que vem principalmente dos outros pais. E a única forma de fazer isso é lembrar-se sempre de que as festas de aniversário são para as crianças, não para os adultos."

Para fazer com que seja mais fácil resistir à corrida armamentista pela festa "perfeita", os pais estão se organizando para assinar seus próprios tratados de não proliferação. Alguns estão colocando limites aos gastos com presentes e brindes ou até eliminando-os. Outros fazem acordos relativos a quotas de convidados. Inclusive estão começando a aparecer grupos de campanha por aniversários mais modestos.

Bill Doherty é professor de estudos de família da Universidade de Minnesota. Encontramo-nos pela primeira vez em uma conferência em Chicago, onde ele falou sobre os perigos ocultos que há em sobrecarregar as crianças de estudo. Em 2007, ele voltou sua atenção para a praga das festas exageradas ao ajudar a lançar a campanha de um grupo de pais de origem simples chamada Festas sem Pressão em Saint Paul, no estado norte-americano de Minnesota. Figura genial, dotado de um natural senso de humor, Bill certamente não é um desmancha-prazeres puritano. Ele apenas quer diminuir o frenesi que envolve as festas de aniversário das crianças — e enraizar essa mudança em um desafio maior para a cultura das grandes expectativas.

"Quero dar aos pais a permissão para não terem que se desculpar por fazerem uma festa apenas para a família ou por convidar uns poucos amigos e organizar brincadeiras bem simples. E quero que esses pais se sintam parte de uma mudança social maior. Não estamos tentando criar novas regras sobre festas de aniversário — não há nada inerentemente errado com os saquinhos de brindes, os animadores de festa ou em convidar toda a turma de segundo grau. O fato é que não existe a festa perfeita, seja grande ou pequena. Você precisa perguntar-se se está planejando a festa a partir de seus próprios valores ou a partir da pressão da comunidade para exagerar."

Uma forma de diminuir a pressão do grupo é fazer festas de aniversário "só para crianças". Isso tira a necessidade de impressionar outros pais com a qualidade de sua comida, da animação, da maneira de lidar com as crianças pequenas e até mesmo das dimensões reduzidas de sua casa. Eu e minha mulher fizemos boa parte das festas de nossos filhos em teatros de fantoches e em escolinhas de futebol, mas aquela de que me lembro com mais prazer é a festa de quando minha filha fez 5 anos. Os pais deixaram as crianças em nossa casa e foram embora. Nós fizemos tudo de maneira simples, com caça ao tesouro, dança das cadeiras e passa anel. As meninas tiveram um baile — e nós também.

É claro que o consumismo sem controle faz mais do que apenas estragar as crianças. Ele também as força a crescer mais rápido, um fenômeno descrito em linguagem de marketing como Kagoy (iniciais em inglês de *Kids are getting older younger*, as crianças estão ficando mais velhas mais cedo). Mas será isso uma coisa boa? Deveríamos estar encorajando as crianças a enfrentar mais cedo os modos de ser, os vícios e os temores dos adultos? Minha própria infância foi marcada por uma excursão familiar para ver o filme de ficção científica e horror *Vampiros de almas,* sobre alienígenas que dominavam o mundo fabricando réplicas de pessoas. Apesar de a censura proibir o ingresso de menores de 14 anos e do fato de que eu tivesse apenas 11, meu pai de alguma forma conseguiu que todos entrassem. Imagens do filme me assombraram por anos a fio, especialmente a cena final, na qual personagem de Donald Sutherland apontava para a heroína e soltava aquele uivo sobrenatural de gelar o sangue que os alienígenas usavam para identificar um ser humano. Até os 14 anos, eu dormi soterrado sob uma pilha de travesseiros ou entrei certas noites sorrateiramente no quarto do meu irmão para dormir com ele.

Não somos a primeira geração a queixar-se de que os jovens são expostos a coisas para adultos cedo demais. Embora nossos ancestrais se preocupassem bem menos com crianças que se aterrorizavam com ruídos noturnos, eles se preocupavam com que elas pudessem ser corrompidas. Platão advertiu que as obras dos poetas dramáticos poluiriam a mente dos jovens. No século I d.C., um retórico chamado Quintiliano repreendeu seus colegas romanos por encorajarem as crianças a tomar parte nas obscenas representações teatrais apreciadas pelos adultos: "Regozijamo-nos se as crianças dizem alguma coisa grosseira, e palavras que não deveríamos tolerar nem mesmo nos lábios de um pajem de Alexandria são comemoradas com risos e um beijo... Elas nos escutam utilizar tais palavras, veem nossas amantes e nossos favoritos; cada jantar está cheio de canções obscenas e são apresentadas aos seus olhos coisas que nos deveriam fazer corar ao falarmos sobre elas." Em 1528, William Tyndale, que fez a primeira tradução inglesa da Bíblia amplamente difundida, denunciou o clero da Inglaterra por permitir que os jovens lessem sobre "Robin Hood e Bevis de Hamton, Hércules, Heitor e Troilo, com mil histórias e fábulas de amor, licenciosas e obscenas, tão sujas como o coração pode imaginar, para corromper a mente de toda a juventude".

Depois que os românticos puseram num relicário a ideia da inocência da infância, esse medo da corrupção ficou cada vez mais forte. Críticos puritanos diziam que ler tiras cômicas estimularia em excesso os jovens e os levaria ao crime e à devassidão. Outros se queixavam de que as crianças ficavam moralmente maculadas ao trabalharem nas fábricas da Revolução Industrial, estimulando alguns patrões a contratar monjas ou matronas para lhes acalmar as mentes. Tal como qualquer outro dos medos relativos à infância, o medo da corrupção se intensificou ao longo do século XX, ampliando-se até incluir tudo desde música de rock até "Oh happy day".

Isso nos traz a um dos mais curiosos paradoxos da infância moderna: hoje em dia, mesmo quando nos queixamos da perda da inocência delas, permitimos e até encorajamos que as crianças ponham os pés na piscina dos adultos cada vez mais cedo. Uma razão para isso é nossa ânsia de nos aproximar de nossos filhos, de cimentar nosso estatuto de "melhor amigo". Afinal de contas, nada une mais duas pessoas que um passatempo compartilhado. Observem as mães desmancharem-se em elogios sobre fazer massagens faciais e tratar os pés na companhia de suas filhas de 9 anos. Eu comecei a ler as revistas de Tintin para meu filho muito cedo, porque queria compartilhar com ele meu amor por aquelas histórias. Fiquei encantado quando ele começou a inventar jogos com o Capitão Haddock e o Professor Calculus. Fiquei menos alegre quando ele começou a falar de traficantes de heroína com as outras crianças na pracinha.

Desejosas de construir uma base de clientes para o futuro, as empresas treinam as crianças com produtos "para principiantes". Vejam o sucesso das clínicas que oferecem tratamentos de beleza e transformações estéticas para pré-adolescentes. Ou como a indústria do jogo está tornando os hotéis dos cassinos mais simpáticos às crianças, até mesmo instalando máquinas caça-níqueis com temas da Pantera Cor-de-Rosa. A Kidsbeer, uma popular bebida sem álcool do mercado pré-adolescente no Japão, parece cerveja, vem em garrafas de vidro marrom e é vendida com slogans do tipo: "Perfeita para aquelas noites em que você quer ser um pouco como um adulto." Uma das propagandas da empresa mostra um menino que se lamenta por ter fracassado em uma prova de matemática e depois verte lágrimas de prazer ao tomar uma Kidsbeer.

E aí vem o tema do sexo. Ao longo da maior parte da história, e em todas as culturas, os jovens tenderam a se vestir como versões reduzidas de seus pais. O filho de um trabalhador usava roupas de trabalho, a filha de uma família da alta sociedade, ornamentos rendados. Nas pinturas, as moças aristocráticas de até mesmo 6 anos posavam com roupas decotadas e penteados sedutores na esperança de atrair o olhar de um monarca distante. Desde o século XVIII, no entanto, quando a noção de inocência da infância se consolidou, tais imagens começaram a incomodar. Em 1875, o poeta William Cowper se lamentava de que as meninas se vestissem com roupas adequadas para pessoas acima de sua idade: "Até mesmo moças, na idade em que suas mães usavam babador, atualmente vestem roupas de mulheres-feitas."

Hoje em dia, atrasamos o relógio até a era do pré-iluminismo: pessoas de todas as idades vestem as mesmas coisas. A diferença agora é que as crianças estão sendo introduzidas em uma cultura adulta que fica cada vez mais descuidada. Adeus fralda e babador. Olá, sutiã com enchimento da Pequena Senhorita Sapeca. Na TV para crianças, os graves apresentadores de outrora foram substituídos por imitadoras de Shakira que usam tatuagens provocantes e barrigas desnudas. A boneca Barbie, que, com sua figura anatomicamente impossível e seu guarda-roupa glamouroso tornou-se a *bête noire* do feminismo, viu-se eclipsada pela supersensual e debochada boneca Bratz. Pode-se até mesmo comprar uma roupinha adornada com a frase "Jr. Pimp Squad".

Quando se trata de incrementar o quociente sexual na infância, as meninas estão no lado ativo. Lojas de varejo como La Senza Girl, Limited Too ou Abercrombie e Fitch vendem meias rendadas, sutiãs com enchimento e calcinhas com mensagens picantes em tamanhos mínimos. As papelarias vendem estojos de lápis cor-de-rosa, bloquinhos, conjuntos de réguas e compassos e outros materiais escolares com a logomarca do coelhinho da Playboy. Mesmo que não compremos para nossas filhas camisetas dizendo: "Tantos garotos no mundo e tão pouco tempo", elas ainda assim parecem incorporar as vibrações do sexo por osmose. Fiquei atônito, uma noite dessas, quando minha filha de 5 anos começou a girar no banheiro enquanto cantava o *jingle* de um anúncio da Renault: "Shaking that ass, shaking that ass" (sacudindo o bumbum, sacudindo o bumbum).

Estou sendo rígido demais? Toda essa obscenidade é apenas um pouco de divertimento inofensivo ou de ironia pós-moderna? Talvez até certo ponto, mas também é como se uma fronteira tivesse sido cruzada. Como já vimos, tornar indistinta a demarcação entre a infância e a idade adulta pode ter um efeito limitador para os jovens, diminuindo os espaços em que ainda podem ser crianças. As meninas sempre se vestiram com roupas de adultos para brincar de mamãe, de enfermeira ou de gata glamourosa como uma forma de se divertir ou de explorar e experimentar diferentes identidades femininas. Mas isso era uma brincadeira, que uma criança podia ligar ou desligar. A moda corrente de usar roupas de mulheres-feitas parece menos brincalhona e tem mais a ver com adotar uma atitude ou comprar um estilo de vida. De modo que as unhas pintadas de sua filha já não são apenas para diversão, são parte do seu *look*; aquele top não é uma roupa: é um acessório do guarda-roupa.

Quando se trata de imitar os adultos, as crianças podem conhecer o *script* e saber fazer as poses certas, mas há pouca evidência de que elas estejam entendendo a complexidade emocional e moral de desempenhar papéis adultos. Elas não são adultos em miniatura; são apenas crianças. Quando uma sociedade venera tanto a inocência da infância e lança suas crianças no cadinho sexual da cultura pop, o resultado final provavelmente será a confusão — ou coisa pior. Talvez isso explique por que a ansiedade infantil está crescendo, por que as crianças de muitos países estão se tornando sexualmente ativas mais cedo ou por que as desordens alimentares, a disforia corporal (o mal-estar provocado pela ansiedade) e outras doenças antes associadas aos adultos agora são comuns entre os jovens. Em uma recente pesquisa feita na Austrália, mais de 70% das meninas de 7 e 8 anos disseram aos pesquisadores que desejavam ser mais magras, e a maior parte delas acreditava que perder peso as faria mais aceitas e socialmente apreciadas. Um estudo de 2007 de uma comissão especial da Associação Psicológica dos EUA concluiu que o tratamento sexual dado à vida das meninas promove a insatisfação com o próprio corpo, depressão e baixa autoestima.

E chegamos à pergunta mais incômoda de todas: se vestimos nossas filhas como Lolita, que mensagem está sendo enviada aos pedófilos, com os quais tanto nos preocupamos?

Enquanto essas questões vão ganhando prioridade na agenda, a cultura obscena já está sendo submetida a um cerco. Escolas em todo o Ocidente baniram vestimentas que permitam vislumbrar uma parte da roupa de baixo tipo fio dental das alunas. Em 2007, o Sindicato Nacional de Professores da Grã-Bretanha pediu o fim da "exploração sexual" das crianças pelos anunciantes e pela mídia. Notoriamente, Abercrombie e Fitch retiraram de circulação sua coleção de calcinhas e maiôs tipo fio dental para crianças, após protestos de pais e políticos. A rede de supermercados inglesa Asda deixou de vender lingerie de renda preta e rosa para crianças, acatando o clamor público. Depois disso, um distribuidor de roupas tirou de circulação as camisetas com a frase estampada "Tantos garotos no mundo e tão pouco tempo", pela mesma razão. Outros produtos torpedeados pelos protestos dos pais incluem uma coleção de sutiãs Bratz para meninas pequenas e uma linha de bonecas Hasbro para meninas de 6 anos, criada a partir de um grupo de música pop escassamente vestido cujo nome é Pussycat Dolls.

As próprias crianças estão se unindo à batalha contra a obscenidade. Nos Estados Unidos, mais de 2,5 milhões de adolescentes assumiram o "compromisso de virgindade", prometendo evitar o sexo até o casamento. Outras crianças fazem carga contra os produtos eróticos. A Mattel teve que guardar com naftalina a linha de lingerie Barbie — "O conjunto encantador começa com um delicado bustiê de viúva-alegre com destaques de laços cor-de-rosa, combinando com um vestido que proporciona contornos sedutores"— depois de protestos públicos dos quais fez parte uma campanha de cartas escritas por meninas em idade escolar. Em 2005, meninas de 11 a 15 anos fizeram piquetes em uma sucursal londrina da W. H. Smith, uma rede de papelarias que vende material escolar com temas da Playboy. "Estão usando coisas de que necessitamos para nossa educação para nos vender a ideia de que somos objetos sexuais", diz uma participante do protesto de 13 anos. "É repugnante e me deixa furiosa." A W. H. Smith manteve sua posição, mas outros distribuidores ingleses, entre os quais Claire's Accessories e John Lewis, depois disso descartaram o material didático da marca Playboy.

Fazer da infância uma zona proibida ao consumismo é impossível em uma cultura de consumo. Mas chegou a hora de pôr limites. Não só estão em jogo a saúde e a felicidade de nossas crianças, mas também o futuro do planeta: a humanidade simplesmente não pode continuar consumindo do jeito que o faz agora. O lado bom disso é que mais e mais pessoas estão despertando para esse fato.

O melhor ambiente para começar a frear a cultura do consumidor é entre os jovens. Coletivamente, isso significa conservar tudo o que é material comercial fora das escolas, reforçando as restrições à propaganda para crianças e diminuindo o quociente de obscenidade. Para os pais, significa, ainda uma vez, alcançar um equilíbrio. Comprar coisas está bem, mas quase todos nós sabemos quando estamos cedendo demais ao "me compra, me compra!". Podemos sentir no estômago.

Porém "dizer não" é apenas o começo. Também precisamos lidar com as consequências: os gritos de "Você é a pior mãe do mundo!" ou ameaças como "Se não me comprar um iPhone, nunca mais vou falar com você!". Esse rancor vai sempre se manifestar, não importa quanto você compre ou não compre, porque o desejo ardente do consumidor nunca pode ser totalmente satisfeito, em especial nas crianças — esse é o preço que pagamos por viver numa era de abundância. Mas podemos começar a controlar esses desejos. Uma forma é parar de usar dinheiro como substituto para tempo e atenção. Outra é domar nosso próprio vício de fazer compras.

Malcolm Page deixou de comprar cada aparelho de alta tecnologia que atrai seu olhar. E espera que o exemplo ajude seu filho Noah a crescer pelo menos parcialmente vacinado contra o vírus do materialismo. "É uma lição que todos nós, crianças e adultos, precisamos aprender. Gastar tempo juntos é mais importante do que gastar dinheiro."

12

SEGURANÇA: brincando com fogo

Manter-se a salvo não significa enterrar-se

SÊNECA, SÉCULO I D.C.

FOI EM UMA MANHÃ DE TEMPESTADE NO COMEÇO DA PRIMAVERA, com a temperatura oscilando em torno de zero grau, que Magnus Macleod aprendeu pela primeira vez que o fogo é quente. Muito, muito quente. Matriculado no jardim de infância Secret Garden, o menino de 3 anos havia passado o dia brincando em uma floresta na Escócia Oriental. Para combater o frio, as crianças, ajudadas pelo professor responsável, fizeram uma fogueira usando ramos e folhas recolhidos do chão. Formaram um círculo em volta das chamas, esquentando seus pés e mãos e bebendo limonada quente. Então, sem aviso, Magnus colocou a mão no fogo e pegou uma brasa ardente com a mão. O grito do menino ecoou pelo bosque.

O que aconteceu depois? Bem, nos dias de hoje seria de se esperar que se abrissem as portas do inferno. Um processo contra o Secret Garden. Uma tempestade de indagações indignadas do inspetor de saúde e segurança: onde estava o responsável adulto quando Magnus pegou a brasa? Por que não havia ali uma enfermeira qualificada a postos? Por que crianças de 3 anos estavam perto de um fogo alto? E vocês podem imaginar os pais fazendo fila para tirar seus filhos daquele jardim de infância.

Porém nada disso aconteceu. Todos tomaram o acidente de Magnus com a brasa ardente à sua maneira. A ferida no indicador direito do menino durou duas semanas, mas ele aprendeu uma lição valiosa sobre os perigos do fogo. Agora, quando encontra uma caixa de fósforos, ele a entrega para o adulto mais próximo. E nunca toca em brasas ardentes. Kate, sua mãe, não apenas o manteve no Secret Garden, como também matriculou lá o filho menor, Freddie.

"Claro que ficamos um pouco preocupados quando ele se queimou, mas o principal é que Magnus agora está mais consciente no que diz respeito ao fogo; ele sabe que não deve aproximar-se dele." A verdade é que existem riscos no mundo, e as crianças se beneficiam ao serem expostas a eles dentro dos limites da razão.

Como primeiro jardim de infância ao ar livre do Reino Unido, o Secret Garden é um desafio direto a muitos dos comportamentos peculiares da infância moderna. Como outras escolas que fazem da natureza uma sala de aula, o Secret Garden tem uma nova proposta para as crianças aprenderem, brincarem e socializarem. Mas também desafia a própria crença moderna de que as crianças precisam ser tratadas com extremo cuidado, que a forma de criá-las é dentro de casas e escolas, em lugares rigorosamente higiênicos, à prova de acidentes, climaticamente controlados e sob supervisão constante.

O currículo do Secret Garden é o oposto de tudo isso. Seja qual for o tempo, e na Escócia isso pode significar temperaturas abaixo de zero, ventos gelados que sopram do mar do Norte ou chuva sem fim, as crianças passam o dia inteiro ao ar livre. Elas fazem pipi no bosque sem lavar as mãos depois. A floresta que exploram está repleta de cogumelos venenosos, assim como bagas de teixo e flores de dedaleira, de aparência deliciosa que, se comidas, podem causar vômitos, tonturas e flutuações nos batimentos do coração das crianças. Afagar galinhas, cordeiros e outros animais significa expor-se a quem sabe quantos germes. Ah, não nos esqueçamos daquelas fogueiras de acampamento...

E, apesar disso, ou talvez por causa disso, o Secret Garden está ganhando adeptos. Sua fundadora é Cathy Bache, uma enérgica mulher de meia-idade com uma queda por roupas coloridas de malha. Ter vivido por um período na Noruega inspirou-lhe a ideia de importar o conceito escandinavo do jardim de infância ao ar livre. Em 2005, ela começou a cuidar de um grupo de crianças nos bosques em volta de sua casa em Letham, uma aldeia de Fife. O Secret Garden recentemente ganhou uma subvenção do Estado, e Cathy agora tem 24 alunos e uma longa lista de espera.

"Alguns pais ficam um pouco nervosos a princípio, mas quando vêm até aqui e veem como as crianças se dão bem, quanta alegria elas têm, e o quanto aprendem, eles se tranquilizam... Muitas crianças hoje em dia estão engaioladas como galinhas de aviário; não têm liberdade porque, como sociedade, nos tornamos muito rígidos quanto à segurança. Parecemos viver em um constante estado de medo."

Fazemos nossas as palavras de Cathy. Como já vimos, muitos dos pensamentos de pais e mães sobre as crianças são modelados pelo medo — o medo de que um fiapo de seu potencial passará despercebido, de que elas não conseguirão brilhar, de que serão infelizes, perderão sua inocência ou não gostarão de nós, de que crescerão rápido demais ou com demasiada lentidão, de que nos desacreditarão como pais.

Mas de certo modo o medo mais visceral, aquele que toca mais profundamente nosso impulso evolutivo, é o medo de que nossos filhos estejam correndo perigo físico. Preocupar-se com que os jovens possam ser feridos é comum em todas as culturas e tempos. Mesmo na família pré-histórica, a mãe, e provavelmente o pai, quando estava em casa, tinha o olhar atento para impedir os filhos pequenos de queimarem os dedos no fogo como Magnus fez. Toda sociedade tem seu bicho-papão. Na Idade Média, os cristãos na Europa diziam que os judeus matavam seus filhos e usavam seu sangue para fazer o matzá, o pão da Páscoa.

Na era moderna, no entanto, as preocupações sobre o bem-estar físico das crianças se hipertrofiaram, alimentadas por uma crença cada vez maior de que os jovens são inerentemente frágeis e o mundo, cada vez mais perigoso. No começo do século XX, alertava-se oficialmente que o lar era um campo minado de germes, tomadas elétricas, fornos quentes e água em que se afogar. Quando o carro chegou a dominar o cenário urbano, as cidades construíram parques cercados e fizeram leis proibindo o jogo de bola de gude, futebol, lutas e outras brincadeiras de rua. No lar, os pais construíam quartos nos quais as crianças podiam brincar com segurança dentro de casa.

Cada nova ameaça para os jovens, real ou imaginária, dispara mais pânico e mais amarras de segurança. Lembram-se da confusão que se criou no começo dos anos 1980, quando se dizia que psicóticos distribuíam doces envenenados e maçãs recheadas com lâminas de barbear na festa de Halloween? Tais incidentes eram tão raros que chegavam a ser lendas urbanas, mas isso não diminuiu a histeria. Costumávamos revolver os doces que conseguíamos com um pente fino, procurando por qualquer sinal de adulteração. E as maçãs iam direto para o lixo. Também foi nessa época que os pais começaram a acompanhar os filhos quando iam pedir doces aos vizinhos.

Na última década, no entanto, as preocupações com a segurança das crianças alcançaram o clímax. Observem a casa do século XXI, com travas de segurança nas portas e nos armários de cozinha, protetores plásticos nas tomadas e amortecedores acolchoados em todas as bordas agudas. Pode-se até comprar um cadeado para tampa de vaso sanitário. Meu editor norte-americano pagou a um especialista 1.500 dólares para tornar sua casa "à prova de bebês". E o medo é ainda maior fora de casa. Deixar uma criança andar de triciclo sem um capacete ou brincar no parque sem antes mergulhá-la em meia garrafa de bloqueador solar é considerado hoje em dia um absurdo. Batalhas de bolas de neve, no passado um rito de infância nos meses de inverno, foram proibidas nas escolas do norte da Europa e dos EUA. Em uma escola na Cúmbria, os alunos usam óculos de proteção industriais para brincar com bolas de neve. Outra escola inglesa substituiu as tradicionais gravatas de nós por outras com clipes, para reduzir o risco de sufocamento. Uma escola elementar de Attleboro, no estado norte-americano de Massachusetts, decidiu que a brincadeira de pique era um risco para a saúde e a proibiu. Muitas crianças agora vão para a escola armadas com saquinhos de gel sanitário projetados para eliminar qualquer germe à vista. Em todo o mundo, os professores relatam que, quando as turmas saem para passeios no campo, alguns pais os seguem em seus carros para estarem seguros de que seu filhinho está bem.

O resultado final é que a criança do século XXI é criada em cativeiro, engaiolada dentro de casa e levada de um compromisso a outro no banco de trás do carro. Muitas escolas da Suécia não permitem mais que crianças com menos de 11 anos usem bicicletas no trajeto de ida e volta para casa. Dois terços das crianças inglesas de 8 a 10 anos nunca caminharam até um shopping ou um parque público sozinhas, e um terço delas nunca brincou ao ar livre sem a supervisão de um adulto.

Por que esse recente aumento repentino do medo? Uma razão pode ser a tendência a famílias menores. Como diz David Anderegg, autor de *Worried All the Time: Rediscovering the Joy of Parenthood in an Age of Anxiety*: "Quanto menos filhos se tiver, mais preciosos eles se tornam, e mais avesso a riscos você fica." O medo também pode vir desses horários tão cheios que nos separam uns dos outros: quanto mais tempo a família passa junta, mais fácil torna-se para os pais confiarem na capacidade de suas crianças de enfrentar riscos. Mas nossas cidades também mudaram. Há muito mais tráfego hoje em dia. E muitas comunidades estão mais estranhas, o que significa que as ruas em torno de nossas casas estão cheias de estranhos, em lugar de vizinhos que conhecemos bem e em quem podemos confiar para ficarem de olho em nossos filhos.

Também somos vítimas de um paradoxo básico: o fato de, na verdade, estarem mais seguras pode fazer com que as pessoas sintam mais medo. Mesmo quando o tráfego está calmo e a taxa de crimes está baixa, o medo permanece como o modo mais comum de viver. Uma onda de inquietação passa por nossa casa toda vez que a porta da frente se abre: Onde estão as crianças? Estarão brincando fora da calçada? Que freada foi essa? De acordo com a Unicef, a Suécia é agora o lugar mais seguro do mundo para uma criança crescer, e, no entanto, os pais e os burocratas suecos são tão paranoicos a respeito de as crianças poderem se ferir que um dos principais psiquiatras do país, David Eberhard, publicou em 2006 um livro chamado *Land of the Safety Junkies*. "A Suécia é um exemplo perfeito de como quanto mais seguro se está, mais ansioso você se torna sobre o menor risco. E isso é especialmente certo quando se trata de crianças."

Não ajuda que algumas pessoas deem uma atenção excessiva, ou mesmo exagerada, aos perigos que as crianças enfrentam diariamente. Isso inclui companhias que vendem produtos de segurança (como óculos escuros com proteção ultravioleta para bebês), burocratas de saúde e segurança com orçamentos que precisam justificar e grupos de advogados com uma mensagem para vender. E também envolve a mídia. Com tantas páginas e tempo no ar para preencher, os editores procuram notícias que chamem a atenção do público

— e nada chama mais a atenção do que a notícia de alguma coisa horrível que tenha acontecido com uma criança. Mesmo que os crimes de pedófilos não tenham aumentado nos últimos 20 anos, a devotada cobertura deles multiplicou-se. Dificilmente você lê um jornal ou vê um programa de notícias na TV sem encontrar um relato sinistro sobre um crime sexual contra uma criança, ilustrado com pungentes filmagens ou fotos da vítima. Isso claramente teve um efeito sobre mim. Quando eu era adolescente, tomei conta de crianças. Era uma forma fácil de ganhar algum dinheiro, e ainda estou em contato com algumas das famílias para as quais trabalhei há 20 anos. Hoje, no entanto, sinto certo incômodo quanto a deixar um jovem ou mesmo um homem cuidar dos meus filhos. Parte de mim sabe que é irracional, injusto e até um pouco histérico, mas outra parte fica paralisada pelas duas palavras que me fazem esquecer até as mais confortantes estatísticas e que atuam como um fantasma sobre todos os pais modernos: "E se..."

Envolvidas no pânico adulto, as crianças claramente absorveram a mensagem de que o mundo é um lugar perigoso e que o único meio de sobreviver é colocar a segurança antes de tudo. Uma recente pesquisa inglesa pediu a setecentas crianças, por volta dos 10 anos, para identificarem a mais importante lição que aprenderam com quem as criou. A resposta número um foi: estar seguro.

Bem, o lado positivo é que toda essa precaução e cuidado provavelmente livra muitas crianças de se meter em enrascadas ou coisa pior. Mas a que preço? O que sacrificamos quando fazemos um culto à segurança das crianças? Bem, por onde o leitor quer começar?

Quando a segurança da criança se torna uma obsessão, a confiança se evapora. Todo adulto subitamente parece um pedófilo em potencial — o mais odioso crime contra uma cultura a serviço das crianças. Pais modernos recebem uma mensagem confusa: sejam sensíveis e afetuosos com seus próprios filhos, mas quando se tratar de crianças de outras pessoas, guarde consigo sua sensibilidade e sua afetividade. Outro dia, eu estava na pracinha quando um menino bem pequeno caiu do tobogã e começou a gritar. Meu primeiro instinto foi ir consolá-lo, mas me controlei. E se alguém achar que sou um pervertido? De modo que fiquei ali, dizendo trivialidades a uma distância segura, até que a mãe dele apareceu. Esse tipo de paralisia pode ter consequências impressionantes. Em 2002, uma menina de 2 anos saiu por uma porta aberta do seu jardim de infância de Lower Brailes, uma aldeia tranquila e pitoresca na região de Cotswolds, na Inglaterra. Um pedreiro que passava em um caminhão viu a menina caminhando pela beira da estrada e pensou em parar para assegurar-se de que ela estava a salvo. Em vez disso, temendo ser tomado por um pedófilo, seguiu adiante. Alguns minutos depois, a menina caiu no lago da aldeia e se afogou. "Eu fiquei pensando que deveria ter voltado", contou o pedreiro mais tarde aos investigadores. "Não o fiz porque pensei que as pessoas poderiam pensar que eu estava tentando sequestrar a garota."

Enclausurar as crianças estreita seus horizontes, porque as separa da comunidade. Você não chega a conhecer os vizinhos ou os lojistas das redondezas se anda sempre de carro. As crianças superprotegidas também podem não chegar a aprender regras básicas de segurança no trânsito, o que pode explicar por que os pré-adolescentes são mais vítimas de atropelamentos do que qualquer outro grupo etário.

Os psicólogos argumentam que, quando as crianças são superprotegidas, quando cada momento de seu dia é regulamentado e supervisionado, elas têm mais probabilidade de crescerem ansiosas e avessas a riscos. É certo que exames do cérebro dão crédito a bem estabelecida observação de que por volta de 15% de todas as crianças nascem predispostas à ansiedade e à timidez. Estudos mais profundos, porém, agora sugerem que mais da metade eventualmente supera essa desvantagem inicial. Por quê? Parece que parte disso se deve à criação que receberam dos pais: se os pais são encorajadores, otimistas e dispostos a aceitar riscos na vida diária, então a criança ansiosa tem mais probabilidade de sair de sua concha.

Crianças que são criadas em uma torre de marfim podem eventualmente passar para o outro extremo, buscando as emoções extremas das drogas, do sexo, da direção perigosa ou da violência. Talvez esta seja outra razão que colabore para que o abuso de substâncias, a autoagressão e a ansiedade atualmente estejam tão altos entre crianças de famílias abastadas que se preocupam com a segurança das crianças.

Como psicólogo clínico em Halifax, Nova Escócia, Michael Ungar tem um lugar privilegiado no fracasso da cultura da superproteção. Em 2007, ele publicou um livro intitulado *Too Safe for Their Own Good: How Risk and Responsability Help Teens Thrive*.

"Existe aqui uma terrível ironia. Ao tentar tão duramente eliminar o risco da vida de nossas crianças, terminamos fazendo com que fiquem mais ansiosas. Também podemos fazê-las ficar menos seguras e menos bem-sucedidas a longo prazo porque elas não ganham todos os benefícios que advêm de assumir riscos." Ungar está se referindo a pesquisas segundo as quais a sorte favorece os corajosos: aqueles que são mais confiantes e que assumem riscos razoáveis estão menos propensos a sofrer acidentes de qualquer tipo.

E o que dizer da liberdade e da aventura? Certamente que assumir riscos, flertar com o perigo, é uma das alegrias da infância. Recentemente, nossa família passou uma semana com amigos em uma pequena aldeia do sul da Espanha. Meu filho e seu amigo passaram todos os dias passeando pelas colinas, juntando gravetos, construindo pequenos fortes de pedra e comendo laranjas diretamente da árvore. Às vezes ficavam completamente longe da vista da casa. Depois, quando perguntei qual tinha sido a melhor parte das férias, meu filho respondeu sem hesitar: a liberdade.

Fiquei atordoado. Liberdade parecia um conceito tão "grande" para um menino de 7 anos. Mas isso me fez entender que meus filhos habitam um mundo altamente circunscrito. Em casa, não lhes permitimos caminhar até a escola, ir para a casa de um amigo ou até atravessar a rua sem um adulto. Na idade do meu filho, eu andava a pé e de bicicleta pela vizinhança, sozinho com meus amigos. Às vezes parece que o mais perto que meus filhos chegam da aventura é quando assistem a programas de TV como *Raven*, nos quais outras crianças competem em atividades "perigosas" que foram autorizadas por funcionários de saúde e de segurança.

Se excesso de proteção é o problema, então qual será a solução? Como nos livramos do ciclo do medo? O primeiro passo é não sintonizar na histeria generalizada e examinar detidamente os fatos.

Fato 1: O mundo é hoje um lugar mais seguro para as crianças do que jamais foi antes. A morte de crianças por ferimentos diminuiu 50% nos países desenvolvidos nos últimos 30 anos. Entre 1970 e 2000, o número de menores ingleses mortos em acidentes caiu de 17,5 para cada grupo de 100 mil habitantes para 4,5. E a tendência é a mesma em outros países.

Fato 2: Nosso pânico de estranhos não se encaixa nas estatísticas. Ataques aleatórios de pedófilos são extremamente raros; os estranhos não são a principal ameaça às nossas crianças. É muito mais provável que uma criança sofra violência ou abuso sexual nas mãos de seus próprios pais ou parentes.

Fato 3: Manter as crianças trancadas dentro de casa ou levá-las de um lado para o outro no banco de trás do carro não é tão seguro como pensamos. Milhares de crianças sofrem acidentes dentro de casa. E, em muitos países, morrem mais crianças como passageiros em acidentes de trânsito do que como pedestres. O risco está por toda parte: o truque é encontrar o equilíbrio.

Fato 4: As crianças são muito mais resistentes e robustas do que pensamos. Apesar dos primeiros anos serem formativos, alguns golpes ao longo do caminho provavelmente não marcarão ninguém pela vida toda; podem até mesmo tornar as crianças mais fortes. Um recente estudo dinamarquês não descobriu nenhuma relação entre traumas físicos sofridos na infância e a qualidade de vida quando adultos.

Fato 5: As crianças são frequentemente mais sensíveis, competentes e capazes de controlar o risco do que podemos imaginar. Olhem o modo como os jovens o enfrentam nos mais duros cantos do Terceiro Mundo. No povo fulani, da África Ocidental, meninas de até 4 anos se aventuram fora da aldeia para juntar lenha e buscar água. Muitas crianças de rua do Brasil sobrevivem a uma quantidade de perigos que fariam o pai ocidental médio desfalecer: má nutrição, violência de gangues, lojistas hostis, predadores sexuais, polícia corrupta e traficantes de drogas. Como disse no século XIX o escritor inglês Samuel Butler: "Os jovens têm a maravilhosa faculdade de morrerem ou se adaptarem às circunstâncias."

E vejam como as crianças lidam com o risco no Ocidente abastado e rígido, quando lhes é dada uma meia oportunidade. Lembram-se da pré-escola de orientação Reggio em Prampolini? Os visitantes sempre ficam assombrados ao constatarem como as crianças estão livres para usar tesouras, estiletes para desenho e muitos outros objetos proibidos em todo o resto do mundo pelo risco das crianças se cortarem ou os engolirem. O coordenador dos professores explica que embora os itens mais perigosos sejam apresentados pouco a pouco às crianças mais jovens, a suposição sempre é a de que toda criança pode aprender a lidar com eles, mesmo que sobrevenham um arranhão ou dois ao longo do processo. "Na vida acontecem coisas perigosas, de modo que não adianta tentar eliminar todos os riscos da infância. Mostramos os perigos que certos objetos podem representar, e as crianças aprendem muito rapidamente como manejá-los."

Sabendo o que acontece e alarmados pela perspectiva de contemplar seus filhos crescendo em uma bolha, um número cada vez maior de pais está entendendo que um pouco de risco é um ingrediente essencial para uma infância alegre e sadia. Uma das sensações editoriais de 2006-2007 foi o livro cujo título já soava como um chamado às armas contra a sufocante cultura da superproteção. *O livro perigoso para garotos* está repleto de dicas de como desfrutar todo tipo de brincadeiras de alto risco, desde correr em carrinhos de mão até fazer atiradeiras ou catapultas para brincar (sem óculos de proteção).

A tendência de fazer pracinhas mais seguras, com a remoção de brinquedos perigosos, como escorregas muito altos e carrosséis, parece estar se revertendo. Sob pressão das crianças e dos pais que procuram maiores emoções, os funcionários na Inglaterra estão fazendo agora equipamentos mais arriscados para os parques públicos, entre os quais redes para escalada inspiradas pelos exercícios militares de ataque, balanços giratórios e carrosséis de deixar os cabelos em pé, conhecidos como discos holandeses. E as famílias adoram.

A pressão também está crescendo para trazer as crianças de volta para as ruas. As cidades estão impondo medidas para acalmar o tráfego, para dar mais espaço e proteção aos pedestres. Ao mesmo tempo, campanhas mostram que, mesmo agora, muitas ruas não são tão perigosas como pensamos. Uma vez por ano, milhões de crianças de 40 países participam do Dia Internacional de Caminhar até a Escola. É claro que pais e professores frequentemente estão por perto, ou até mesmo lideram grupos de caminhada, mas, para muitas crianças, esse dia proporciona a oportunidade de um pequeno gosto de liberdade. E para algumas outras muda tudo. Em 2006, Cindy Browning deixou sua caminhonete Ford Explorer em casa, em Indianápolis, no estado norte-americano de Indiana, e caminhou com seu filho Max, de

10 anos, até a escola dele, a um quilômetro dali. Cindy ficou assombrada ao ver como a estrada era segura, com luzes e placas especiais de trânsito em todos os três cruzamentos. As únicas outras pessoas por ali eram cidadãos que residiam no local e que estavam indo para o trabalho. Alguns deles sorriram e acenaram, e Cindy até reconheceu uma mulher, secretária no edifício onde trabalha como agente de seguros. O resultado disso: Max agora vai e volta caminhando da escola, geralmente com um amigo e quase sempre sem adultos. "Olhando retroativamente, de fato não sei por que pensei que ir a pé até a escola fosse tão perigoso", diz Cindy. Max adora sua independência: "Não me sinto mais um bebê e me divirto muito com meu amigo no caminho." O exercício também é bom para ele. Um estudo inglês que monitorou 5.500 crianças nascidas no começo dos anos 1990 descobriu que até mesmo um pequeno aumento na atividade física — e isso inclui uma pequena caminhada até a escola — reduzia drasticamente as chances de uma criança ficar com peso excessivo.

Outra iniciativa dessas de ir a pé até a escola deu a Martha Kane a coragem de deixar seu filho Ethan, de 11 anos, voltar de bicicleta da casa de seu amigo, em Toronto, depois de escurecer. A viagem implica atravessar duas ruas movimentadas. "Admito que, nas primeiras vezes, eu ficava sentada ao lado da janela até que ele chegasse em casa, mas depois compreendi que não era tão perigoso. Quando eu tinha a idade dele, eu costumava andar de bicicleta por toda a vizinhança sozinha depois de escurecer, e agora moramos em um bairro muito melhor do que aquele em que eu vivia." Algumas das amigas de Martha seguiram seu exemplo.

Quando os pais vencem um de seus medos, fica fácil avançar mais. No dia em que nosso filho completou 8 anos, decidimos que era tempo de deixá-lo caminhar até a loja da esquina. A banca do Harry está situada em uma movimentada rua de comércio na esquina de casa, mas o trajeto é de menos de 50 metros e não é preciso atravessar nenhuma rua. As primeiras vezes que ele foi até lá nós ficamos esperando nervosos no portão, mas agora ele faz esse percurso e a porta da frente fica fechada. Sinto-me um pouco bobo por ter esperado tanto para deixá-lo fazer o trajeto: ele poderia têlo feito um ano antes ou ainda mais cedo. Incentivados por seu sucesso, agora concedemos à nossa filha liberdades que teriam sido inconcebíveis para meu filho, como brincar no jardim da frente sem ninguém vigiando.

Alguns meses depois que Magnus queimou seu dedo, decidi ir conhecer o Secret Garden e desfrutar um dia ao ar livre. É final de janeiro, e a temperatura está em torno de zero grau centígrado. Seis crianças de 3 e 4 anos, incluindo Magnus, chegam vestidas dos pés à cabeça em quentíssimas roupas impermeáveis e seguem direto para o galinheiro nos fundos do jardim de Cathy Bache. A gripe aviária está outra vez nos noticiários, mas nenhum dos pais que deixavam as crianças ali parecia alarmado pelas notícias. Duas das crianças estão dando ração às galinhas quando outra descobre um pardal morto no chão. “Talvez esteja dormindo”, diz Alexia. “Não, ele não está sonhando, está morto”, responde Duncan. Bache levanta o pássaro e abre suas delicadas asas para que as crianças as toquem. Elas encontram um lugar para enterrá-lo atrás do velho pombal, marcando o túmulo com pregos enferrujados e cacos de vidro e de cerâmica deixados ali pelos antigos proprietários. Penso logo em injeções contra tétano e sinto alívio quando as crianças não cortam os dedos.

Então nos dirigimos ao bosque. Ao longo do caminho, as crianças param para pisar nas poças congeladas. Algumas vezes caem na água suja debaixo do gelo. Magnus pega um pouco de gelo do chão e começa a chupá-lo.

Tudo isso faz o Secret Garden parecer o pior pesadelo para os pais, um solo fértil para cultivo de doenças, ferimentos e coisas piores. Mas acontece que é justamente o oposto. Estudos feitos na Dinamarca mostram que as crianças das escolas ao ar livre pegam 80% menos resfriados, inflamações de garganta, infecções de ouvido e outras doenças contagiosas do que aquelas que vivem engaioladas atrás de portas. Estudos realizados na Alemanha descobriram que os alunos que "estudam" ao ar livre também sofrem menos ferimentos e são menos agressivos. Os pais dos alunos do Secret Garden afirmam: os 24 alunos de Bache parecem imunes a muitos dos germes que dizimam seus amigos nos jardins de infância tradicionais.

Em anos recentes, as taxas de alergia aumentaram entre as crianças em todo o mundo. Os cientistas ainda estão tentando descobrir o porquê, mas alguns suspeitam que parte da culpa pode caber ao ambiente altamente saneado no qual tantas crianças crescem hoje em dia. Vejam o que aconteceu na Alemanha. Antes da unificação, as taxas de alergia eram muito mais altas na parte ocidental, embora na metade oriental, controlada pelos comunistas, houvesse uma poluição muito pior e muitas crianças vivessem em fazendas. Depois que os dois países se reuniram, a Alemanha Oriental foi limpa e urbanizada — e as taxas de alergia aumentaram.

Outra pesquisa sugere que o expressivo aumento de crianças com diabetes de tipo 1 também pode resultar de ambientes saneados demais. Isso nos traz de volta à velha ironia sobre a infância moderna: ao lutar para criar um ambiente ideal para as crianças, nesse caso um ambiente escrupulosamente higiênico, podemos, na verdade, estar tornando-as mais fracas. Cada jato de spray de antigripal, cada providência de assepsia antibacteriana, cada hora de brincadeira ao ar livre substituída por uma hora de atividades a portas fechadas podem estar negando-lhes oportunidades de desenvolverem seus sistemas imunológicos. Se for assim, então os jardins de infância como o Secret Garden são exatamente o que o doutor receitou.

A natureza é um lugar arriscado, mas as crianças aprendem rapidamente como transitar entre os perigos. Em certo instante, Magnus lidera um grupo que decide subir um caminho íngreme e sinuoso através de uma densa barreira de arbustos, alguns deles com muitos espinhos. "É minha trilha secreta", diz ele. Na metade da colina, ele se detém para me apontar um galho que pende sobre a trilha na altura da minha cintura. Como o porteiro de um hotel elegante, ele afasta o galho para que eu possa passar comodamente. "Se você tiver mais de 4 anos, precisa tomar cuidado com esse galho", diz ele. "Pode arranhar seu rosto."

Mais adiante na trilha, uma menina de 3 anos chamada Alice, pega um cogumelo na raiz de uma árvore. "É lindo!", diz ela. Meu reflexo é arrancá-lo de suas mãos antes que ela o engula, de maneira que me sinto quase um tolo quando ouço suas próximas palavras: "Mas ele pode ser venenoso. Vou mostrar para Cathy." Ela dá o cogumelo para Bache, que o examina contra a luz e concorda que é bonito. "Não conheço essa espécie, Alice, é melhor nos livrarmos dele", diz ela, jogando o cogumelo no bosque.

É claro que passar algum tempo no Secret Garden faz as crianças mais autoconfiantes. Outro dia Eileen Sutherland, de 4 anos, saiu para um passeio no bosque com sua família. Ela ficou com o pé preso debaixo de um tronco de árvore e começou a gritar, pedindo ajuda aos pais. Em vez de correrem em seu auxílio, no entanto, eles lhe perguntaram o que teria feito se alguma coisa parecida acontecesse no Secret Garden. Eileen riu, tirou o pé do tronco e continuou caminhando. "Tudo o que temos de fazer é mencionar o Secret Garden, e é como se ela entrasse em um regime diferente", diz sua mãe, Jenny. "Ela se tornou uma criança mais capaz e menos temerosa."

Em muitas famílias, isso estabelece um ciclo de virtudes renovadas: quanto mais confiante a criança, menos apavorados os pais, mais confiante ainda ficam as crianças e assim por diante. Jenny sente que agora não controla os filhos e se preocupa muito menos com eles. "Antes do Secret Garden, acho que fazia de Eileen um bebê e tornava as coisas demasiado fáceis e seguras para ela. Agora que vejo do que ela é capaz, tento me manter mais afastada. Se ela chega em casa com o bumbum cheio de lama ou com alguns galos e arranhões, bem, a vida é assim."

Outra mãe, Natalie, conta-me que há força nos números. "No Secret Garden, você encontra outros pais que deixam seus filhos assumir mais riscos, e isso lhe dá confiança para fazer a mesma coisa", diz ela. "Ajuda a desafiar sua própria paranoia sobre a segurança das crianças. E faz entender não só que é impossível criar um mundo perfeitamente seguro para seus filhos, mas que isso também não é muito bom para eles."

Mesmo assim, pode ser difícil de suportar a pressão dos outros pais. Muitos casais se queixam de que seus colegas mamães e papais levantam a sobrancelha quando sabem que eles deixam que seus filhos voltem a pé da escola. Nas férias de inverno que passamos há pouco tempo no Canadá, meus filhos foram patinar no mesmo rinque de patinação ao ar livre que eu ia quando era criança. Uma geração antes, poucos meninos tinham capacetes, se é que algum tinha; hoje todos usam, mesmo os mais hábeis patinadores; alguns até usam protetores para o rosto. Em nosso segundo dia, um pai se aproximou de mim sugerindo que meus filhos poderiam sofrer um terrível ferimento na cabeça se caíssem. Minha primeira reação foi sentir-me envergonhado — estou falhando em proteger meus filhos. Mas logo recuperei meus sentidos e segui meu impulso. Meus filhos passaram três semanas no rinque sem capacetes. Caíram muito, e até mesmo bateram com a cabeça algumas vezes, mas nenhum dos dois ficou ferido. E ambos aprenderam a patinar. Depois, quando perguntei a meu filho de que tinha gostado mais no rinque de gelo ao ar livre, ele respondeu: "De andar bem rápido e sentir o vento no cabelo." Podem acreditar em mim, vocês nunca sentiriam isso se estivessem de capacete.

De volta ao passeio no Secret Garden. Depois de sete horas subindo em árvores, caçando joaninhas que hibernam e chapinhando em poças com temperaturas baixas, uma coisa ficou clara para mim: as crianças são muito mais resistentes do que nós, adultos, imaginamos. Quando o dia chegou ao fim, todas as crianças estavam com as bochechas rosadas, e alguns tinham salpicos de lama no rosto, mas ninguém se queixou nem uma vez do frio ou da umidade.

E eu bem que gostaria de poder dizer o mesmo de mim. Meus dedos dos pés estavam tão frios que me senti aliviado quando Bache sugeriu fazer uma fogueira em uma clareira do bosque. Fiéis ao *ethos* do Secret Garden, as crianças assumiram a tarefa, juntando gravetos e galhos. Magnus ofereceu-se como voluntário para acender o fogo. Bache passou-lhe um isqueiro sueco e um retalho de algodão grosso. Com intensa concentração, ele raspou o acendedor contra o pequeno bastão de aço, lançando ao ar faíscas de 3.000° C. Depois de várias tentativas, uma caiu no algodão, fazendo-o inflamar-se. Magnus pegou o tecido, conservando seus dedos bem longe do canto que estava em chamas, e colocou o trapo no meio da lenha. Em minutos, estávamos sentados em volta de um fogo que estalava.

Um sorriso atravessou o rosto enlameado de Magnus. "Você precisa ser cuidadoso com o fogo", disse-me ele em tom professoral. "Mas não precisa ter medo dele." Ele jogou outro lenho nas chamas e então murmurou, como para si mesmo: "Não tenho medo de nada."

CONCLUSÃO

DEIXEM AS CRIANÇAS POR CONTA DELAS

Nem tudo que pode ser contado conta, e nem tudo que conta pode ser contado.

ALBERT EINSTEIN, CIENTISTA

QUANDO NA EUROPA SE CULTIVOU CERTO GOSTO POR CRIANÇAS prodígio no século XVIII, uma escritora inglesa chamada Hester Lynch Thrale assumiu como missão de sua vida transformar sua filha mais velha em uma supercriança. Quando tinha 2 anos e meio, Queeney já mostrava sinais de possuir uma prodigiosa memória. Podia enumerar os países, mares e capitais da Europa; conhecia o sistema solar, a bússola e os signos do zodíaco; podia recitar os dias da semana e os meses do ano, assim como vários textos religiosos. Aos 4 anos e meio, a pequena Queeney sabia a gramática latina até a quinta declinação. Numa mescla de jactância e autopiedade bem conhecida de todos nós, a sofredora mãe escreveu: "Nunca jantei fora, nem fiz uma visita sem levá-la comigo, a não ser que a deixasse na cama; nunca a deixei por uma hora sequer aos cuidados dos criados (exceto quando dormia)."

Todo esse microgerenciamento terminou mal. Nenhuma das crianças de Hester chegou ao estrelato intelectual, e ela acabou tendo relações pouco amistosas com todas elas, especialmente com Queeney, a quem descreveu como "mal-humorada, maliciosa, perversa, desejosa de atormentar-me, chegando mesmo a ferir-se de propósito para consegui-lo". Hester decidiu não se preocupar em dar o mesmo tratamento à sua filha caçula, Sophy. "Acompanhei o aprendizado das crianças até ficar eu própria meio abobalhada — e todos os meus cuidados tiveram poucos resultados. Não tenho mais coragem para lutar com Sophy... não vou fazer com que tenha uma vida triste."

O desejo de ser pai ou mãe de uma criança prodígio sempre está lá, profundamente inoculado no DNA de todos os pais. O que mudou é que muitos de nós agora sentimos a pressão social e temos tempo e dinheiro para criar uma criança prodígio. O fracasso de Hester é um lembrete de como essa busca pode ser fútil e ruinosa — em qualquer século.

Mas não fiquemos deprimidos como Hester. Como já vimos, uma das lições da história é que a condição da infância raras vezes é tão árida como a pintam os profetas do desastre. Hoje existem muitas coisas maravilhosas para quem é pequeno. Muitas crianças têm um relacionamento mais próximo e mais fácil com seus pais do que em qualquer outra época da história. O mundo está cheio de ricas oportunidades para aprender, viajar e aproveitar a vida. A internet oferece toda a viciadora aventura através de novas fronteiras.

Ao mesmo tempo, no entanto, muita coisa deu errado. A saúde física e mental das crianças está sendo afetada. A muitas é negada a liberdade de brincar ao ar livre, de planejar seu caminho na vida, de ver um mundo em um grão de areia. As crianças crescem aterrorizadas pelo fracasso e esperando que tudo lhes venha em uma salva de prata. Ser pai ou mãe tornou-se o risco de empreender uma trajetória de pânico, culpa e desapontamento, fazendo-nos menos propícios a nos preocuparmos com o bem-estar de outras crianças ou até mesmo a confiar nelas. Quando foi a última vez que você viu meninos brincando sozinhos em sua rua? Ou quando foi a última vez que viu um grupo de crianças de quem ninguém tomava conta e não se sobressaltou?

No entanto, há esperança. Outra lição da história é que a infância evolui. A pressão para dar a nossas crianças o melhor de tudo e para fazê-las serem as melhores em tudo é forte, mas não irresistível. Ninguém está apontando uma arma para nossa cabeça e forçando-nos a criar a próxima geração com o zelo neurótico de uma Hester Thrale. Temos dentro de nós nossa força para mudar, que está lá para nos acalmar.

Como começamos? O primeiro passo é aceitar que as crianças têm aptidões e interesses próprios — e que existem inúmeros caminhos para chegar à idade adulta. A vida não acaba se não se conseguir entrar em Harvard ou Oxford. Nem todos foram feitos para trabalhar na City de Londres, e nem todos querem fazê-lo. Por definição, apenas um grupo de crianças crescerá para ser verdadeiramente excepcional em qualquer campo. Se quisermos reinventar a infância de um modo que seja bom tanto para as crianças como para os adultos, então teremos que aprender a tolerar a diversidade, a dúvida, arestas ásperas aqui e ali, até mesmo o conflito. Temos que amar as crianças pelo que elas são, não pelo que queremos que elas sejam.

O ponteiro do relógio está começando a andar para trás. Inspirados por um crescente conjunto de provas e pela pesquisa científica, escolas, treinadores, comunidades e famílias em todo o mundo estão descobrindo formas de tratar as crianças como pessoas em vez de considerá-las projetos — e descobrindo que assim elas crescem mais felizes, saudáveis e capazes de deixar sua própria marca no mundo.

Resistir à pressão para o microgerenciamento em uma esfera muitas vezes leva ao mesmo resultado em outra. Quando Vicente Ramos viu como seu filho começou a gostar outra vez de futebol depois que ele deixou de gritar-lhe das laterais do campo, aliviou também a pressão na escola. Diminuir as atividades extracurriculares inspirou a família Carson a limitar as horas que seus filhos passavam sentados na frente do computador. Quando Malcolm Page deixou de se comportar como um caixa eletrônico ambulante, descobriu que era mais fácil dizer "não" quando seu filho insistia em ficar acordado depois da hora de dormir. Quando Beatrice Chan começou a se desenvolver na escola Steiner de Hong Kong, seu pai liberou mais tempo de seu horário para brincadeiras. Ver sua filha lidar com a vida do bosque no jardim de infância Secret Garden persuadiu Jenny Sutherland a parar de mimá-la durante o resto do dia. "Quando a gente se dá conta de que o mundo não acaba se você deixar de rodar em torno de sua filha a cada segundo do dia, toda a sua visão do mundo muda. Em vez de tentar fazer tudo certo, você se ofusca um pouco para que a menina possa viver a vida dela, em vez de ter você vivendo-a por ela."

O que as pessoas como Jenny estão descobrindo é a alegria de uma criança que não preenche todas as expectativas dos adultos, mas constrói um novo e mais excitante caminho ao ser mais ela mesma.

Tenho uma confissão a fazer. No começo desta jornada, eu esperava chegar ao fim com uma receita passo a passo para criar filhos no século XXI: um antídoto completo para o frenesi de fazer como os outros fazem. Mas agora entendo que isso seria simplesmente substituir um dogma por outro. O que descobri é que não existe uma fórmula única para criar filhos. Claro, existem alguns princípios básicos que permanecem verdadeiros em todas as classes e culturas: as crianças precisam sentir-se seguras e amadas; precisam do nosso tempo e atenção incondicionalmente; precisam de fronteiras e limites, de espaço para assumir riscos e cometer erros; precisam passar um tempo ao ar livre; precisam ser menos avaliadas e catalogadas; precisam de comida saudável; precisam aspirar a alguma coisa mais importante do que possuir o próximo produto de marca; precisam de espaço para serem elas mesmas. Mas para além disso, os detalhes variam: quantas atividades extracurriculares, quantas horas diante do computador, quanto dever de casa, quanto dinheiro no bolso, quanta liberdade. Como cada criança e cada pai ou mãe são diferentes, cada família deve encontrar a fórmula que funcione melhor para ela. Isso não é tão assustador como parece. Pode ser conseguido se excluirmos o ruído de fundo e escutarmos mais nossos instintos, se procurarmos nossa própria forma de criar os filhos, em vez de lutarmos para nos igualar à maneira de outras pessoas. Claro que o conselho de especialistas pode ser útil, mas não importa quantos manuais de criação de filhos leiamos, quantos cursos intensivos frequentemos ou quanto nos esforcemos para ser a Mãe ou o Pai do Ano, não alcançaremos nosso objetivo. E isso também está certo. Não precisamos nos sentir culpados se perdermos a paciência, ou se nos entediarmos brincando de Barbie ou não aguentarmos fazer bolinhos esta tarde. Ou se não fizermos todas as refeições *en famille* e algumas vezes deixarmos os filhos ver mais TV do que parece certo. As crianças podem lidar com isso.

Meio século atrás, um influente pediatra inglês chamado D. W. Winnicott afirmou que planejar a infância perfeita era impossível e que lutar para fazer isso era danoso tanto para os pais como para a criança. Em vez disso, os pais devem aspirar a atender às necessidades de seus filhos sempre que puderem e aceitar que eventualmente falharão. Façam um trabalho "suficientemente bom", disse Winnicott, e a maior parte das crianças crescerá bem.

Claro que o trabalho dos pais é apenas parte da equação. Além da família, precisamos repensar as regras que governam tudo que influencia a vida das crianças — escola, propaganda, brinquedos, esportes, tecnologia, trânsito. Isso significa aceitar algumas verdades inconvenientes: que os carros deveriam ocupar menos espaço em nossas ruas, que a maior parte da aprendizagem mais rica não pode ser medida, que algumas coisas não podem ser substituídas por aparelhos eletrônicos, que a medicação deve ser o último recurso quando lidamos com o comportamento "estranho" das crianças, que nosso vício coletivo de consumo deve terminar.

Tudo isso leva a uma nova definição de infância. Talvez aquilo de que necessitemos agora seja de um amálgama da filosofia romântica com a de Locke: aceitar que a infância é um ensaio de figurinos para a idade adulta, mas nem sempre tratá-la como tal. Isso significa dar às crianças estrutura e direção, junto com alguma liberdade que encontrarão na Terra do Nunca. Também significa fazer planos para o futuro sem perder a magia do presente. Em vez de fazer um bolo com seus filhos porque isso lhes ensinará peso, volume e aritmética ou acariciar seu bebê porque isso construirá seu córtex pré-frontal, faça essas coisas pela pura alegria de fazê-las. Deixe a recompensa evolutiva por conta dela mesma.

Essa definição de infância traz novas exigências para os adultos, especialmente para os pais. As crianças precisam de nós para contarem com um exemplo, para fazermos sacrifícios e lhes impor limites. Os pais do século XXI devem atingir um equilíbrio entre crescer e nunca crescer.

Como em qualquer processo de mudança social, forjar novas formas de infância e de condição adulta será conseguido por milhões de pequenos atos de coragem. Sempre que alguém decide deixar uma criança ser ela mesma, as escalas culturais se inclinam levemente — e fica mais fácil para os outros seguirem o exemplo. Levará tempo, mas a mudança valerá a pena.

Minha própria jornada é um trabalho em andamento. Estou ficando melhor em resistir ao "me compra, me compra!" e em fixar as regras de um modo geral. Hoje em dia, impomos mais a ordem de apagar a luz na hora de dormir. Também nos asseguramos de que nossos filhos tenham bastante tempo livre e racionamos quanto desse tempo eles passam na frente das telas eletrônicas.

Ainda tenho a esperança — da qual provavelmente nunca desistirei — de que meus filhos cheguem a ter um grande talento para alguma coisa, mas pelo menos essa expectativa não me transforma em um sargento instrutor ao primeiro sinal de um potencial que se revela. Meu objetivo é encorajar meus filhos a abrirem suas asas, mas deixá-los escolher o plano de voo. Em vez de encaixá-los em meu plano piloto, deleito-me em descobrir quem eles são enquanto crescem.

O ponto de partida deste livro foi a cruzada para transformar meu filho em um grande artista. Ele ainda gosta de desenhar, e seus melhores trabalhos ainda encontram o caminho para a porta da geladeira ou para a parede em frente da minha escrivaninha. Estou olhando para um retrato de Darth Vader enquanto digito estas palavras. Mas minha ânsia de transformá-lo no próximo Michelangelo diminuiu.

Outro dia aconteceu uma coisa que sugere que eu possa estar no caminho da recuperação. Estávamos jogando futebol no parque quando meu filho disse que na sua escola havia um clube extracurricular semanal de desenho. Meu coração acelerou, mas resisti ao impulso de fazê-lo marchar até a escola para matricular-se. Em vez disso, respondi em tom neutro: "Parece interessante. Você está pensando em entrar nele?"

"O problema é que a maioria são meninas e não quero ser o único menino", disse meu filho. "Mas estou interessado em ter um professor que entenda muito de arte e que me mostre como desenhar melhor. Acho que posso aprender muita coisa boa naquele clube."

"Isso faz sentido", disse eu, passando a bola para ele.

Deixamos o assunto de lado e voltamos ao futebol por um tempo. No final, meu filho levantou a bola do chão, passou-a por cima de mim até o gol e depois correu dando voltas com os braços levantados, como fazem seus heróis. Enquanto juntamos nossas coisas para ir embora, ele retornou ao tema do clube de desenho. "Papai, eu sei que você quer que eu entre no clube", disse ele. "Mas sou eu que tenho que decidir."

Concordei e disse-lhe que estava bem para mim ficar esperando que ele decidisse. E era verdade.

Meu filho me jogou a bola e me prometeu fazer um desenho dele marcando um gol pela Inglaterra quando chegássemos em casa. Sorri, coloquei meu braço em torno do seu ombro e fomos para casa. E só falamos de futebol no caminho de volta.

NOTAS

Introdução: Como se gerencia a infância

PUPPILUS IDENTIFICOU PAIS EXIGENTES NA ROMA ANTIGA: Shelton, Jo Ann, *As the Romans Did: A Sourcebook in Roman Social History* (Nova York: Oxford University Press, 1997), p. 19

A DISTÂNCIA MÉDIA DE CASA DIMINUIU QUASE 90%: Furedi, Frank, *Paranoid Parenting: Why ignoring the Experts May Be Best for Your Child* (Nova York: A Capella Books, 2002), p. 13

OLHEM MAIS PARA SEUS PAIS QUANDO TOMAM DECISÕES SOBRE CARREIRA: White, Erin, "Employers Court Mom and Dad", *Wall Street Journal*, Classroom Edition, maio de 2007

FERIMENTOS DO LIGAMENTO CRUZADO ANTERIOR: Informações baseadas em pesquisa feita pelo Dr. Mininder S. Kosher, porta-voz (Academia Norte-Americana de Cirurgiões Ortopédicos e diretor associado da Divisão de Medicina Esportiva do Hospital das Crianças de Boston, Massachusetts)

UM ADOLESCENTE INGLÊS TENTA COMETER SUICÍDIO A CADA 28 MINUTOS: Baseado nos números da European Association for Injury Prevention and Safety Promotion (Associação Europeia para a Prevenção de Ferimentos e Promoção da Segurança)

400 MIL HIKIKOMORI NO JAPÃO: Informações baseadas em pesquisa realizada pela Universidade Okayama em 2002

JOVENS DE QUINZE ANOS EM SOFRIMENTO PSICOLÓGICO: West, Patrick e Sweeting, Helen, "Fifteen, female and stressed: changing patterns of psychological distress over time", *Journal of Child Psychology and Psychiatry*, vol. 44, nº 3 (2003), pp. 399-411

TRIPLICADAS AS RECEITAS DE RITALINA: Scheffler, Richard M., Hinshaw, Stephen P. Modrek, Sepideh e Levine, Peter, "The Global Market for ADHD Medications", *Health Affairs*, vol. 26, nº 2 (março/abril 2007), pp. 450-457

HORMÔNIO DO CRESCIMENTO PARA CRIANÇAS NORMAIS: Lee, Joyce M., Davis, Matthew M. Clark, Sarah J. Hofer Timothy P. e Kempe, Alex R., "Estimated Cost-effectiveness of Growth Hormone Therapy for Idiopatic Short Stature", *Archives of Pediatric and Adolescent Medicine*, vol. 160 (março 2006), pp. 263-269

AUMENTO DO NARCISISMO: Informações baseadas nas respostas de 16.475 estudantes de faculdade à pesquisa Inventário 2006 de Personalidade Narcisista, projetada por Jean Twenge, professor associado de psicologia da San Diego State University

CRIANÇAS ORIGINÁRIAS DE FAMÍLIAS LATINAS DE BAIXA RENDA: Bronson, Po e Merryman, Ashley 'Baby Einstein vs Barbie', *Time*, 22 de setembro de 2006

Capítulo 1: São os adultos, seu idiota

A FREQUÊNCIA ESCOLAR NA INGLATERRA QUADRUPLICOU: Sanderson, Michael, *Education and Economic Decline in Britain, 1870 to the 1990s* (Cambridge: Cambridge University Press, 1999), p. 5

QUERER SER "O MELHOR AMIGO DE NOSSO FILHO": Informações baseadas em pesquisa feita pela Synovate em 2004

Capítulo 2: Os primeiros anos: quando os fatos memoráveis tornam-se fardos insuportáveis

O QUE DIZ MICHEL DE MONTAIGNE SOBRE A MORTE DAS CRIANÇAS: Stone, Lawrence, *Family, Sex and Marriage in England 1500-1800* (Londres: Penguin Books, 1990), p. 82

CORTAR OS LIGAMENTOS DA LÍNGUA DAS CRIANÇAS: de Mause, Lloyd (org.), *The History of Childhood* (Londres, Souvenir Press, 1976), p. 314

CRIANÇAS COM DEZ SEMANAS DE VIDA CAPTAM A PERMANÊNCIA DOS OBJETOS: Informações baseadas em pesquisa realizada por Suhua Wang, psicóloga da Universidade da Califórnia em Santa Cruz

BEBÊS DISTINGUEM IDIOMAS: Werker, Janet e Weikum, Whiteney "Visual Language Discrimination in Infancy", *Science*, 25 de maio de 2007, p. 1159

RATOS DESENVOLVERAM CÉREBROS DE MAIOR RIQUEZA NEUROLÓGICA: Hirsh-Pasek, Kathy, Eyer, Diane e Michnick Golinkoff, Roberta, *Einstein Never Used Flash Cards: How Our Children Really Learn — And Why They Need to Play More and Memorize Less* (Nova York: Rodale Books, 2003), pp. 27-28

15.500 CRIANÇAS: AVANÇOS EM VOCABULÁRIO E RECONHECIMENTO DE FORMAS ETC.: Informações baseadas em pesquisa levada a cabo pelo Centro de Estudos Longitudinais do Instituto de Educação da Universidade de Londres

EMPANTURRAR ESTRESSA OS BEBÊS: Kluger, Jeffrey e Park, Alice "The Quest for a Super Kid", *Time*, 30 de abril de 2001

JOGAR PACIÊNCIA QUANDO OS CÉREBROS ESTÃO MAIS ELÁSTICOS: Janson, C.H. e Van Schaik, C.P., "Ecological Risk Aversion in Juvenile Primates: Slow and Steady Wins the Race", in M.E Pereira, e Fairbanks, L.A (orgs.), *Juvenile Primates: Life history, Development and Behaviour* (Chicago: Chicago University Press, 2002), pp. 57-76

RATOS PRIVADOS DE BRINCADEIRA: Hirsh-Pasek, Kathy, Eyer, Diane e Michnick Golinkoff, Roberta, *Einstein Never Used Flash Cards: How Our Children Really Learn — And Why They Need to Play More and Memorizz Less* (Nova York: Rodale Books, 2003), p. 214

Capítulo 3: Pré-escola: brincar é trabalho de criança

CRIANÇAS DE ESTUFA SÃO MAIS ANSIOSAS E MENOS CRIATIVAS: Hirsh-Pasek, Kathy, "Pressure or challenge in preschool? How academic environments impact upon young children", in Rescola, L., Hyson, M. e Hirsh-Pasek, K. (orgs.), "Hurried children: Research and policy on early academic learning for preschoolers", in B. Damon (organizador geral), "New Directions in Development Psychology, vol. 53 (Nova York: Jossey-Bass, 1991)

CRIANÇAS DINAMARQUESAS E FINLANDESAS SE CONCENTRAM MELHOR: Informações baseadas em um estudo de 2003 do Gabinete Britânico para Padrões na Educação

ESCOLAS REGGIO: A instituição Reggio Children confirmou que todos os fatos mencionados em meu texto sobre Reggio eram exatos. Mesmo assim, a instituição sempre pede aos visitantes para incluírem a seguinte declaração: "Os pontos de vista expressos neste livro são os do autor, representando sua própria interpretação da abordagem Reggio da educação. O conteúdo deste livro reflete o ponto de vista e a opinião expressos pelo autor, que teve a oportunidade de visitar várias pré-escolas municipais e o Centro Internazionale Loris Malaguzzi, em Reggio Emilia."

Capítulo 4: Brinquedos: é só apertar o botão

SCOTT AXCELL apud: Hill, Amelia, "Educational Toys? An old box teaches just as much", *Observer*, 25 de setembro de 2005

PREOCUPAÇÕES DOS ANOS 1890 SOBRE BRINQUEDOS HIPERATIVOS: Brown, Bill, "American Childhood and Stephen Crane's Toys", *American Literary History*, vol. 7, nº 3, *Imagining a National Culture* (outono de 1995), pp. 443-476

ITEDDY. visitar o site www.iteddy.com

RÃ NO BURACO: visitar o site www.froginthehole.com

Capítulo 5: Tecnologia: a realidade morde

SETE HORAS POR DIA NA FRENTE DE UM COMPUTADOR: Informações baseadas no relatório Youth TGI, com copyright de BMRB International 1994-2006

MESMO TEMPO OLHANDO TELAS DO QUE BRINCANDO AO AR LIVRE: Vandewater, Elizabeth e Wartella, Ellen, "Zero to Six: Electronic Media in the Lives on Infants, Toddlers and Preschoolers", The Henry J. Kaiser Family Foundation, outubro de 2003

A QUARTA PARTE DAS CRIANÇAS COM MENOS DE 2 ANOS TEM TELEVISÃO NO QUARTO: Vandewater, Elizabeth e Wartella, Ellen "Zero to Six: Electronic Media in the Lives on Infants, Toddlers and Preschoolers", The Henry J. Kaiser Family Foundation, outono de 2003

E-MAILS FAZEM O QI BAIXAR DEZ PONTOS: Informações baseadas em estudo da Hewlett-Packard, dirigido em 2005 por Glenn Wilson, psiquiatra da Universidade de Londres

OS TRABALHADORES DA MICROSOFT PERDEM A CONCENTRAÇÃO POR QUINZE MINUTOS: Lohr, Steve, "Slow Down, Brave Multitasker, and Don't Read This in Traffic", *New York Times*, 25 de março de 2007

CADA HORA DE TV AUMENTA A DADH: Christakis, Dimitri A., Zimmerman, Frederick J., DiGiuseppe, David L. e McCarty, Carolyn A. "Early Television Exposure and Subsequent Attentional

Problems in Children", *Pediatrics*, vol. 113, nº 4 (abril de 2004), pp. 708-713

VIDEOGAMES VIOLENTOS AFETAM O LÓBULO FRONTAL: Phillips, Helen, "Mind-altering media", *New Scientist*, 19 de abril de 2007

EPIDEMIA DE MIOPIA: Novak, Rachel, 'Lifestyle causes myopia, not genes', *New Scientist*, 8 de julho de 2004

O RÁDIO FAZ AS CRIANÇAS FICAREM PSICÓTICAS: Stearns, Peter, Anxious Parents: A History of Modern Childrearing in America (Nova York: New York University Press, 2003), p. 178

NENHUMA LIGAÇÃO ENTRE VER TV E DADH: Stevens, Tara e Mulsow, Miriam "There is No Meaningful Relationship Between Television Exposure and Symptoms of Attention-Deficit/Hiperactivity Desorder", *Pediatrics*, vol. 117, nº 3 (março 2006), pp. 665-672

VIDEOGAMES AUMENTAM A CAPACIDADE DE DISCERNIR OBJETOS: Green, C.S. e Bavelier, D. "Action-Video-Games Experience Alters the Spatial Resolution of Vision", *Psychological Science*, vol. 18, nº 1 (2007)

JOGOS DE COMPUTAÇÃO AJUDAM A TRATAR A DOENÇA DE ALZHEIMER: Lopez, Oscar e outros, "A randomised pilot study to assess the efficacy of an interactive, multimidia tool of cognitive stimulation in Alzheimer's desease", *Journal of Neurology, Neurosurgery and Psychiatry* (outubro de 2006), vol. 77, pp. 1116-1121

CRIANÇAS DE 11 E 12 ANOS ESTÃO TRÊS ANOS ATRASADAS: Informações baseadas em pesquisa publicada em 2006 por Michael Shayer, professor de psicologia aplicada do King's College, da Universidade de Londres, e financiada pelo ESRC (Conselho de Pesquisa Econômica e Social)

CRIANÇAS MENONITAS SÃO MAIS APTAS: Tremblay, Mark et alli, "Conquering Childhood Inactivity: Is the Answer in the Past?" *Medi-*

cine & Science in Sports & Exercise, vol. 37, nº 7 (julho de 2005), pp. 1187-1194

CRIANÇAS FICAM COM DUAS HORAS MENOS DE SONO: Informações baseadas em números da Fundação Nacional do Sono, com base nos Estados Unidos, e em um estudo da Unidade de Psiquiatria da Criança e do Adolescente, de Oxford

CRIANÇAS DA ESCOLA PRIMÁRIA OLHAM PRIMEIRO PARA A TV: Informações baseadas em pesquisa dirigida por Markus Bindemann, pesquisador de psicologia da Universidade de Glasgow

MENOS ADOLESCENTES TÊM MELHOR AMIGO: Informações baseadas em estudo da YouthTrends, financiado pela Fundação Nuffield e publicado em 2007

JIMMY WALES E TIM O'REILLY: Os dois anunciaram seu Código de Conduta dos Blogueiros em 2007

CADA HORA EXTRA DE TV NO FIM DE SEMANA AUMENTA O RISCO DE OBESIDADE EM 7%: Viner, R.M. e Cole, T.J., "Television viewing in early childhood predicts adult body mass index", *Journal of Pediatrics*, vol. 147, nº 4 (outubro de 2005)

COMPRIMIR OITO HORAS E MEIA DE MÍDIA EM SEIS HORAS E MEIA: Roberts, Donald, Foehr, Ulla e Rideout, Victoria, "Generation M: Media in the Lives of 8-18 Year-Olds", The Henry J. Kaiser Family Foundation, março de 2005

RELAXAMENTO INCENTIVA O PENSAMENTO RICO, MAIS CRIATIVO: Claxton, Guy, *Hare Brain, Tortoise Mind: Why Intelligence Increases When You Think Less* (Londres: 4ª ed., 1997), pp. 76-77

DIPCHAND NISHAR SOBRE O APORTE GERACIONAL: Kirkpatrick, David, "Do you answer your cellphone during sex?", *Fortune*, 28 de agosto de 2006

SHOW DE FANTOCHES AO VIVO GANHA DE VÍDEO: Citado em uma pesquisa realizada em 2005 por Dan Anderson, professor de psicologia da Universidade de Massachusetts

ESTUDAR NA NATUREZA MELHORA APRENDIZAGEM E DISCIPLINA: Informações baseadas em pesquisa de 2002 feita pela Mesa-redonda sobre Educação Pública e Meio Ambiente, uma organização norte-americana que estuda "a educação baseada no ambiente"

Capítulo 6: Escola: época de provas

CHINESES GASTAM UM TERÇO DE SUA RENDA COM EDUCAÇÃO: Informações baseadas em pesquisa de 2006 realizada pelo Horizon Research Group

ATOS DE COLA GRAVES PRATICADOS POR ESTUDANTES CANADENSES: Informações baseadas em estudo de 2006 realizado por Julia Christensen Hughes, diretora dos Serviços de Apoio ao Ensino da Universidade de Guelf

FAZER UM FURO NO PIJAMA: "TRAPAÇAS DE ESTUDANTES NA INTERNET DESCOBERTAS PELO 'CASO DO PIJAMA'", *Evening Standard*, 7 de março de 2007

COLEGAS "AMÁVEIS E PRESTATIVOS": Adamson, Peter, "Child poverty in perspective: an overview of child well-being in rich countries", *Innocenti Report Card 7*, Unicef 2007

GANGUES VIOLENTAS NA COREIA: Macintyre, Donald, "Too Cruel for School — South Korea's youth gangs", *Time*, 25 de abril de 2005

PROFESSORES TRAPACEIROS: Grow, Brian, "A Spate of Teaching — By teachers", *Business Week*, 5 de julho de 2004

ESTUDO MONTESSORIANO EM MILLWAUKEE: Lilliard, Angeline e Else-Quest, Nicole, "Evaluating Montessori Education", *Science*, vol. 313, nº 5795 (29 de setembro de 2006), pp. 1893-1894

BUSCAR SÓ BOAS NOTAS DIMINUI O INTERESSE NA TAREFA: James, Olivier, "Mrs Mac's Elementary Lesson", *The Times*, 2 de outubro de 2006

CINGAPURA ESTRESSA OS TALENTOS ANTES DAS PROVAS: Informações baseadas em entrevista concedida por Tharman Shanmugaratnam, ministro da Educação de Cingapura, para o Canal NewsAsia em dezembro de 2005

CRIANÇAS JAPONESAS RECEBEM NOTAS MAIS ALTAS DEPOIS DO YUTORI: Informações baseadas em testes de aptidão realizados em 2004 pelo Ministério da Educação do Japão

ESTUDANTES DA IVY LEAGUE QUE NÃO COLARAM GRAU OBTÊM TÍTULOS NAS 500 EMPRESAS DA *FORTUNE*: Gibbs, Nancy e Thornburgh, Nathan "Who Needs Harvard?", *Time*, 13 de agosto de 2006

Capítulo 7: Dever de casa: a espada de Dâmocles

GREVE DE ALUNOS EM 1911: Hendrick, Harry, *Children, Childhood and English Society, 1880-1990* (Cambridge University Press, 1997), p. 75

SEIS MIL ESTUDANTES NORTE-AMERICANOS FAZEM DEVER DE CASA EXTRA DE MATEMÁTICA: Informações baseadas em pesquisa de Julian Betts, professor associado de economia na Universidade da Califórnia em San Diego

DEVER DE CASA EXTRA PREJUDICA DESEMPENHO ACADÊMICO: Baker, David e LeTendre, Gerald K., *National Differences, Global Similarities: World Culture and the Future of Schooling* (Cambridge: Stanford University Press, 2005)

ESTUDANTES RELIGIOSOS ISRAELENSES SÃO MAIS MÍOPES: Nowak, Rachel, "Lifestyle causes myopia, not genes", *New Scientist*, 8 de julho de 2004

JARDIM DE INFÂNCIA YAYUNCUN É NÚMERO 2 EM PEQUIM: Fitzpatric k, Liam, "Asia's Overscheduled Kids", *Time*, 20 de março de 2006

PROFESSORES PARTICULARES FRACASSAM EM AUMENTAR AS NOTAS: Lee, Jong-Tae, Kim, Yang-Boon, e Yoon, Cho-Hee: "The Effects of Pré-Class Tutoring on Student Achievement: Challenges and Implications for Public Education on Korea", *KEDI Journal of Educational Policy*, vol. 1, nº 1 (2004), p. 39

PROFESSORES PARTICULARES SÃO CONTRAPRODUCENTES: Cheo, Roland e Quah, Euston, "Mothers, Maids and Tutors: An Empirical Evaluation of their Effect on Children's Academic Grades in Singapore", *Education Economics*, vol. 13, nº 3 (2005), p. 276

PROFESSORES PARTICULARES IMPEDEM AS REFORMAS MATEMÁTICAS EM TAIWAN: Bray, Mark, "Adverse Effects of Private Supplementary Tutoring", International Institute for Educational Planning, Unesco, 2003

Capítulo 8: Atividades extracurriculares: Ready, Set, Relax!

DOROTHY CANFIELD FISHER: Hulbert, Ann, "Ready, Set, Relax! America's Obsession With Telling its Kids to Stress Less", *Slate*, 18 de março de 2003

RUTH FRANKEL: Stearns, Peter, *Anxious Parents: A History of Modern Childrearing in America* (Nova York: New York Press University, 2003), p. 168

CRIANÇAS NORTE-AMERICANAS ESTÃO ENTRE AS QUE POSSUEM HORÁRIOS MAIS SATURADOS: Informações baseadas em estudo comparativo de Isabelle Gingras, do Departamento de Psicologia da Universidade McGill, em 2007

INGLÊSES GASTAM 12 BILHÕES DE LIBRAS COM *HOBBIES* DE CRIANÇAS: Jardine, Cassandra, *Positive not Pushy: How to Make the Most of Your Child's Potencial* (Londres: Vermillion, 2005), p. 58

REFEIÇÕES EM FAMÍLIA PROMOVEM O DESENVOLVIMENTO DA LINGUAGEM: Informações baseadas em pesquisa de 1996 realizada por Catherine Snow, professora de educação da Universidade Harvard

BOLSISTAS POR MÉRITO NACIONAL FAZEM REFEIÇÕES EM FAMÍLIA. Informações baseadas em pesquisa realizada ao longo de 20 anos nos Estados Unidos pela National Merit Scholarship Corporation

O MAL-HUMORADO RELATO DE JAMES BOSWELL: Stone, Lawrence, *Family, Sex and Marriage in England 1500-1800* (Londres: Penguin Books, 1990), p. 276

Capítulo 9: Esportes: joguem bola

PAIS GASTAM 4,1 BILHÕES DE DÓLARES COM O TREINAMENTO DE ESPORTES DOS FILHOS NOS ESTADOS UNIDOS: Informações provenientes do relatório da Velocity Sports Performance, um centro de treinamento de esportes em Chamblee, no estado norte-americano da Geórgia

BOLETIM DIÁRIO POR E-MAIL DE DOUGLAS ABRAMS: Para mais informações, enviar e-mail para AbramsD@missouri.edu

USO DE ESTEROIDES TRIPLICOU DESDE 1993: Informações baseadas em estudo de 2003 realizado pelos United States based Centres for Disease Control (Centros para o Controle de Doenças dos Estados Unidos)

DEVOLVAM NOSSO JOGO: Mais informações em www.giveusbackourgame.co.uk

Capítulo 10: Disciplina: apenas dizer não?

CONRAD SAM: Heywood, Colin, *A History of Childhood: Children and Childhood in the West from Medieval to Modern Times* (Londres: Polity Press, 2001), p. 99

O DOBRO DE PROBABILIDADES DE MENTIR, ROUBAR OU DESOBEDECER À AUTORIDADE: O artigo de Maughan, Bárbara, Collishaww, Stephan, et alii, *Journal of Child Psychology and Psychiatry* (JCPP), vol. 45. Baseado em um estudo realizado ao longo de 25 anos sobre a saúde mental de adolescentes que foi publicado em 2004 pelo Instituto de Psiquiatria do King's College de Londres e pela Universidade de Manchester

UMA ELEVADA AUTOESTIMA NÃO AUMENTA AS NOTAS OU AS EXPECTATIVAS DE CARREIRA: Essa é a conclusão de Roy Baumeister, professor de psicologia social da Universidade Estadual da Flórida e previamente um grande defensor da autoestima, depois de examinar 15 mil estudos sobre autoestima para a Associação de Ciência Psicológica em 2003

ROB PARSONS FALA SOBRE O QUE É RECEBER O GOLPE DA IMPOPULARIDADE: O'Brien, Catherine, "Never Letting Go", *The Times*, 9 de julho de 2007

10% DAS CRIANÇAS NORTE-AMERICANAS DE 12 ANOS ESTÃO MEDICADAS COM RITALINA: "Hidden dangers of failure to diagnose ADHD correctly", *New Scientist*, 1º de abril de 2006

REMÉDIOS PARA DADH TRIPLICARAM: Scheffler, Richard M; Hinshaw, Stephen P. Modrek Sepideh e Levine, Peter: "The Global Market for ADHD Medications", *Health Affairs*, vol. 26, nº 2 (março/abril de 2007), pp. 450-457

COURTNEY LOVE FALA DO RITALINA: Palmer, Sue, *Toxic Childhood: How the Modern World os Damaging Our Children and What We Can Do About It* (Londres: Orion, 2006), p. 17

Capítulo 11: Consumismo: "Compra, Compra!" e o caixa eletrônico ambulante

GIOVANNI DOMINICI: de Mause, Lloyd (org.), *The History of Childhood* (Londres: Souvenir Press, 1976), p. 204

MARKETING GASTA 150 VEZES MAIS: Schor, Juliet, *Born to Buy: The Commercialized Child and the New Consumer Culture* (Nova York: Scribner, 2004), p. 21

MÓDULO DE APRENDIZAGEM DA REVLON: Schor, Juliet, *Born to Buy, The Commercialized Child and the New Consumer Culture* (Nova York: Scribner, 2004) p. 93

PESQUISA DE MERCADO SOBRE DORMIR NA CASA DE AMIGOS: Schor, Juliet, *Born to Buy, The Commercialized Child and the New Consumer Culture* (Nova York: Scribner, 2004) p. 77

700 BILHÕES DE DÓLARES DE GASTOS: Informações baseadas em números de James McNeal, consultor de marketing para crianças de College Station, no estado norte-americano do Texas

FESTA DE ANIVERSÁRIO DE DAVID BROOKS: "Another Marie Antoinette Moment", *New York Times*, 2 de janeiro de 2006; sem indicação de autor

ANIVERSÁRIOS CAUSAM DOR DE ESTÔMAGO E OUTRAS COISAS NOS PAIS: Informações baseadas em pesquisa realizada pela Haribo, em 2006

QUINTILIANO DEPLORA OS LASCIVOS NA ANTIGUIDADE: Postman, Neil, *The Disappearance of Childhood* (Nova York: Vintage, 1994), p. 9

70% DAS MENINAS DE 7 ANOS QUEREM SER MAIS MAGRAS: Dohnt, Hayley e Tiggemann, Marika, "Peer influences on body satisfaction and dieting awareness in young girls", *British Journal of Developmental Psychology*, vol. 23 (2005), pp. 103-116

LINGERIE DA BARBIE: Linn, Susan, *Consuming Kids: Protecting Our Children from the Onslaught of Marketing & Advertising* (Nova York: Anchor, 2005), p. 143

Capítulo 12: Segurança: brincando com fogo

PRÉ-ADOLESCENTES SÃO OS QUE MAIS SOFREM ACIDENTES DE TRÂNSITO: Informações baseadas em descobertas do relatório "Better Safe than Sorry" (Melhor seguro que pesaroso), publicado pela UK Audit Commission (Comissão de Auditoria do Reino Unido) em 2007

MENINAS FULANI BUSCAM ÁGUA: Johnson. Michelle, *The View from the Wuro: A Guide to Child Rearing for Fulani Parents* (Cambridge: Cambridge University Press, 2000), pp. 171-198

PEQUENO AUMENTO DA ATIVIDADE FÍSICA REDUZ OBESIDADE: Ness, Andy R., Leary, Sam D., Mattocks, Calum et alli, "Objectively Measured Physical Activity and Fat Mass in a Large Cohort of Children", *Public Library of Science Medicine*, vol. 4, nº 3 (março de 2007)

CURAR ALERGIAS: Goldstein, Stanley, "The Hygiene Hypothesis", *Allergy and Asthma Health Advocate*, inverno de 2004

FONTES

Li muitos livros e artigos para a minha pesquisa sobre a infância. Abaixo estão relacionados alguns dos que se destacaram mais. Depois há uma lista de sites da internet úteis. São um bom ponto de partida para ajudar as pessoas a explorar maneiras de dar às crianças mais tempo e espaço. Continuarei aumentando esta lista em minha própria página da internet: www.carlhonore.com.

Anderegg, David, *Worried All the Time: Rediscovering the Joy in Parenthood in an Age of Anxiety* (Nova York: Free Press, 2004)

Cunningham, Hugh, *The Invention of Childhood* (Londres: BBC Books, 2006)

Elkind, David, *The Hurried Child: Growing Up Too Fast Too Soon* (Nova York: Perseus, 2001)

Hirsh-Pasek, Kathy, Eyer, Diane e Roberta Michnick Golinkoff, *Einstein Never Used Flash Cards: How Our Children Really Learn — And Why They Need to Play More and Memorize Less* (Nova York: Rodale Books, 2003)

James, Olivier, *They F*** You Up: How to Survive Family Life* (Londres: Bloomsbury, 2002)

Jardine, Cassandra, *Positive Not Pushy: How to Make the Most of Your Child's Potential* (Londres: Vermillion, 2005)

Linn, Susan, *Consuming Kids: Protecting Our Children from the Onslaught of Marketing & Advertising* (Nova York: Anchor, 2005)

Levine, Madeline, *Price of Privilege: How Parental Pressure and Material Advantage Are Creating a Generation of Disconnected and Unhappy Kids* (Nova York: HarperCollins, 2006)

Manne, Anne, *Motherhood: How Should We Care for Our Children?* (Sydney: Allen & Unwin, 2005)

Mead-Ferro, Muffy, *Confessions of a Slacker Mom* (Cambridge: Da Capo Lifelong, 2004)

O'Farrell, John, *May Contain Nuts* (Londres: Doubleday, 2005)

Palmer, Sue, *Toxic Childhood: How the Modern World is Damaging Our Children and What We Can Do About It* (Londres: Orion, 2006)

Pope, Alexander, *Scriblerus* (Londres: Hesperus Press, 2003)

Pope, Denise, *Doing School: How We Are Creating a Generation of Stressed-Out, Materialistic and Miseducated Students* (New Haven: Yale University Press, 2003)

Postman, Neil, *The Disappearance of Childhood* (Nova York: Vintage, 1984)

Robb, Jean & Hilary Letts, *Creating Kids Who Can Concentrate: Proven Strategies for Beating A.D.D. Without Drugs* (Londres: Hodder and Stoughton, 1997)

Rosenfeld, Alven, *The Over-Scheduled Child: Avoiding the Hyper-Parenting Trap* (Irvine: Griffin Press, 2001)

Schor, Juliet, *Born to Buy: The Commercialized Child and the New Consumer Culture* (Nova York: Scribner, 2004)

Stearns, Peter, *Anxious Parents: A History of Modern Childrearing in America* (Nova York: New York University Press, 2003)

Thacker, Lloyd, *College Unranked: Ending the College Admissions Frenzy* (Cambridge: Harvard University Press, 2005)

Zelizer, Viviana, *Pricing the Priceless Child* (Nova York: Basic Books, 1985)

SITES DA INTERNET

Geral

www.hyperparenting.com

Educação

www.montessori.edu
www.zerosei.comune.re.it (Reggio Emilia internacional site)
www.awsna.org (Association of Waldorf Schools of North América)
www.steinerwaldorf.org.uk
www.stanford.eu/dept/SUSE/sosconference (SOS: Stressed-Out Students)
www.nhen.org (Home Education, US)
www.home-education.org.uk
www.flora.org/homeschool-ca/achbe/index.html (Home Education, Canadá)
www.stjohns.wilts.sch.uk/home.htm (St Johns's School and Community College, Marlborough)
www.rsa.org.uk/newcurriculum (reforma curricular no Reino Unido)

Atividades Extracurriculares

www.froginthehole.com
www.ipaworld.org (International Play Association)
www.ipaargentina.org.ar/laboratorio.php (Toy and Play Laboratory, IPA Argentina)
www.sitrec.kth.se (Internacional Toy Research Center, Estocolmo)

Tecnologia

www.childrenssoftware.com (Children's Technology Review)
www.bloggingwikia.com/wiki/Blogger's_Code_of_Conduct
www.lazytown.com

www.mediadietforkids.com/book/book_authors.html

Esportes

www.giveusbackourgame.co.uk
www.bobbigelow.com
AbramsD@missouri.edu (atualizações diárias em e-mail sobre esportes juvenis)
www.silkenactivekids.ca/content/Home.asp (Canadá)
www.byardsports.com (Danny Bernstein's Backyard Sports)

Consumismo

www.commercialalert.com
www.charliecrow.co.uk
www.birthdayswithoutpressure.org

Segurança

www.homezones.org
www.iwalktoschool.org

Este livro foi composto na tipologia ClassGarmnd BT,
em corpo 11/15,5, impresso em papel off-white 80g/m²,
no Sistema Cameron da Divisão Gráfica
da Distribuidora Record.